- 面向21世纪高等院校课程教材
- 《中国秘书专业资格证书》指导书

XIANDAI GONGWEN XIEZUO

现代公文写作

（第五版）

曾昭乐 ◎ 编著

·广州·

版权所有　翻印必究

图书在版编目（CIP）数据

现代公文写作/曾昭乐编著. —5 版. —广州：中山大学出版社，2014.8
ISBN 978-7-306-04827-1

Ⅰ. ①现… Ⅱ. ①曾… Ⅲ. ①公文—写作 Ⅳ. ①H152.3

中国版本图书馆 CIP 数据核字（2014）第 021932 号

出 版 人：王天琪
策划编辑：邹岚萍
责任编辑：邹岚萍
封面设计：曾　斌
责任校对：杨文泉
责任技编：何雅涛
出版发行：中山大学出版社
电　　话：编辑部 020-84111996，84113349，84111997，84110779
　　　　　发行部 020-84111998，84111981，84111160
地　　址：广州市新港西路 135 号
邮　　编：510275　　　传　真：020-84036565
网　　址：http://www.zsup.com.cn　E-mail：zdcbs@mail.sysu.edu.cn
印 刷 者：佛山市浩文彩色印刷有限公司
规　　格：787mm×1092mm　1/16　19 印张　381 千字
版次印次：1996 年 5 月第 1 版　2014 年 8 月第 5 版　2021 年 5 月第 29 次印刷
印　　数：155001～156000 册
定　　价：36.00 元

如发现本书因印装质量影响阅读，请与出版社发行部联系调换

作者简介

　　曾昭乐，男，中共深圳市委党校教授，现担任深圳市秘书学会会长。大学毕业后，先后在华南师范大学、广东工业大学、中共深圳市委党校执教。长期从事文秘文化教学和研究工作，系中国公文写作研究会理事、中国公文研究所特聘兼职研究员、广东写作学会会员、广东省党校系统语文学会常务理事。已出版专著《现代实用写作》，与人合著《秘书与写作》、《深港思想文化比较研究》等8本书，发表论文20余篇。多次获省级、国家级优秀研究成果奖。

第五版前言

与我国经济建设高潮相伴而来的，必将是文化建设的高潮。在我国，继"经济热"之后出现了"文化热"，确立了"能力本位"这一当代核心文化理念，写作能力成为所有能力的基础。力促提高各类高等院校学生实用写作能力的《现代公文写作》，自1996年5月问世后的十多年来，一直都受到广大读者的热捧，也是一件"顺理成章"的事情了。

为了适应各类高等院校教学和机关、企事业单位广大读者的需要，值2012年4月16日中共中央办公厅、国务院办公厅发布《党政机关公文处理工作条例》之机，编著者再次对本书作了较大修订，出版第五版。该版根据社会需求，调整了结构，增加了文种，进一步规范与充实了训练，以求进行较彻底的修订。

由于编著者学识浅薄，实践经验不足，本书的欠缺在所难免，再次祈望专家、读者继续赐教。

编著者

2013年10月于深圳

目 录

第一章 党政公文 (1)
第一节 党政公文概述 (1)
一、公文的定义、特点与作用 (1)
二、公文的分类与格式 (2)
三、公文的撰写与审核修改 (8)
综合训练一 (10)
第二节 党政公文写作 (22)
一、命令（令） 意见 (22)
综合训练二 (27)
二、决议 决定 议案 纪要 (28)
综合训练三 (33)
三、通知 通报 函 (36)
综合训练四 (42)
四、公报 公告 通告 (47)
综合训练五 (52)
五、报告 请示 批复 (55)
综合训练六 (62)

第二章 事务文书 (70)
第一节 计划 总结 (70)
一、计划 (70)
二、总结 (73)
综合训练七 (75)
第二节 调查报告 (78)
一、例文评析 (78)
二、必需知识 (79)
三、拟写要点 (80)
四、注意事项 (81)
综合训练八 (82)
第三节 决策方案 (83)
一、例文评析 (83)
二、必需知识 (84)
三、拟写要点 (84)

四、注意事项 …………………………………………………… (85)
　综合训练九 ……………………………………………………… (85)
　第四节　大事记 ………………………………………………… (86)
　　一、例文评析 …………………………………………………… (86)
　　二、必需知识 …………………………………………………… (88)
　　三、拟写要求 …………………………………………………… (88)
　　四、注意事项 …………………………………………………… (88)
　综合训练十 ……………………………………………………… (89)

第三章　日常文书 …………………………………………………… (90)
　第一节　会议文书 ……………………………………………… (90)
　　一、开幕词　闭幕词 …………………………………………… (90)
　综合训练十一 …………………………………………………… (92)
　　二、讲话稿　汇报提纲 ………………………………………… (93)
　综合训练十二 …………………………………………………… (96)
　　三、会议提案　会议报告 ……………………………………… (96)
　综合训练十三 …………………………………………………… (101)
　　四、会议记录 …………………………………………………… (101)
　综合训练十四 …………………………………………………… (103)
　第二节　考核文书 ……………………………………………… (104)
　　一、述职报告　考核材料 ……………………………………… (104)
　综合训练十五 …………………………………………………… (107)
　　二、组织鉴定　处分决定 ……………………………………… (107)
　综合训练十六 …………………………………………………… (109)
　第三节　信息文书 ……………………………………………… (110)
　　一、简报　海报 ………………………………………………… (110)
　综合训练十七 …………………………………………………… (113)
　　二、启事　广告 ………………………………………………… (115)
　　三、声明 ………………………………………………………… (117)
　综合训练十八 …………………………………………………… (118)
　第四节　规约文书 ……………………………………………… (120)
　　一、条例 ………………………………………………………… (120)
　　二、规定　办法 ………………………………………………… (121)
　　三、章程 ………………………………………………………… (124)
　　四、制度 ………………………………………………………… (126)
　　五、规则　守则　细则 ………………………………………… (127)
　综合训练十九 …………………………………………………… (130)
　第五节　应聘文书 ……………………………………………… (131)

　　　　一、求职信（自荐信） …………………………………………（131）
　　　　二、简历 …………………………………………………………（133）
　　综合训练二十 …………………………………………………………（135）
　　第六节　条据文书 ……………………………………………………（136）
　　　　一、凭证类条据 …………………………………………………（136）
　　　　二、说明类条据 …………………………………………………（137）
　　综合训练二十一 ………………………………………………………（138）
　　第七节　建议书 ………………………………………………………（139）
　　　　一、例文评析 ……………………………………………………（139）
　　　　二、必需知识 ……………………………………………………（139）
　　　　三、拟写要点 ……………………………………………………（140）
　　　　四、注意事项 ……………………………………………………（140）
　　综合训练二十二 ………………………………………………………（140）

第四章　经济文书 ……………………………………………………………（142）
　　第一节　经济活动分析报告 …………………………………………（142）
　　　　一、例文评析 ……………………………………………………（142）
　　　　二、必需知识 ……………………………………………………（143）
　　　　三、拟写要点 ……………………………………………………（143）
　　　　四、注意事项 ……………………………………………………（144）
　　综合训练二十三 ………………………………………………………（144）
　　第二节　市场预测报告 ………………………………………………（146）
　　　　一、例文评析 ……………………………………………………（146）
　　　　二、必需知识 ……………………………………………………（147）
　　　　三、拟写要点 ……………………………………………………（148）
　　　　四、注意事项 ……………………………………………………（148）
　　综合训练二十四 ………………………………………………………（149）
　　第三节　经济合同 ……………………………………………………（150）
　　　　一、例文评析 ……………………………………………………（150）
　　　　二、必需知识 ……………………………………………………（152）
　　　　三、拟写要点 ……………………………………………………（153）
　　　　四、注意事项 ……………………………………………………（153）
　　综合训练二十五 ………………………………………………………（154）
　　第四节　招标书　投标书 ……………………………………………（155）
　　　　一、例文评析 ……………………………………………………（155）
　　　　二、必需知识 ……………………………………………………（157）
　　　　三、拟写要点 ……………………………………………………（157）
　　　　四、注意事项 ……………………………………………………（158）

综合训练二十六 ………………………………………… (158)
　第五节　产品说明书 …………………………………………… (160)
　　一、例文评析 ……………………………………………… (160)
　　二、必需知识 ……………………………………………… (160)
　　三、拟写要点 ……………………………………………… (161)
　　四、注意事项 ……………………………………………… (161)
　　综合训练二十七 ………………………………………… (161)
　第六节　可行性研究报告 ……………………………………… (162)
　　一、例文评析 ……………………………………………… (162)
　　二、必需知识 ……………………………………………… (164)
　　三、拟写要点 ……………………………………………… (164)
　　四、注意事项 ……………………………………………… (165)
　　综合训练二十八 ………………………………………… (165)
　第七节　审计报告 ……………………………………………… (165)
　　一、例文评析 ……………………………………………… (165)
　　二、必需知识 ……………………………………………… (167)
　　三、拟写要点 ……………………………………………… (167)
　　四、注意事项 ……………………………………………… (168)
　　综合训练二十九 ………………………………………… (168)
　第八节　商务信函 ……………………………………………… (169)
　　一、邀请类 ………………………………………………… (170)
　　二、招聘函 ………………………………………………… (171)
　　三、迎送类 ………………………………………………… (172)
　　四、喜庆类 ………………………………………………… (174)
　　五、业务类 ………………………………………………… (176)
　　综合训练三十 …………………………………………… (184)

第五章　传播文书 ……………………………………………… (186)
　第一节　消息 …………………………………………………… (186)
　　一、例文评析 ……………………………………………… (186)
　　二、必需知识 ……………………………………………… (187)
　　三、拟写要点 ……………………………………………… (187)
　　四、注意事项 ……………………………………………… (188)
　第二节　通讯 …………………………………………………… (188)
　　一、例文评析 ……………………………………………… (188)
　　二、必需知识 ……………………………………………… (190)
　　三、拟写要点 ……………………………………………… (191)
　　四、注意事项 ……………………………………………… (191)

第三节　新闻评论 ………………………………………………………（191）
　　　一、例文评析 …………………………………………………………（191）
　　　二、必需知识 …………………………………………………………（193）
　　　三、拟写要点 …………………………………………………………（193）
　　　四、注意事项 …………………………………………………………（193）
　　第四节　网络新闻 ………………………………………………………（194）
　　　一、例文评析 …………………………………………………………（194）
　　　二、必需知识 …………………………………………………………（195）
　　　三、拟写要点与注意事项 ……………………………………………（196）
　　综合训练三十一 …………………………………………………………（196）

第六章　科技文书 ……………………………………………………………（198）
　　第一节　学术论文 ………………………………………………………（198）
　　　一、例文评析 …………………………………………………………（198）
　　　二、必需知识 …………………………………………………………（202）
　　　三、拟写要点 …………………………………………………………（203）
　　　四、注意事项 …………………………………………………………（203）
　　第二节　毕业论文 ………………………………………………………（204）
　　　一、例文评析 …………………………………………………………（204）
　　　二、必需知识 …………………………………………………………（208）
　　　三、拟写要点 …………………………………………………………（209）
　　　四、注意事项 …………………………………………………………（212）
　　综合训练三十二 …………………………………………………………（213）

第七章　司法文书 ……………………………………………………………（214）
　　第一节　起诉状 …………………………………………………………（214）
　　　一、例文评析 …………………………………………………………（214）
　　　二、必需知识 …………………………………………………………（215）
　　　三、拟写要点 …………………………………………………………（215）
　　　四、注意事项 …………………………………………………………（217）
　　第二节　上诉状 …………………………………………………………（217）
　　　一、例文评析 …………………………………………………………（217）
　　　二、必需知识 …………………………………………………………（218）
　　　三、拟写要点 …………………………………………………………（219）
　　　四、注意事项 …………………………………………………………（220）
　　第三节　申诉状 …………………………………………………………（220）
　　　一、例文评析 …………………………………………………………（220）
　　　二、必需知识 …………………………………………………………（221）
　　　三、拟写要点 …………………………………………………………（221）

四、注意事项 …………………………………………………………… (222)
　第四节　答辩状 ……………………………………………………………… (222)
　　　一、例文评析 …………………………………………………………… (222)
　　　二、必需知识 …………………………………………………………… (223)
　　　三、拟写要点 …………………………………………………………… (223)
　　　四、注意事项 …………………………………………………………… (224)
　综合训练三十三 ……………………………………………………………… (225)

第八章　新兴文书 ……………………………………………………………… (228)
　第一节　电子邮件 …………………………………………………………… (228)
　　　一、例文评析 …………………………………………………………… (228)
　　　二、必需知识 …………………………………………………………… (228)
　　　三、拟写要点 …………………………………………………………… (229)
　　　四、注意事项 …………………………………………………………… (229)
　第二节　职业生涯规划书 …………………………………………………… (229)
　　　一、例文评析 …………………………………………………………… (229)
　　　二、必需知识 …………………………………………………………… (231)
　　　三、拟写要点 …………………………………………………………… (232)
　　　四、注意事项 …………………………………………………………… (232)
　第三节　申论 ………………………………………………………………… (232)
　　　一、例文评析 …………………………………………………………… (232)
　　　二、必需知识 …………………………………………………………… (233)
　　　三、拟写要点 …………………………………………………………… (234)
　　　四、注意事项 …………………………………………………………… (235)
　第四节　公示 ………………………………………………………………… (235)
　　　一、例文评析 …………………………………………………………… (235)
　　　二、必需知识 …………………………………………………………… (236)
　　　三、拟写要点 …………………………………………………………… (236)
　　　四、注意事项 …………………………………………………………… (237)
　综合训练三十四 ……………………………………………………………… (237)

附录 ………………………………………………………………………………… (239)
　　一、党政机关公文处理工作条例 …………………………………………… (239)
　　二、党政机关公文格式 ……………………………………………………… (244)
　　三、英文书信写作 …………………………………………………………… (261)
　　四、标点符号用法 …………………………………………………………… (262)

综合训练参考答案 ………………………………………………………………… (268)

主要参考文献 ……………………………………………………………………… (292)

第一章 党政公文

第一节 党政公文概述

一、公文的定义、特点与作用

（一）公文的定义

（1）公文的制发者（一般称为"作者"）是法定的党政机关、单位或团体，即一切合法存在的组织（含不断发展的"三资"企业，私营企业，个体企业，个体文化教育事业单位如私立学校、个体书店、私人娱乐场所，等等）。国家领导人和一些机关首长有时也可以制发公文，但必须是在代表国家或机关行使职权的情况下进行。

（2）公文是在"实施领导、履行职能、处理公务"中形成的。这其中所指的范围是很广的：大到中央召开会议制定方针政策，小到某个村民委员会研究生产计划，凡是处理公共（或"公用"）事务的，都属于此列。不宜像过去那样，把"公文"理解为公有制单位的专用品。

（3）公文具有规范的体式（含制发程序、行文规则、特定格式和规章制度）。从标题到签署，从正文到各种附加标记，从文面到用纸，等等，都有严格的规范。

（4）公文具有固定使用的特点。如报告、请示、函、批复、通知等，都是各机关固定使用的。

（5）公文是直接发挥其社会管理效能和法定效力的文书等信息载体。前者属公文的功用，主要作用于社会管理工程；后者指公文的性质。到目前为止，公文主要以"文书"（成文的书面材料）的形式出现。随着科学技术的发展，信息载体的物质材料也会变化。

（二）公文的特点

公文作为一种独特的文体，它的特点是和一般文章比较而言的。各种教材对它的概括有所不同，但一般都是从公文的性质、功能、体裁格式和制作发布等几个方面来概括的，主要有以下五点：

（1）以处理公共事务为内容。

（2）有法定的作者。

（3）有规范的体式。

（4）必须履行法定程序才能生效。

（5）对受文者有一定的强制性和约束力。

（三）公文的作用

公文的作用可以用一句话加以概括，即行政工具作用。而公文的具体作用，可归纳为五个方面。

1. **规范和准绳作用** 章程、条例、规定等规约性公文，是作为行政法规来使用的，是一定范围内人们行为的规范和准则。如《国家行政机关公文处理办法》就是各级行政机关撰制和处理公文的范围，《保守国家机密暂行条例》则是所有中国公民保守国家机密的准则。

2. **领导和指导作用** 上级机关发给下级机关的公文都具有领导和指导作用。党政领导机关为传达贯彻党和国家的方针政策的决定、规定等公文，对下属机关产生领导作用，而指示、批复等公文则对具体工作产生指导作用。

3. **宣传和教育作用** 一般来说，有些政策规定本身就是最好的宣传。而传达贯彻党和国家的方针政策又是公文所肩负的重要任务。在一般情况下，公文在传达某一方针政策、规定人们怎么做的同时，往往还要说明为什么要这样做，这就更增强了它的宣传和教育作用。

4. **联系和知照作用** 公文的使用都离不开上下左右的联系，因此，公文都具有联系作用。有关机关之间的许多工作都是通过公文进行联系而取得协调的，许多具体问题是因此而得到及时处理的，还有许多对工作的开展具有重要意义的信息资料也是这样获得的。总之，公文使机关之间得以保持联系，互通信息，从而保证各机关正常而有秩序地开展工作。

与联系作用紧密相联的是知照作用，如公告、通告、通知、通报等知照性的公文，主要是为了把有关事项通知、知照对方，使之了解。

5. **依据和凭证作用** 各种公文都反映了制发机关的意图，都具有法定的效力，收文机关则以此作为处理工作、解决问题的依据，因此，公文都具有依据作用。有些公文，如各种记录、纪要等，还具有某项活动的凭证作用。事实上，应该说所有的公文都具有某种意义上的凭证作用，因为公文不仅仅传达了发文者本身的意图，同时也是证实这一意图的最好凭证。

公文的五大作用是相互联系的，并不是单一的，但也不是同时兼有各种作用。

二、公文的分类与格式

（一）公文的分类

为了掌握公文的特点，正确地制作和使用公文，有秩序、高效率地搞好公文处理工作，需要对公文进行科学的分类。目前，人们从实际需要出发，以不同的标准，对公文作不同的分类，主要有以下几种分法：

（1）以行文关系为标准，可分为上行文、平行文和下行文。
（2）以作者性质为标准，可分为党内公文、行政公文和社团公文。
（3）以公文来源为标准，可分为收进公文、外发公文和内部公文。
（4）以办文时限为标准，可分为特急件、加急件和平件。
（5）以机密程度为标准，可分为绝密件、机密件、秘密件和普通件。
（6）以使用范围为标准，可分为通用公文和专用公文。

（二）公文的格式

1. 公文的构成要素 公文一般由份号、密级和保密期限、紧急程度、发文机关标志、发文字号、签发人、标题、主送机关、正文、附件说明、发文机关署名、成文日期、印章、附注、附件、抄送机关、印发机关和印发日期、页码等要素组成。

2. 公文的排版形式 排版形式指公文各组成要素在文件版面上的标印格式。

（1）公文用纸幅面尺寸。采用国际标准 A4 型纸，210mm×297mm。

公文页边与版心尺寸：公文用纸天头（上边白）为 37mm±1mm；公文用纸订口（左白边）为 28mm±1mm；版心尺寸为 156mm×225mm（不含页码）。

发文机关标识上边缘至版心上边缘为 25mm。对于上报的公文，发文机关标识上边缘至版心上边缘为 80mm。

（2）公文书写形式。从左至右横排、横写，其标识第一层为"一、"，第二层为（一），第三层为"1."，第四层为（1）。

（3）字体字号。发文机关标识使用 2 号小标宋体字，红色标识；秘密等级、保密期限、紧急程度用 3 号黑体字；发文字号、签发人、主送机关、附注、抄送机关、印发时间用 3 号仿宋体字；签发人姓名用 3 号楷体字；正文以 3 号仿宋体字，一般每面排 22 行，每行排 28 字，正文中如有小标题，可用 3 号小标宋体字或黑体字。

（4）页码。用 4 号半角白体阿拉伯数码标识，置于版心下边缘之下一行，数码左右各放一条 4 号一字线，一字线距版心下边缘 7mm。单页码居右空 1 字，双页码居左空 1 字。

3. 公文中各要素标识规则 公文的格式要素可划分为眉首、主体、版记三部分。红色反线以上的各要素统称为眉首，红色反线（不含）以下之间的各要素统称为主体，抄送机关以下的各要素统称为版记。

（1）眉首。公文眉首部分包括公文份数序号、秘密等级和保密期限、紧急程度、发文机关标识、发文字号、签发人（会签人）、红色反线等要素。

1）公文份数序号。公文份数序号是指将同一文稿印制若干份时每份公文的顺序编号。使用公文份数序号的目的是为了便于文件的统计、登记与查找。并不是所有的公文都需要编制份数序号，只有带有密级的公文才要编制份数序号。如需标识公文份数序号，就用阿拉伯数码顶格标识在版心左上角第 1 行。例如印制 100 份公文，其第 1 份的序号可写成"0001"，最后 1 份的序号写成"0100"。应根据公文的份数来决定编几位数字，但至少应不低于两位，即"1"编为"01"。

2）秘密等级和保密期限。秘密等级是指划分公文保密的级别，目前分别为"绝密"、"机密"、"秘密"三级。公文如需标识秘密等级，用 3 号黑体字，顶格标识在版心左上角第 2 行，两字之间空 1 字，如"机　密"；如需同时标识秘密等级和保密期限，也用 3 号黑体字，顶格标识在版心左上角第 2 行，秘密等级和保密期限之间用"★"隔开，如"机　密★一年"。

3）紧急程度。紧急程度是指文件送达和承办的时限要求。紧急公文分为"特急"和"加急"两种。紧急电报分为"特提"、"特急"、"加急"、"平急"。有的文件要求限时送达，则在文件封套上标注"限×月×日×时前送达"的字样。如需标识紧急程度，用3号黑体字，顶格标识在版心左上角第3行，两字之间空1字，如"特　急"；如需同时标识秘密等级，秘密等级顶格标识在版心左上角第2行，紧急程度顶格标识在版心左上角第3行。

4）发文机关标识。发文机关标识由发文机关全称或规范化简称后面加"文件"组成，对一些特定的公文可只标识发文机关全称或规范化简称。

对平行文与下行文来说，发文机关标识上边缘至版心上边缘为25mm；对上行文来说，发文机关标识上边缘至版心上边缘80mm。发文机关标识推荐使用小标宋体字，用红色标识，字号由发文机关酌定，一般应小于22mm×15mm（高×宽）。

联合行义时，主办机关名称放在前面，"文件"二字置于发文机关名称右侧，上下居中排布；如联合行文的机关较多时，也必须保证公文首页显示正文。

5）发文字号。发文字号由发文机关代字、年份和序号组成。例如，"国办发〔2006〕5号"，"国办"为发文机关国务院办公厅的代字；"2006"为年份；"5号"是序号，是指国务院办公厅在2006年所发的第5号文件。

发文字号用3号仿宋体标识；年份、序号用阿拉伯数码标识；年份标全称，用六角括号"〔〕"括入；序号不编虚位（如"5号"不编为"005号"），不加"第"字（如不可写为"第5号"）。

发文字号位置有两种形式：①平行文、下行文的发文字号位于发文机关标识下空2行，居中排布；②上行文的发文字号位于发文机关标识上空2行，居左空1字。

- 联合行文时只标识文件主办机关的发文字号。
- 无版头的公文，其发文字号标注于标题的右上方（"号"靠右以空两格为宜）。

标注发文字号常见的不规范现象主要有如下几种：

一是缺少应有的组成部分。本应由三部分组成的公文，变为两部分，如"〔20××〕×号"等。

二是排列顺序颠倒。如"〔20××〕×府通×号"等。

三是标注的位置不当。如无版头（文头）的，有的把发文字号标注在标题的下方。

四是写作不规范。有的年份用圆括号括入，如"国发（20××）×号"；有的年份不写全称，如"房工发〔09〕×号"；有的机关代字含义不准确或在机关代字后滥用"字"字等。

6）签发人（会签人）。签发人是指最后审定公文文稿签字印发的机关领导人。

上报的公文需标识签发人，其位置平行排列于发文字号右侧，即发文字号居左空1字，签发人姓名居右空1字。"签发人"3字用3号仿宋体字，其后标全角冒号，冒号后用3号楷体字标识签发人姓名。

联合上报公文时，文件主办机关的签发人姓名置于第1行，其他机关签发人的姓名按发文机关标识中机关名称的先后排列顺序，在第1行之下依次排列，此时下移红色反线，使最后一个签发人的姓名与左侧的发文字号处于同一行。发文字号与红色反线仍旧相距4mm。

7）红色反线。红色反线标识在发文字号之下的4mm处，其长度与版心等宽，即156mm。

（2）主体。公文主体部分包括公文标题、主送机关、正文、附件说明、发文机关署名、成文日期、印章和附注、附件。

1）标题。公文标题应当准确简要地概括公文的主要内容并标明公文种类，一般应该标明发文机关。标题中除法规、规章名称加书名号外，一般不用标点符号。标题一般由发文机关、主要内容（事由）、公文种类（文种）三项组成，一般称这种完整的标题为"标准式"标题。如《国务院关于中国银行地位问题的通知》，发文机关是"国务院"，事由是"关于中国银行地位问题"，文种是"通知"，中间用介词"关于"把发文机关与事由连接起来，用结构助词"的"把事由与文种连接起来，这样便简明确切，使人一目了然。

除标准式标题外，按照惯例还有以下两种特殊形式的标题：

● 由发文机关和文种（省事由），或由事由和文种（省发文机关）两部分组成的标题，一般称之为"双项式"标题，如《中华人民共和国主席令》、《关于筹建××炼油厂的请示》。

● 由发文机关、被批转（或转发）文件的标题和文种组成的标题，一般称之为"转文式"标题。如《国务院批转进出口委、国家经委关于建立中国工艺美术行业协会的报告的通知》（此种标题"批转"等动词前不加介词"关于"）。

标题有传神、显性、好记、便用四大作用。制作标题要准确、简要、清楚、醒目。拟好公文标题的关键在于准确简要地概括出公文的主要内容和正确地标明文种。

标题位于红色反线下空2行，用2号小标宋体字，可分为1行或多行居中排布；回行时要做到词意完整，排列对称，间距恰当。

标题写作常见的不规范现象主要有如下几种：

● 事由表达不准确。如，《关于干部岗位培训的报告》，"关于"后缺动词"加强"；《关于工业发展生产情况的报告》，事由的词序不当，应改为《关于发展工业生产的情况报告》；《关于邮电××厂申请纳入××省扩大企业自主权试点的函》，事由中"纳入……试点"动宾搭配不当，应在"试点"后加上"范围"二字；《整顿社会治安的通知》，事由前缺介词"关于"；等等。

● 事由表达不简要。如《转发〈关于"质量月"各项规定的通知〉的通知》，转发性公文的标题尤应注意简要，可在"转发"二字后直接采用第一发文机关的标题名称。此标题应删去前后两个单书名号和末尾"的通知"三字，改为《转发关于"质量月"各项规定的通知》。

● 文种使用不正确。如，《关于妥善处理高等学校学生退学后有关问题》，缺文种，应加上"的请示"三字；《关于扩建冷库的请示报告》，混淆文种，应删掉"报告"二字；《关于申请组建××学校的报告》，是把"请示"写成了"申请……报告"，改换了文种，应把"申请"去掉，把"报告"改成"请示"；《关于××同志工作安排请示的通知》，是错用文种，应改"通知"为"批复"。

2）主送机关。主送机关是指公文的主要受理机关，应当使用全称或者规范化简称、统称。

在通常情况下，上行文（如请示、报告）、特指性下行文（如批复、通知）、平行文（如函），只写一个主送机关；普发性下行文（如决定、通知、通报、意见）要写数个主送机关；周知性公文（如公告、通告等）可以不写主送机关。

主送机关在标题下空1行并用3号仿宋体字标识，左侧顶格，回行时仍然顶格。其标点符号的用法是：同类机关、单位之间用顿号，不同类别机关、单位之间用逗号，末端标全角冒号。

联合行文时，主送机关名称按党、政、军、群的性质顺序排列。

3）正文。正文位于主送机关下1行，采用3号仿宋体字，一般每面排22行，每行排28字。文中如有小标题，可用3号小标宋体字或黑体字。每自然段左空2字，回行顶格。正文中数字和年份数目字不能回行。

正文是公文的主体，用以表达公文的主要内容。一般的写法是：先叙述发文的依据；然后根据发文的目的，说明有关事项，或提出某项主张；最后写上得体的结束语。公文的主体要写得观点明确，逻辑严密，文理通顺，文字简练，标点正确。

4）附件说明。包括公文附件的顺序号和名称。公文如有附件，应在正文下空1行，左空2字，用3号仿宋体字标识"附件"，其后标全角冒号和名称。如附件不只1份，则用阿拉伯数字编列序号，上下排布；附件名称后不加标点符号。

5）发文机关署名。发文机关是公文的作者，写在距离正文3～4行的右下方，一般习惯其头一个字要放在公文用纸宽度的1/2处，而末一个字最好靠右空1～2个字格，以求错落美观。发文机关应写全称或规范化简称；联合行文，主办机关应当排列在前，以便于联系工作；如果在文头或标题中标明了发文机关的，落款可省去标写发文机关，盖上印章即可。

6）成文日期。任何一份公文都必须标明成文日期。成文日期以领导人签发的日期为准；联合行文，以最后签发机关领导人的签发日期为准；会议通过的决定，以会议通过日期为准；法规性文件以文件批准日期为准；电报，以发出日期为准。

成文日期在文件上的位置有两种安排：①安排在标题下边，年月日用圆括号括起来。这是会议讨论通过的公文。②安排在文件末尾，落款之下；没有落款的文件，成文日期直接写在正文右下方。成文日期与落款要上下对称，年月日的头一个字一般不宜超越落款头一个字，日字靠右以空两个字格为宜。

成文日期用阿拉伯数字标全年、月、日；"零"写作"〇"。如"2002年2月2日"，不能写为"二零零二年二月二日"，更不能写为"贰零零贰年贰月贰日"。

7）印章。公文中有发文机关署名的，应当加盖发文机关印章，并与署名机关相符。有特定发文机关标志的普发性公文和电报可以不加盖印章。

印章是指发文机对文件生效负责的凭证。公文除会议纪要外，应加盖印章。联合上报的非法规性文件，由主办机关加盖印章。联合下发的公文，联合发文机关都应加盖印章。用印位置在成文日期上侧，要求上不压正文，下要骑年盖月。

盖章应端正，印文要清晰，一律用红色。

单一机关制发的公文在正文右下方落款处不署发文机关名称，只标识成文日期，成文日期右空4字。为了防伪，要求印章与正文之间不添加任何内容，加盖印章应上距正文2～4mm。如印章下弧无文字时，仅以下弧压在成文日期上；若印章下弧有文字时，印章中心线压在成文日期上。

两个机关联合行文时，落款处也不署发文机关名称，应将成文日期拉开，左右各空7字，主办机关印章在前，两印章均压成文日期，并采用同种加盖印章方式，两印章之间不相交或相切，相距不超过3mm。

3个以上机关联合行文时，为防止出现空白印章，应将各发文机关名称（可用简称），排在发文日期和正文之间，主办机关印章在前，每排最多排3个印章，两端不得超出版心；最后一排如余一个或两个印章，均居中排布；印章之间互不相交或相切；在最后一排印章之下左空2字标识成文日期。

当公文排版后所剩空白处不能容下印章位置时，应采取调整行距、字距的办法加以解决，务使印章与正文同处一页纸面，不得采取标识"此页无正文"的方法解决，以增强防伪性。

8）附注。附注就是附带说明，是用来注明文件的阅读、传达范围和行文有关的事项。所谓阅读、传达范围，是指公文发至的机关级别和传达对象的范围，如"此件发至省军级"或"此件发至县级，口头传达到群众"。在一般情况下，上行文、平行文、周知性公文无需标注阅读和传达范围，而具有密级的下行文则必须标识；有的文件需广泛宣传、普遍实施，就注明"此件可以登报、广播"等。

此外，使用"请示"这一文种时就在附注处注明发文机关联系人的姓名和电话号码。公文如有附注，用3号仿宋体字，居左空2字加圆括号标识在成文日期下1行。

9）附件。包括公文正文的说明、补充或者参考资料。附件应与公文正文一起装订，并在附件左上角第1行顶格标识"附件"，有序号时标识序号；附件的序号和名称前后标识应一致。如附件与公文不能一起装订，应在附件左上角第1行顶格标识公文的发文字号并在其后标识附件（或带序号）。

（3）版记。包括抄送机关、印发机关和印发日期、版记中的反线等要素。

1）抄送机关。抄送机关是指抄送给除主送机关之外还需要执行或知晓公文内容的其他机关。

公文如有抄送机关，应左空1字，用4号仿宋体字标识"抄送机关"，后标全角冒号，冒号后为抄送机关。抄送机关名称要标全称或规范化简称，抄送机关之间分别采用逗号隔开，回行时与冒号后的抄送机关对齐，最后一个抄送机关后标句号。

2）印发机关和印发日期。印发机关一般是指发文机关的办公厅（室），印发日期是指公文的付印日期。

印发机关和印发日期同占1行，位于"抄送机关"之下（无抄送机关的位于主题词之下），印发机关左空1字，印发日期右空1字。印发机关用3号仿宋体字标识，印发日期用阿拉伯数字标识。

3）版记中的反线。版记置于公文最后一页，版记的最后一个要素置于最后一行。版记中各要素（即抄送机关、印发机关和印发日期）之下，均加一条黑色间隔横线，即反线，其宽度同版心。

以上眉首、主体、版记中诸要素，构成了一般公文的格式，即文件式格式。本书后附有公文格式式样（图1～图6）。

（三）行政公文的特定格式

通用公文的特定格式有3种，即信函式格式、命令式格式、纪要式格式。详见附录二《党政机关公文格式》。

三、公文的撰写与审核修改

（一）撰写公文的基本要求

1. 明确目的 一方面，内容要有针对性和指导性；另一方面，根据行文目的选准文种和发文对象。

2. 符合政策 公文实际上是机关贯彻执行党和国家的方针、政策的工具，也是把方针、政策具体化的书面形式，因此，撰写公文绝不能背离党和国家的方针、政策。

3. 注重实效 从文件的效益角度讲，要看行文有无必要，内容是否符合政策和实际，措施办法是否可行，文件是否有权威，离开这些，所发文件就是空论。从文件的效率角度讲，文件发得越多，越是费时费力，有时还耽误别的事情，后果是降低效率，甚至造成一种负效率。

4. 讲究科学 要做到内容真实、表达准确、行文严谨、格式规范、文风端正——简朴晓畅，以适应机关工作的要求。

所谓"简"，是指篇幅简短。列宁曾要求机关发文"要像电报那样写得极其简短"，毛泽东也提倡写"千字文"。

所谓"朴"，是指文笔朴实。叙事讲求实用，贵在直笔；说理合乎逻辑，贵在平正；说明平实得体，恰如其分。

所谓"晓"，是指事实清楚，观点明确，阐述透彻。

所谓"畅"，是指行文通畅。

要使篇幅简短，语言必须简明，一般应注意以下四个方面：①从特定的目的、对象出发，只说最必要的话。要做到"四不说"：众所周知的道理不说；对方已知道或不需要了解的不说；对方无异议的不说；与基本观点无直接关系的不说。②讲究一点简省的方法。如抓主要矛盾，突出重点。在一般情况下，一份公文只是为了解决一个问题。在请示问题时，要坚持一文一事；在报告中，不要夹带请示事项。③注意各种公文习惯用语的模式。④删除多余的字、句、段。

（二）公文的撰写

公文的撰写，一定要精心构思，列出提纲，认真起草。

1. 精心构思 构思的内容就是定主题，搭架子，选材料。

（1）定主题。所谓公文的主题，就是公文的中心思想、主旨或总观点，它是公文的灵魂。确定公文主题时，要注意三点：一是准确性；二是针对性，要阐明或回答人们最关心的问题；三是时代感，做到"去陈言，立新意"，给人以新鲜感。因此，要研究新情况，提出新问题，总结新经验，制定新措施，闯出新路子。在公文写作中，能否确定一个好的主题，与撰稿人员的政治水平、政策水平、认识事物和分析概括问题的能力有直接关系。要确定一个好的主题，撰稿者就一定要站得高一点，挖得深一点，提法新一点。为此,在构思过程中,撰稿者一定要全面而深刻地领会上级指示的精神,认真听取领导交代拟稿任务时所阐述的意图和意见,深入了解和掌握所属地区、部门和单位的实际情况。

(2)搭架子。主题确定之后,撰稿者就要对公文的内容和形式作合理的安排,即进行结构的设计。如先说什么,后说什么,一个大观点里要讲哪几个小观点或一个观点里要分哪几个层次,这些都要进行合理的严密的思考、设计和安排。

(3)选材料。公文写作要围绕公文的主题,严格选材。选材时要注意三点:一是材料要真实。要严格选用那些符合客观实际,并能反映事物本质和主流的材料,不能以假乱真,以偏概全。二是材料要典型。就是要选取最有特征、最有代表性、最能概括和体现事物本质的材料。一个典型材料的引用,往往能说明一个深刻的道理,增强公文的生动性和说服力。三是材料要新鲜。要注意搜集和选择那些在现代化建设实践中体现时代前进方向的新的创造、新的观念、新的经验以及新人新事新风尚。

2. 列出提纲 构思的过程是一个打腹稿的过程。这个腹稿往往是一个或详或简的纲目,把这个纲目写到纸上,反复推敲,就是我们常说的列出提纲。公文写作的实践表明:写作提纲拟写得详细一些为好,也就是要围绕中心,列出观点、材料、先后次序,让人一看,就像看到一张"蓝图",知道所写公文的全貌。围绕中心列出提纲,好处有三点:一是便于领导讨论;二是可以把问题想得更周全一些,防止缺漏,尽量避免走弯路和出现反复;三是可以训练撰稿人员的分析综合能力。

3. 认真起草 在精心构思的基础上,撰稿者即可按照所列的写作提纲,胸有成竹地起草公文文稿。在文稿起草过程中要认真做到以下五点:①界限要分清。一是要分清点和面的界限;二是要分清成绩和缺点的界限;等等。②角度和分寸要掌握好。撰写的文稿从不同角度决定了公文中的观点、提法乃至语言表达,都要十分注意分寸。无论是叙述、议论、说明,都要有分寸感,不说过头话,并要符合本单位所处的地位,以增强文稿的说服力和可接受性。③详略要得当。如下级机关呈报上级机关的经验总结性报告,其重点显然不在详细论述所总结经验的重要性,而在于着重说明经验之所在,否则就显得详略失当,甚至本末倒置了。④观点和材料要统一。观点来源于材料,又有赖于通过适当的材料去表现。在公文写作中,要按"观点统帅材料,材料说明观点"的基本原则来处理两者之间的关系。⑤文字要简练。

(三)公文的审核修改

公文的草稿写好后,还要进行审核修改。拟稿人修改以后,只能作为初稿,然后送有关业务部门负责人或秘书部门负责人审核。而起草小组写出的初稿要首先送给主持这项起草工作的领导审阅,经其审阅后再分送其他领导或有关部门征求意见。领导个人的重要讲话,按规定应分送领导集体的其他成员审阅,审核时发现问题再作修改,定稿后才送领导人审批签发。

审核修改是保证公文质量的重要一环。好的公文往往都是改出来的。在审核修改过程中,必须重点考虑下列问题:①是否需要行文,应当用什么名义行文(是用上级的、本机关的还是业务单位的名义行文);若同兄弟单位联合行文的,如果内容关系不大,该不该联合行文;要严格控制发文的数量。②内容是否符合党和国家的方针、政策以及有关的法律、法令、政策是否保持连续性，提法是否同已发布的有关文件相衔接。③提出的措施和办法是否具体明确、切实可行。④内容涉及的部门是否经过协调，意见是否一致。⑤文字表述是否概念准确，简明扼要，条理清楚，语法规范，合乎逻辑，标点正确。⑥公文格式是否符合要求，文种选择是否正确，文中语气是否恰当，主送机关、抄送机关是否准确，标题有无错误，发文字号是否规范，秘密等级、紧急程度、阅读范围等标注是否合理，审批手续是否符合要求。⑦行文时间是否合适，有无过早或过晚，要求对方办理的时间会不会过紧而难以照办，会不会过松而造成拖拉。

综合训练一

一、单选题

1.（　）是指上级机关向下级机关发送的公文。
   A. 下行文　　　B. 上行文　　　C. 平行文　　　D. 实用文

2. 完整的公文标题，不包括（　）。
   A. 发文机关名称　　　　　　B. 公文事由
   C. 文种　　　　　　　　　　D. 主送机关

3. 以下不含歧义的公文用语是（　）。
   A. 本区新建三座一千平方米的教学楼
   B. 谈判双方已就善后事宜达成一致意见
   C. 此案涉及四个课题组成员
   D. 18岁以下的未成年人均可参赛

4. 发文字号的三要素是（　）。
   A. 公文字号、发文顺序号、机关代字
   B. 公文编号、发文机关代字、发文年份
   C. 发文机关代字、发文年份、发文顺序号
   D. 主送机关代字、发文年份、发文顺序号

5.（　）是指负责处理、执行公文的机关。
   A. 主送机关　　　　　　　　B. 抄送机关
   C. 平行机关　　　　　　　　D. 不相隶属机关

6. "业经"、"兹经"、"已经"是公文的（　）。
   A. 承启语式　　　　　　　　B. 引叙语式
   C. 经办语式　　　　　　　　D. 期请语式

7.（　）是领导对有关文件如何实施的意见。
   A. 拟办　　　　B. 批办　　　C. 承办　　　D. 催办

8. 主送机关是指（　）。
   A. 收文机关中级别较高的机关
   B. 比发文机关级别高的机关
   C. 需要了解发文内容的机关

D. 对公文的办理或答复负有责任的机关

9. 公文格式中属于指定性数据项目的是（　　）。
A. 题注　　　　B. 成文日期　　　C. 注释　　　　D. 份号

10. 核签是指（　　）。
A. 联合行文时各机关领导人共同审核签发文件
B. 领导人审核拟办意见并签署姓名和日期
C. 对重要的发文稿进行批注
D. 发重要的文稿请领导人签发

11. 对拟好的文稿进行审查，修改的环节是（　　）。
A. 会签　　　　B. 复核　　　　C. 审核　　　　D. 签发

12. 以下各项工作中属于公文制发程序之一的是（　　）。
A. 签署　　　　B. 拟办　　　　C. 批办　　　　D. 缮印

13. 无需标注紧急程度的公文有（　　）。
A. 特急件　　　B. 加急件　　　C. 平急件　　　D. 平件

14. （　　）是指上级机关向直属下级机关发送的公文。
A. 下行文　　　B. 上行文　　　C. 平行文　　　D. 实用文

15. （　　）是指负责处理、执行公文的机关。
A. 主送机关　　　B. 抄送机关
C. 平行机关　　　D. 不相隶属机关

16. （　　）不得同时抄送下级机关。
A. 报告　　　　B. 请示　　　　C. 通报　　　　D. 公告

17. （　　）是制发单位和收文单位的常用文种。
A. 报告　　　　C. 请示　　　　C. 通报　　　　D. 函

18. 《党政机关公文处理工作条例》的生效日期是（　　）。
A. 2012年4月16日　　　　B. 2012年7月1日
C. 2000年8月24日　　　　D. 1996年5月3日

19. 下列表述，错误的一句是（　　）。
A. 发文机关应当写全称或者规范化简称
B. 联合行文需同时标明机关的发文字号
C. "秘密等级"、"紧急程度"的位置都在文头部分的左上角
D. 公文标题要居中排列

20. （　　）是一份文件在该文总印数中的顺序编号。
A. 印刷份数　　B. 发文字号　　C. 份号　　　　D. 代码

21. 公文的表达方式主要有（　　）。
A. 议论　描写　说明　　　　B. 议论　抒情　说明
C. 议论　叙述　说明　　　　D. 叙述　抒情　说明

22. 公文写作要求采用统一的体式，是为了保证公文的（　　）。
A. 时限性　　　　　　　　　B. 法定效力

C. 针对性 D. 适用范围
23. 签发人姓名应位于（　　）。
 A. 间隔线之上的左侧 B. 间隔线之下的左侧
 C. 间隔线之上的右侧 D. 间隔线之下的右侧
24. 确定单位之间行文关系的重要前提是（　　）。
 A. 不相隶属的关系 B. 领导和被领导的关系
 C. 隶属关系和职权范围 C. 业务指导与被指导的关系
25. 该公文的结束语"望关照"的使用方式（　　）。
 A. 正确 B. 应改为"希关照为盼"
 C. 应改为"请速复" D. 应改为"请批复"
26. 公文的紧急程度分类中通常不包括（　　）。
 A. "特急" B. "急件" C. "加急" D. "限时送达"
27. 在公文的各要素中，属于主体部分的是（　　）。
 A. 抄送机关 B. 发文字号 C. 印发机关 D. 主送机关
28. 公文写作有明确的受文对象，因此公文的内容应当具有（　　）。
 A. 政治性 B. 针对性 C. 政策性 D. 规范性
29. 下列文种属于平行文的是（　　）。
 A. 批复 B. 报告 C. 函 D. 会议纪要
30. 下列各类词语中，（　　）类词语不宜用于公文。
 A. 文言词汇 B. 能愿动词 C. 方言俚语 D. 成语
31. 在公文处理过程中，不属于秘书工作范围的是（　　）。
 A. 起草 B. 校核 C. 签发 D. 催办
32. 下列没有歧义的句子是（　　）。
 A. 我看见你那年才9岁 B. 财务管理班和法学班的部分学生迟到了
 C. 新职工的宿舍建在开发区内 D. 校部采纳了一个学生的合理化建议
33. 红色反线的作用在于把眉首与（　　）部分隔开。
 A. 主体 B. 发文机关标识
 C. 发文字号 D. 版记
34. 议论的三大要素是论点、论证和（　　）。
 A. 论说 B. 论据 C. 立论 D. 驳论
35. 常用事务文书的制发程序，一般包括草拟和（　　）定稿等。
 A. 审核 B. 发文注册 C. 登记 D. 归档
36. 公务文书文面结构中的主体部分不包括（　　）。
 A. 文件名称 B. 主送机关 C. 发文机关 D. 成文日期
37. 下列正确的承办流程是（　　）。
 A. 签收—拆封—登记—拟办—批办—分发—承办—催办—办复
 B. 签收—登记—拆封—拟办—分发—催办—承办—办复
 C. 签收—拆封—拟办—登记—分发—承办—催办—办复

D. 签收—拆封—拟办—登记—分发—承办—催办—办复—批办
38. 承办部门办理完文件后，（　　）是必须执行的手续。
A. 对文件归类整理，及时入档
B. 及时将批复件退回行政部，办完以后归档
C. 督促有关部门抓紧落实
D. 组织相关人员传达文件精神
39. 行政部门承办的责任是（　　）。
A. 监督各部门是否接程序办文
B. 监督各部门是否传达文件精神
C. 到一定时间组织有关部门清退文件，按规定收回文件
D. 将文件按类归档
40. 公文常用的表达方式有（　　）。
A. 描述、描写、说明　　　　B. 叙述、议论、说明
C. 叙述、论述、描写　　　　D. 表述、商议、抒情
41. "鉴于"、"兹"、"遵照"为公文的（　　）用语。
A. 承启　　　B. 引述　　　C. 经办　　　D. 开头
42. 议论可以分为（　　）两大类。
A. 论点与论证　　　　　　　B. 立论与驳论
C. 论据与论证　　　　　　　D. 论据与反驳
43. 实用文的真实性除艺术的真实外，还有（　　）。
A. 幻想的真实　　　　　　　B. 事实的真实
C. 想象的真实　　　　　　　D. 本质的真实
44. 不相隶属的单位之间通过公文相互联系，体现了公文处理工作的（　　）。
A. 规范作用　　　　　　　　B. 联络作用
C. 记载凭据作用　　　　　　D. 指导作用
45. 承办部门对文件办理完毕后，应及时将批复件退回行政部，办完以后要（　　）。
A. 登记　　　B. 签发　　　C. 归档　　　D. 销毁
46. 文书部门将（　　），以便集中管理，这称为案卷归档。
A. 没有存查价值的案卷定期向行政部门移交
B. 已立好的案卷定期向档案部门移交
C. 已清退的文件随时向档案部门移交
D. 已立好的案卷定期向行政部门移交
47. 公文是行政机关在行政管理过程中形成的具有规范体式和（　　）文书。
A. 制发程序　　B. 法定效力　　C. 印装规格　　D. 指导作用
48. 秘书在（　　）前应进行文稿的审核工作。
A. 打印文件　　B. 校对文件　　C. 发放文件　　D. 用印
49. 在文书写作过程中，关于材料工作，除占有、鉴别和选择外，还应包括

（　　）环节。

A．核准　　　　B．使用　　　　C．研究　　　　D．反馈

50．公文的主送机关是指（　　）。

A．担负领导责任的上级机关　　　B．对公文有办理和答复责任的机关

C．对公文有主要监督责任的机关　　D．与公文涉及内容有关的上下级机关

51．根据下列内容，为该文拟出的正确标题是（　　）。

宏远信托投资公司：

集团公司董事会批准了《宏远信托投资公司股权分配暂行办法》，并由你公司颁布执行。

宏远集团公司
二○○×年五月十日

A．《致宏远信托投资公司的复函》

B．《宏远信托投资公司关于〈宏远信托投资公司股权分配暂行办法〉的请示》

C．《宏运集团公司关于〈宏运信托投资公司股权分配暂行办法〉的通知》

D．《宏运集团公司关于〈宏运信托投资公司股权分配暂行办法〉的批复》

52．公文撰拟与处理办法的相关规定对发文机关有明确的格式要求。当几个相关联合行文时，应将（　　）的名称排列在前。

A．由上级组织决定的机关　　　B．联合行文的几个机关协商决定的机关

C．主办机关　　　　　　　　　D．提出问题的机关

53．决定公文文稿能否生效的环节是（　　）。

A．拟办　　　　B．审核　　　　C．签发　　　　D．批办

54．只用于上行文的要素是（　　）。

A．主送机关　　B．签发人标识　C．附件说明　　D．公文版头

55．公文的抄送机关是指（　　）。

A．担负领导责任的上级机关

B．对公文有办理和答复责任的机关

C．对公文有主要监督责任的机关

D．除主送机关外需对公文执行和知晓的其他机关

56．签发人是指核准并签发文稿的机关负责人的姓名，应当在公文上注明签发人的是（　　）。

A．上行文　　　B．下行文　　　C．平行文　　　D．所有公文

57．《党政机关公文处理工作条例》所列公文种类共有（　　）。

A．15种　　　　B．12种　　　　C．13种　　　　D．14种

58．传达重要精神或者情况，应当选用的公文文种是（　　）。

A．通报　　　　B．通告　　　　C．通知　　　　D．决定

59．公文的成文日期，是指（　　）。

A．公文起草日期　　　　　　　B．公文印制日期

C．领导签发日期　　　　　　　D．公文讨论日期

60. 下列发文字号标示正确的是（　　）。
A. 深府发〔2010〕1号　　　　　　B. 深府发（2010）1号
C. 深府发〔10〕1号　　　　　　　D. 深府发（10）1号
61. 下列不属于党政机关公文文种的是（　　）。
A. 规定　　　　B. 意见　　　　C. 议案　　　　D. 函
62. 下列不属于呈报性报告的是（　　）。
A. 工作报告　　B. 情况报告　　C. 答复报告　　D. 建议报告
63. "贵公司"、"贵厂"、"希予"、"惠于"、"见谅"、"候复"等敬词常用于（　　）。
A. 批复　　　　B. 通知　　　　C. 函　　　　　D. 请示
64. 公文的结构层次序数中，第三层为（　　）。
A.（一）　　　B. 1　　　　　C.（1）　　　　D.〈1〉
65. 应当在附注处注明联系人的姓名和电话的公文是（　　）。
A. 请示　　　　B. 通报　　　　C. 通告　　　　D. 批复
66. 公文用纸一般采用A4型（210mm×297mm），主要是为了（　　）。
A. 美观、醒目　　　　　　　　　B. 与国际接轨
C. 装订方便　　　　　　　　　　D. 便于保存
67. 联合下发的公文，应当由（　　）在落款处加盖印章。
A. 部分发文机关　　　　　　　　B. 主办机关
C. 排名最后的发文机关　　　　　D. 所有发文机关
68. 撰写请示要求（　　）。
A. 主送一个主管的上级机关
B. 主送上级机关的领导人
C. 受双重领导的机关主送两个上级机关
D. 主送主管的与有关的上级机关
69. 盖印章时，应做到（　　）。
A. 上压正文，下不压成文日期　　B. 既压正文，又压成文日期
C. 上不压正文，下压成文日期　　D. 上不压正文，下不压成文日期
70. 联合行文的成文日期，以（　　）为准。
A. 领导人签发的日期　　　　　　B. 最后签发机关领导人签发的日期
C. 发出的日期　　　　　　　　　D. 会商的日期
71.（　　）是专门针对请示而写的，用于答复下级机关的请示事项。
A. 批复　　　　B. 通知　　　　C. 通告　　　　D. 通报
72. 从行文方向上来看，下列属于上行文的是（　　）。
A. 函　　　　　B. 通知　　　　C. 请示　　　　D. 会议纪要
73. 在公文文头部分必不可少的一项是（　　）。
A. 密级　　　　B. 发文字号　　C. 紧急程度　　D. 签发人
74. 不相隶属机关之间商洽工作，询问和答复问题，使用（　　）。
A. 请示　　　　B. 通知　　　　C. 函　　　　　D. 通报

75. 向不相隶属机关之间请求批准，用（　　）。
   A. 请示　　　　B. 报告　　　　C. 函　　　　D. 批复

76. "某市政府向所属各区告知特大交通事故"适用（　　）。
   A. 决定　　　　B. 通知　　　　C. 通报　　　　D. 通告

77. 答复上级机关的询问，使用（　　）。
   A. 通报　　　　B. 请示　　　　C. 报告　　　　D. 意见

78. 公文标注签发人应（　　）。
   A. 标准姓名和职务　　　　　　B. 只标姓名，不标职务
   C. 只标职务，不标姓名　　　　D. 只标姓氏，不标职务

79. 下列表述，正确的一句是（　　）。
   A. 写作知识是一门完全的知识体系
   B. 公文写作知识不是一门独特、完整而系统的知识体系
   C. 写作只是一种方法和技巧
   D. 天赋是学习写作最重要的条件

80. 以下哪一组是行政公文？（　　）
   A. 命令、决定、指示　　　　　B. 公告、通告、通报
   C. 计划、办法、议案　　　　　D. 公报、决定、决议

81. 下列表述，正确的一句是（　　）。
   A. 说写作是人类最重要的表达方式之一，主要是说写作是写作者的一种主体行为
   B. 说写作是人类最重要的表达方式之一，主要是说写作是写作者的一种客体行为
   C. 说写作是人类最重要的表达方式之一，主要是说写作是写作者要以表达读者的思想感情为核心
   D. 说写作是人类最重要的表达方式之一，主要是说写作是写作者必须全面考虑读者的阅读兴趣和阅读需要

82. 下列表述，不正确的一句是（　　）。
   A. 通过写作，可以了解一个人的才华和水平
   B. 通过写作，可以了解一个人的受教育程度和文化修养情况
   C. 通过写作，可以了解一个人的情操和人格
   D. 通过写作，可以了解一个人的身心健康以及一个人的一切

83. 下列表述，正确的一句是（　　）。
   A. 人类的所有写作，都是作者的自我表达
   B. 人类的所有写作，都是作者在为别人写作
   C. 写作就是写作，无需表达别人，也无需表达自我
   D. 写作既可表达别人，又可表达自我

84. 下列表述，不正确的一句是（　　）。
   A. 写作的相关学科包括环境学　　　B. 写作的相关学科包括文化学
   C. 写作的相关学科包括语言学　　　D. 写作的相关学科包括文字学

二、多选题

1. 按规定，某些公文在办理完毕后应销毁，下列属于销毁范围的是（　　）。
   A. 已办毕的没有归档和存查价值的公文
   B. 特殊场合不立即销毁有可能造成失窃的公文
   C. 被定性为绝密的文件
   D. 已过期的文件

2. 正确销毁文件要求（　　）。
   A. 由秘书部门对已办完毕的文件进行鉴定
   B. 确认文件并逐件核定造册
   C. 将销毁文件目录送主管领导人审查签批
   D. 在有关人员监督下送往指定地点销毁

3. （　　）级公文应当标明份数序号。
   A. 机密　　　　B. 特急　　　　C. 绝密　　　　D. 加急

4. 公务文书文面结构中的文头部分不包括（　　）。
   A. 主送机关　　B. 秘密等级　　C. 成文日期　　D. 紧急程度

5. 公文标题的构成要素是（　　）。
   A. 发文机关　　B. 事由　　　　C. 受文机关　　D. 文种

6. 公务文书文面结构中的主体部分不包括（　　）。
   A. 文件名称　　B. 主送机关　　C. 发文字号　　D. 成文日期

7. 发文字号由（　　）组成。
   A. 主送机关　　B. 年份　　　　C. 机关代字　　D. 序号

8. （　　）属收文阶段的工作。
   A. 签发　　　　B. 登记　　　　C. 拟办　　　　D. 审核

9. 应销毁的文件需具有（　　）的特点。
   A. 已办理完毕　B. 已过保密期限　C. 无存查价值　D. 无归档价值

10. 公文附件的形式包括（　　）。
    A. 图表　　　　B. 目录　　　　C. 共印份数　　D. 名单

11. 公文的眉首部分应包括（　　）等要素。
    A. 份号　　　　B. 发文日期　　C. 密级　　　　D. 发文字号

12. 公文正文中用数字表示多层结构时，正确的标识方法是（　　）。
    A. 第一级用一、二、三……　　　B. 第二级用1、2、3……
    C. 第三级用（1）、（2）、（3）……　D. 第二级用（一）、（二）、（三）……

13. 在下列文种中，属于告知性公文的有（　　）。
    A. 公告　　　　B. 通告　　　　C. 通知　　　　D. 通报

14. 下列选项中，可作为报告结束语的有（　　）。
    A. 特此报告，请批准　　　　　B. 谨此报告，请审阅
    C. 特此报告，请批示　　　　　D. 特此报告

15. 分发保密文件一般要（　　）。
   A. 编号登记　　　B. 当面交接　　　C. 清点件数　　　D. 标明密级
16. 在公文写作中，说明的主要方法包括（　　）。
   A. 定义说明　　　B. 议论说明　　　C. 分类说明　　　D. 数字说明
17. 公文中的数字一般应当用阿拉伯数字，但（　　）必须使用汉字。
   A. 发文字号中的发文年份　　　B. 部分结构层次序数
   C. 缩略语　　　　　　　　　　D. 百分比数字
18. 公文的抄送机关包括（　　）。
   A. 受双重领导的组织，一个为主送机关，另一个为抄送机关
   B. 需要了解文件内容的相关机关
   C. 所有的下级组织
   D. 特殊情况下越级行文时绕过的直接上级组织
19. 下列属于文尾要素的是（　　）。
   A. 主送机关　　　　　　　　　B. 抄送机关
   C. 成文日期　　　　　　　　　D. 印发机关和即发日期
20. 销毁保密文件时，应登记文件的（　　）等内容。
   A. 发文机关、发文字号　　　　B. 标题、密级
   C. 成文日期　　　　　　　　　D. 主送机关
21. 盖公章要做到（　　）。
   A. 印记端正　　　　　　　　　B. 印记清晰
   C. 压住署名　　　　　　　　　D. 上要压正文，下要骑年盖月
22. 确定材料详略程度的原则是（　　）。
   A. 根据主题的需要　　　　　　B. 根据阅读的需要
   C. 根据读者的需要　　　　　　D. 根据文体的需要
23. 公文中一般用做表态用语的词语有（　　）。
   A. 此复　　　B. 原则同意　　　C. 不可行　　　D. 照办
24. 知照类文书包括（　　）。
   A. 公告　　　B. 通知　　　　　C. 报告　　　　D. 通告
25. 公文中一般用作经办用语的词语有（　　）。
   A. 印发　　　B. 拟定　　　　　C. 收悉　　　　D. 兹经
26. 公文结构的总体要求是（　　）。
   A. 自然　　　B. 统一　　　　　C. 严谨　　　　D. 完整
27. 一般需要盖公章的文种是（　　）。
   A. 会议纪要　B. 报告　　　　　C. 函　　　　　D. 批复
28. 可以用作上行文的文书包括（　　）。
   A. 请示　　　B. 通知　　　　　C. 报告　　　　D. 意见
29. 文章的要素包括材料、（　　）。

A. 主题　　　　B. 段落　　　　C. 结构　　　　D. 语言

30. 下列必须严格执行而不是参照执行《党政机关公文处理工作条例》的单位是（　　）。

A. 市工商协会　　B. 华江公司　　C. 区政协　　D. 县政府

31. 可以不写主送单位的公文是（　　）。

A. 通知　　　　B. 公告　　　　C. 通告　　　　D. 请示

32. 实用文的叙述要做到（　　）。

A. 简明扼要　　B. 概括性强　　C. 详尽、具体　　D. 注意细节描写

33. 公文的语言特点包括（　　）。

A. 得体　　　　B. 平实　　　　C. 简约　　　　D. 准确

34. 标准式标题一般由（　　）部分组成。

A. 发文机关　　B. 相关介词　　C. 事由　　　　D. 文种

35. 送上级机关的报告（　　）。

A. 无一文一事的硬性规定　　　　B. 报告情况后可一并请示
C. 应一文一事　　　　　　　　　D. 报告中不得夹带请示事项

36. 给下面各种公文归类，将序号填入有关类中。

①通知　②通报　③命令　④决定　⑤请示　⑥函　⑦批复　⑧报告

下行文：（　　　　　　　　）

上行文：（　　　　　　　　）

平行文：（　　　　　　　　）

37. 公文写作对于当今的国家各级（　　）的规范化管理，起着其他任何文体的写作都无法替代的重要作用。

A. 行政机关　　B. 企业单位　　C. 学校班级　　D. 事业单位

38. 当今时代，写作是一种系统的科学，包括（　　）。

A. 写作的含义　　　　　　　　　B. 写作观念的变更
C. 写作涉及的学科　　　　　　　D. 写作的构成

39. 写作的过程所包括的环节是（　　）。

A. 材料　　　　B. 构思　　　　C. 行文　　　　D. 修改

40. 下列表述，关于写作的"四要素"描述正确的是（　　）。

A. 作者是写作的主体与条件　　　B. 读者是写作的受体与对象
C. 选题是写作的内容与方向　　　D. 写法是写作的技巧与途径

41. 下列表述，正确的是（　　）。

A. 写作材料是写作的第一源泉

B. 准备写作材料是写作过程的第一环节

C. 文章材料包括理论材料和事实材料

D. 不管是理论材料还是事实材料，只要能够为文章写作提供新的观点、思想或情感，都应该被称为文章的材料

42. 下列表述，正确的是（ ）。
A. 文章构思是文章写作的第二个环节
B. 文章构思主要是指对将要写作的文章的设计
C. 文章构思的主要内容是指对文章主题的提炼
D. 文章构思的主要内容是定主题、搭架子、选材料

43. 下列表述，正确的是（ ）。
A. 文章选材主要是作者对已经拥有的材料进行选择
B. 公文写作选材要注意材料要真实、典型和新鲜
C. 所谓材料要典型，就是要选最有特征、最有代表性、最能概括和体现事物本质的材料
D. 所谓材料要新鲜，就是要选在实践中体现时代前进方向的新的创造、新的观念以及新人新事新风尚

44. 下列表述，正确的是（ ）。
A. 公文写作属于整个写作知识体系中的一个分支
B. 公文写作是各级管理机构之间最重要的沟通方式之一
C. 公文写作是各级管理机构之间最重要的交流方式之一
D. 公文写作可以反映各级管理机构的管理才华与水平

45. 下列表述，正确的是（ ）。
A. 对于公文的性质，忽视不得　　B. 对待公文写作的态度，轻视不得
C. 对待公文写作的语言，马虎不得　　D. 对待公文写作的格式，仔细不得

46. 下列表述，正确的是（ ）。
A. 明确公文的性质，具有重要的政治意义
B. 明确公文的性质，具有重要的职业管理意义
C. 明确公文的性质，具有重要的公文写作意义
D. 明确公文的性质，具有社会伦理意义

47. 从文体上说，公文不属于（ ）。
A. 记叙文　　　B. 说明文　　　C. 议论文　　　D. 杂文

48. 下列表述，正确的是（ ）。
A. 群体作者是公文写作者的一种表现形态
B. 法定作者是公文写作者的最根本作者
C. 代言作者是公文写作者的一种表现形态
D. 大众作者是公文写作者的一种表现形态

49. 下列表述，正确的是（ ）。
A. 公文的法定作者是指写作主体是依法成立、具有法人资格的组织
B. 公文的法定作者是指行政公文的实际作者
C. 公文的法定作者可以说成是公文的最终作者
D. 公文的法定作者必须是法学家

50. 公文读者功用性很强，阅读公文完全是为了（   ）的需要。
A. 实际工作　　　B. 解决问题　　　C. 处理问题　　　D. 增长知识
51. 下列表述，正确的是（   ）。
A. 公文写作者，一定要懂得世界与中国最前沿的管理科学
B. 公文写作者，一定要懂得世界与中国最前沿的管理知识
C. 公文写作者，不一定要懂得世界与中国最前沿的管理科学
D. 公文写作者，不一定要懂得世界与中国最前沿的管理知识

三、评改题
1. 修改下列不规范的标题。
（1）《机构调整问题的请示》
（2）《关于请求购买东风牌卡车的请示报告》
（3）《关于申请办理专项控制商品准购证的报告》
（4）《关于铺张浪费问题的请示》
2. 评改下列公文格式上的毛病。

××市府公文　　　　　　　［紧急］
（08）×府发21号

××市人民政府严厉打击非法出版活动的通知

当前，我市一些地方非法出版活动十分猖獗，传播有害书刊和音像制品。这类出版物内容腐朽，大量宣传凶杀、色情和迷信，对群众特别是青少年的身心健康危害极大，严重地影响了社会主义精神文明的建设，破坏了社会安定，已成为社会一大公害。对此，各级政府应采取有力措施，严厉打击非法出版活动。现将有关事项通知如下。

（以下略）

附件：如文

　　　　　　　　　　　　　　　　　　　　　　　　××市人民政府
　　　　　　　　　　　　　　　　　　　　　　　　2008年×月×日

报：（单位略）
送：（单位略）

2008年×月×日　　　×市人民政府办公厅印
（共印500份）

第二节　　党政公文写作

一、命令（令）　意见

（一）命令（令）

1. 例文评析

【例文1】

深圳市人民政府令

第 156 号

《深圳市政府信息公开规定》已经市政府第四届第三十七次常务会议审议通过，现予发布，自2006年9月1日起施行。

市长：×××

××××年×月×日

【评析】

这是一篇公布令。正文由公布对象《深圳市政府信息公开规定》、公布依据"已经市政府第四届第三十七次常务会议审议通过"、公布决定"现予发布，自2006年9月1日起施行"三部分组成，写得规范、简明。但"通过"后宜用句号。

【例文2】

关于在我国统一实行法定计量单位的命令

自1959年国务院发布《关于统一计量制度的命令》、确定米制为我国的基本计量制度以来，全国推广米制、改革市制、限制英制和废除旧杂制的工作取得了显著成绩。为贯彻对外实行开放政策、对内搞活经济的方针，适应对我国国民经济、文化教育事业的发展，以及推进科学技术进步和扩大国际经济、文化交流的需要，国务院决定在采用先进的国际单位制的基础上，进一步统一我国的计量单位。经1984年1月20日国务院第21次常务会议讨论，通过了国家计量局《关于在我国统一实行法定计量单位的请示报告》、《全面推行我国法定计量单位的意见》和《中华人民共和国法定计量单位》。现发布命令如下：

一、我国的计量单位一律采用《中华人民共和国法定计量单位》（附后①）。

二、我国目前在人民生活中采用的市制计量单位，可以延续使用到1990年，1990年年底以前要完成向国家法定计量单位的过渡。农田土地面积计量单位的改革，要在调查研究的基础上制订改革方案，另行公布。

第一章　党政公文

三、计量单位的改革是一项涉及各行各业和广大人民群众的事，各地区、各部门务必充分重视，制订各级稳妥的实施计划，保证顺利完成。

四、本命令责成国家计量局负责贯彻执行。

本命令自公布之日起生效。过去颁布的有关规定，与本命令有抵触的，以本命令为准。

国务院（章）
××××年×月×日

【评析】

这是一篇行政令。正文由命令原由（第1段）、命令要求（第2～5段）、执行办法（第6段）三部分组成，写得简明准确，便于执行。但第1段《关于在我国统一实行法定计量单位的请示报告》的写法属于混淆文种，应删去"报告"二字。

【例文3】

国务院对民航王仪轩机组的嘉奖令

××××年×月×日　　国发〔1983〕90号

中国民航沈阳管理局第十飞行大队王仪轩机组，一九八三年五月五日驾驶三叉戟296机，执行沈阳至上海航班任务。在飞临渤海上空遭到六名武装暴徒劫持后，表现得很勇敢、很机智，确保了旅客安全，捍卫了祖国的尊严。当出现严重危害旅客和飞机安全的险情时，机组及时采取紧急措施，多次化险为夷。在暴徒以武力相威胁而又与地面失去联系等十分危急的情况下，为了避免机毁人亡，机组沉着冷静，以高超的技术，使飞机安全降落在不适宜降落大型飞机的南朝鲜春川机场。飞机落地后，机组人员面对各种复杂的情况，立场坚定，组织旅客团结战斗，争取返回祖国。在这次事件中，机组人员表现出热爱党、热爱人民、热爱社会主义祖国的高尚品质和革命气节，表现出一心确保旅客安全的崇高职业道德，以实际行动为人民立了功。

为了表彰王仪轩机组的事迹，国务院决定：授予王仪轩机组"中国民航英雄机组"称号；授予机长王仪轩"中国民航英雄机长"称号；给机长王仪轩、和长林、领航员王培富，空勤通讯员王永昌各记特等功一次，各晋升两级；给领航员冯云武，空勤机械员林国荣，乘务员程梅、姜民英、李霞各记大功一次，各晋升一级，并对王仪轩机组九名同志分别给予奖金奖励。

国务院号召民航全体空勤人员和广大职工向英雄的王仪轩机组学习，加强防止劫机的安全保卫工作，忠于职守、尽职尽责，切实保证空中飞行安全，为社会主义民航事业的建设、为祖国四化建设作出贡献。

【评析】

这篇嘉奖令，各用一段简要地写出了嘉奖原由、嘉奖内容和号召要求，具有较强的感染力和号召力。但正文中的数字宜用阿拉伯数字书写,发文字号应置于标题的右上方。

2. 必需知识 命令(令)是"适用于公布行政法规和规章、宣布施行重大强制性措施、批准授予和晋升衔级、嘉奖有关单位和人员"的公文文种。

命令(令)按其内容和作用分,有公布令、行政令、嘉奖令、惩戒令等。前三种比较常用和常见。

3. 拟写要点

(1) 公布令的写法。公布令是依照有关法律规定发布行政法规和规章的公文。

1) 标题。由发令机关名称(或领导人职务名称)和文种名称"令"构成。标题下面的令号,由发令机关以年为单位按顺序编写;或从领导人任职开始至任职期满为止按顺序编写,下任另行编写。

2) 正文。由公布对象、公布依据和公布决定三部分组成。

第一部分:公布对象。即所公布的重要法规文件的全称,一般写于该令的文首。

第二部分:公布依据。即用以说明公布的对象由何机关何时被批准或由某种会议通过的内容,写在公布对象之后,用"已由"或"已经"等字连接。

第三部分:公布决定。即公布的实质性要求。发令时间与施行时间相同的,可写为:"现公布施行"、"现颁布试行"和"现予公布,自公布之日起施行";发令时间与施行时间不一致的,可写为:"现予公布,自××××年×月×日起施行"。

3) 落款。签署发令机关名称或发令机关主要领导人的职务名称和姓名,最后注明发令时间。

(2) 行政令的写法。行政令是宣布施行重大强制性行政措施的公文。

1) 标题。一般由发文机关、事由、文种三部分组成。标题下面往往注明发令时间,并用圆括号括入;也可在文末标明发令时间。

2) 正文。由命令原由、命令要求、执行办法三部分构成。

• 命令原由。要求开门见山、简明扼要地说明发布命令的原因和根据。

• 命令要求。即发令机关提出的规定、要求,是正文的主体部分,要求写得条理分明,语气肯定,简要准确,便于执行。

• 执行办法。即对执行命令的规定。一般写上:"本命令自公布之日起生效,过去颁布的有关规定,与本命令有抵触的以本命令为准。"

(3) 嘉奖令的写法。嘉奖令是嘉奖有关人员的公文,省级以下领导机关多用表彰性的"通报"。

1) 标题。由发令机关名称、事由、文种三部分组成。介于发令机关和事由之间的介词多用"对"。标题下面写明发令时间。

2) 正文。由嘉奖原由、嘉奖内容、号召要求三部分组成。

• 嘉奖原由。即为什么要进行嘉奖,要概括地写出嘉奖对象的事迹并作出简要评价。

• 嘉奖内容。即所嘉奖的具体事项,要根据嘉奖机关的意图,按照先精神奖励后物质奖励的顺序依次写明。

- 号召要求。即围绕嘉奖对象所发出的普遍号召和提出的具体要求，要写得与嘉奖原则和嘉奖内容相吻合，并富有号召力。

（4）注意事项。

1）不是随便一个行政管理机关都可以随意使用命令（令）的。属于发布行政法规性的命令（令），只限于国务院使用；发布规章性命令（令），除国务院及其所属部门有权以外，只限于地、市级（含）以上人民政府使用；发布强制性行政措施的命令（令），除国务院及其所属各部门有权使用以外，只限于县级（含）以上人民政府使用；企事业单位均不得使用这种公文。

2）要恰当使用"命令"与"令"同一文种的不同表述。

3）一般情况下的人事任免，宜用"通知"或"批复"；只有重要的人事任免（如国务院总理的任免）才用"命令（令）"。

4）一般情况下，嘉奖性的命令（令）较常使用，而惩罚性的命令（令）很少使用，常以通报代替。

（二）意见

1. 例文评析

【例文】

关于加强档案工作的几点意见

市政府：

档案是党和国家的宝贵财富。目前，我市各级档案部门保管的档案资料已达10万多卷，这些档案全面反映了我市政治、经济、文化等各项事业建设发展的历史过程，记载了我们工作的经验和教训，是宝贵的信息资源。根据国家《档案法》及最近召开的全国档案工作会议精神，现就×××年我市档案工作提出如下意见：

一、尽快扭转市属机关档案管理落后的局面（略）

二、加快对国有企业资产产权变更中档案的管理（略）

三、加强对历史档案和特色档案的征集工作（略）

四、依法建立健全档案管理机构（略）

五、实行档案专业人员持证上岗制度（略）

六、力争使我市档案馆今年达到国家一级馆标准（略）

以上意见妥否，请批示。

附：市属机关、事业单位档案管理达标时间表（略）

深圳市档案局
××××年×月×日

【评析】

该文是上行文。标题是省略式。正文开头简明地摆明情况，指出意义和根据，以引出主体。主体分条列项写了六点意见，写得有观点、有事实、有分析，思想明确，切实可行，便于操作。但文字标点还欠推敲。

2. 必需知识

（1）意见的定义。意见是"适用于对重要问题提出见解和处理办法"的文种。

意见的使用由来已久。鉴于党政领导机关及其职能部门常常用到这一文种，故由"准公文"（事务文书）发展成为党政机关的正式（法定）公文文种。特别是党的十一届三中全会之后，随着改革开放形势的发展，它的使用也逐渐多起来了。

（2）意见的特点。

1）行文的灵活性。它既可用于下级机关对上级机关提出一些建议性的意见，与建议性报告相似，属于上行公文；又可用于上级机关对下级机关提出一些规定性或指导性的意见，属于下行公文。由此可见其行文方向较灵活。

2）内容的针对性。意见往往是针对工作中急需解决的重要问题或必须防止的主要倾向而发的，因此，它提出问题要迅速及时，分析问题和提出见解要切合实际，提出办法要对症下药，以方便操作。

（3）意见的种类。

1）建议性意见。用于下级机关（大多是主管部门）对上级机关提出工作建议。该建议一经上级批转，就成为上级机关的指导性意见，具有一定的行政约束力。

2）规定性意见。用于上级机关对所属机关、组织和人员提出规范性的要求和措施。有的还对违反规定的行为制定了较详细的处罚措施，具有较强的约束力。

3）指导性意见。用于上级机关对下级机关进行工作指导。撰写时须注意阐明指导思想和工作原则，提出工作思路和措施办法，给下级机关以及时的指导，从而促进面上工作的健康发展。指导性意见的内容和作用与通知有相似之处，但指导性意见重在指导，通知既有指导性，又有指挥性。

3. 拟写要点　意见由标题、正文和落款三部分组成。

（1）标题。由发文机关、事由和文种组成。下行文一般用完全式标题，上行文一般用省略式（省去发文机关）标题。

（2）正文。通常由开头和主体两部分组成。

1）开头。或摆明情况，提出问题；或指出意义目的。总之，要开门见山，简洁明快。

2）主体。为使主体部分条理清晰，一般都分条列项来写。

每一条开头或用小标题，或用第一句话概括其主旨，然后，先阐述指导思想和工作要求，再交代具体做法。总之，要切实可行，针对性强。

（3）落款。标题中未写明发文机关名称的，要在文末署明，并注明成文日期（有的则在题注上并列注明发文机关或成文日期)。

4. 注意事项

(1) 要注意下行性意见与部署工作类通知在职能和内容方面的区别。前者主要是对于重要问题表明态度、提出见解和处理办法,是"可以做什么"和"不可以做什么";而后者则主要用于传达要求下级机关办理和执行的事项,是要求下级"要做什么"甚至是"必须做什么"。

(2) 要注意下行性意见与部署工作类通知在结构和写法方面的区别。前者重在阐述清楚对某一重要问题的见解和处理办法,而后者则要明确提出对落实和执行工作任务的具体要求。

综合训练二

一、单选题

1. 下列表述,正确的一句是(　　)。
 A. 命令的发文依据是国家的法律。这是使用这种公文最重要的依据
 B. 命令的发文依据是行政部门领导者的意图。这是最直接的依据
 C. 命令的发文依据是国家的形势和任务。这是最现实的依据
 D. 命令的发文依据是突发情况。这是最迫切的依据

2. 下列表述,正确的一句是(　　)。
 A. 命令是用来发布主要领导者意图的公文
 B. 命令是用来发布最高领导人指示的公文
 C. 命令是用来发布行政法规和规章的公文
 D. 命令是用来发布特定时期战略思想和任务的公文

3. 下列表述,正确的一句是(　　)。
 A. 命令可以用来宣布和施行强制性行政措施
 B. 命令可以用来宣布强制性行政措施,但不可以用来施行
 C. 命令可以用来施行强制性行政措施,但不可以用来宣布
 D. 命令不可以用来宣布和施行强制性行政措施

4. 颁布《中华人民共和国婚姻法》应使用的文种是(　　)。
 A. 决定　　　　B. 通知　　　　C. 命令　　　　D. 公告

5. 公文中行文方向不定的文种是(　　)。
 A. 意见　　　　B. 请示　　　　C. 通知　　　　D. 通告

二、多选题

1. 行政令用于(　　)。
 A. 发布法律、法令和行政法规　　B. 嘉奖有功人员
 C. 宣布重大的强制性行政措施　　D. 采取重大政治、军事行动

2. 意见适用于(　　)。

A. 传达要求下级机关办理和有关单位需要周知或共同执行的事项
B. 用于下级机关对上级机关提出工作建议
C. 用于对所属机关、组织和人员提出规范性的要求和措施
D. 用于上级机关对工作进行指导

三、评改题
请指出下列嘉奖令的毛病，并写出修改稿。

嘉奖令

市×××化工厂，采取有力措施，切实贯彻《安全生产条例》，建立安全生产岗位责任制，实现全年生产无事故。成为我市第一个安全生产年企业。为此，市政府决定对×××化工厂通令嘉奖。

××市人民政府
××××年×月××日

四、作文题
2006年7月24日，××省人民政府第12次常务会议讨论通过了《××省城市公共安全与卫生管理规定》，并决定从2006年8月1日起施行。《××省城市公共安全与卫生管理规定》要以××省人民政府令的形式予以公布。请你代写这份公布令。

二、决议　决定　议案　纪要

（一）决议

1. 例文评析

【例文】

深圳市第四届人民代表大会第二次会议
关于深圳市2005年预算执行情况和2006年预算的决议

（××××年×月×日深圳市第四届人民代表大会第二次会议通过）

深圳市第四届人民代表大会第二次会议经过审查，并根据计划预算委员会的审查报告，决定同意市政府《关于深圳市2005年预算执行情况和2006年预算草案的报告》，批准深圳市2006年本级预算。

【评析】

该篇审议批准性决议，要素齐全，结构完整，语言简明。标题已写了会议名称，题注只需注明通过日期即可。

2. 必需知识　决议是"适用于会议讨论通过的重大决策事项"的文书。

决议有六大特点：①制发程序上的规范性；②内容上的针对性；③效力上的权威

性；④适用对象上的普遍性；⑤思想上的指导性；⑥时效上的长期性。

按内容和作用，决议可分为审议批准性决议、方针政策性决议、专门问题性决议和公布号召性决议四种。

3. 拟写要点　决议由标题、题注、正文和落款四部分组成。

（1）标题。

1）发文机关＋事由＋文种。如《中共中央关于社会主义精神文明建设指导方针的决议》。

2）会议名称＋事由＋文种。如《中国共产党××市委员会第五次全体会议关于授予×××等二十位优秀共产党员称号的决议》。

（2）题注。加括号标注于标题之下的居中位置。若标题中已写出会议名称，括号内只需写明"××××年×月×日通过"即可。若标题中未写明会议名称，括号内则要写明"××会议××××年×月×日通过"。

（3）正文。决议的正文一般由开头、主体和结尾组成。

1）开头。写决议的依据：写明会议审议或批准或通过或学习或听取了什么，自何时生效，等等。

2）主体。批准事项或通过文件的决议，要强调意义，提出号召要求；安排工作的决议，要写明工作的内容、措施和要求；阐述原则问题的决议，要夹叙夹议地把道理说深说透。

3）结尾。有时需要写一个结尾，多以希望、号召结束全文；有时主体结束，全文自然结束。

（4）落款。盖印章与写日期。决议的通过日期常以题注列出。

4. 注意事项

（1）不要滥用决议行文。

（2）要强调成文的敏捷性、简要性和规范性。

（二）决定

1. 例文评析

【例文】

深圳市人民政府
关于调整水务行政执法权的决定

（××××年×月×日）

深府〔××××〕××号

为了加强行政执法，根据我市水务管理的实际情况，现决定将市、区城市管理行政执法部门行使的对违反水土保持、水资源管理、河道管理等行为的行政处罚权交由市、区水务行政主管部门行使。市、区城市管理行政执法部门不再行使市政府《关于开展相对集中行政处罚试点工作的决定》（深府〔2001〕143号）确定的水土保持、水资源管理、河道管理等方面的水务行政执法权。

根据市政府《关于在龙华布吉等六街道扩大城市管理综合执法范围试点工作的决定》（深府〔2006〕72号）精神，龙华、民治、大浪、布吉、坂田、南湾等六个试点街道执法队根据水务管理方面法律、法规、规章，对违反水土保持、水资源管理、河道管理方面的行为进行查处。

本决定自发布之日起实行。在此之前，市政府发布的有关规定与本决定不一致的，以本决定为准。

【评析】

这是一篇对重大事项做出安排的知照性决定。标题属完全式，因而省略了文末签署。全文写得准确简明，便于执行。

发文字号应置于标题右上方，"号"字后应空两格。

2. 必需知识

（1）决定的含义。决定是"适用于对重要事项作出决策和部署、奖惩有关单位和人员、变更或者撤销下级机关不适当的决定事项"的公文文种。

（2）决定的种类。

1）指挥性决定。用于对某些方针政策做出决定和对重大事项或行动做出安排等。如1992年6月16日《中共中央、国务院关于加快发展第三产业的决定》，1993年11月14日《中共中央关于建立社会主义市场经济体制若干问题的决定》，1994年9月28日《中共中央关于加强党的建设几个重大问题的决定》，等等。这类决定，内容充实，篇幅较长，说理透彻，具有指示、计划的性质和法规性、郑重性、权威性、指导性的特点，要求有关方面必须认真贯彻执行。

2）知照性（宣告性）决定。用于表彰先进、处理有关事件与人员、设置机构、任免干部、公布重要事项等。如1983年2月12日《国务院关于授予赵春娥、罗健夫、蒋筑英全国劳动模范称号的决定》等。这类决定内容单纯，篇幅较短，开门见山，简洁明了。

3. 拟写要点　决定一般由标题、正文和落款三部分组成。

（1）标题。有两种写法：

1）发文机关＋事由＋文种，如《中共中央关于科学技术体制改革的决定》。

2）事由＋文种，如《关于环境保护工作的决定》。

有的标题下面要标明"××××年×月×日×××会议通过"字样，并用圆括号括入。

（2）正文。包括做出决定的根据和原由；决定的事项、问题或重大行动；执行决定的要求和提出号召。

指挥性决定正文的写作，一般来说，都要讲明道理，布置任务，提出原则，拟出规定，交代办法，提出要求。其决定事项往往采取分条列项式写法，把复杂的事情、众多的问题写得条理分明、眉目清楚，使下级机关易于把握，便于执行。而知照性决定的正文，往往一段到底，不分条目，没有明显的两段式特征。

（3）落款。如果标题已有发文机关名称，落款处一般不用再写发文机关名称；如果标题下面已标明了成文时间,落款处发文机关名称下面就不用再写成文时间了。

4. 注意事项

(1) 要注意决定与命令(令)的异同。尽管它们同属于指挥性公文,但前者比后者的法定作者要宽泛得多;而且前者所写的内容也比后者具体得多。

(2) 要注意决定与条例、办法、规定等规约文书的异同。二者性质有相同之处,但后者非法定文种。

(3) 要高度重视决定所具有的指示性,一定要坚决而认真地贯彻执行。

(4) 要注意决定内容的相对稳定性和恒久性,不能朝令夕改。

(5) 要注意惩罚性决定的具体使用方法。惩罚性决定的惩罚,不能以行政处分来代替司法机关的定罪处罚。

(三) 议案

1. 例文评析

【例文】

关于提请审议《广东省野生动物保护(草案)》的议案

广东省人民代表大会常务委员会:

为加强我省野生动物保护管理,省政府拟订了《广东省野生动物保护管理条例(草案)》。该草案已经省政府常务会讨论通过,现提请审议。

广东省人民政府省长　卢瑞华
××××年×月×日

【评析】

这是一篇写得简明扼要的立法议案。若采用完全式的标题,更能体现议案的庄重色彩。

2. 必需知识　议案是各级人民政府按照法律程序向同级人民代表大会或人民代表大会常务委员会提请审议事项的公文。

国家行政机关向同级人大或人大常委会提出的议案,常用的主要包括法规或规范性文件案、计划预算案、干部任免案以及其他重大事项案等。

3. 拟写要点　议案一般由标题、正文和落款三部分组成。

(1) 标题。在有固定文件版头的前提下,标题一般只写事由和文种。

(2) 正文。含案由、解决办法和结尾。

1) 案由。即提出议案的理由、根据。说明案由既要注意文字简明扼要,又要力求把提出议案的理由说充分,以引起重视。

2) 解决办法。即解决议案中所提问题的措施、方案。

3) 结尾。另起一行,用"妥否,请审议"或者"请审议决定"等常用语收束。

(3) 落款。标明政府机关名称或政府首长（写明职务、成文时间并加盖印章）。

4. 注意事项

(1) 要注意议案与提案的区别。其最明显的区别有二：①两种文体的性质不同，前者是法定文种之一，后者却不是。②发文者不同，前者的发文者是各级人民政府，而后者的发文者是"会议代表"。此外，二者的作用与功能也有重要区别。

(2) 要注意议案文号的写法。其文号的机关代字一般用"函"字标注。

(3) 要注意议案的使用必须严格履行法定程序。

（四）纪要

1. 例文评析

【例文】

深圳市秘书学会
第一次代表大会纪要
（××××年××月××日）

××××年××月××日下午，深圳市秘书学会在深圳市电子技术学校第十六楼报告厅召开第一次会员代表大会。出席大会的会员代表34人。大会由副会长兼秘书长张昆同志主持，常务副会长郑建文同志介绍学会创办经过，会长曾昭乐同志宣读学会章程并致辞。大会通过学会章程，产生执行机构，选举第一届理事会、常务理事会、正副会长、秘书长和法定代表人。市政协副主席、教育局副局长陈观光同志，市社科联（学会业务主管单位）领导郭祥焰同志，市民政局民间组织管理办公室领导李金宏同志，亲临大会指导，并作重要讲话。

大会以民主表决方式，通过了学会章程，选举了第一届理事、常务理事、正副会长、秘书长和法定代表人。曾昭乐同志当选为会长兼法定代表人，郑建文同志当选为常务副会长，张昆同志当选为副会长兼秘书长。常务理事会由苏学鹏同志等10人组成；理事会由余金凤同志等32人组成。大会聘请陈观光等6位同志为学会高级顾问，聘请赵述德（广东建华职业学院副院长、副教授）等11位同志为学会顾问。

与会领导陈观光、郭祥焰、李金宏同志在讲话中对市秘书学会成立并顺利召开表示热烈祝贺，对所有参与筹备秘书学会所付出的辛勤劳动表示衷心的感谢；高度肯定市秘书学会的创办为社会科学界增添了新的生力军。极力赞赏市秘书学会为秘书学术研究和秘书人才培养提供了平台和基地；殷切希望市秘书学会不断发展壮大，积极设法扩大影响，服务经济社会，做到出成绩、出经验、出理论、出人才，将学会越办越好。会长曾昭乐同志在致辞中首先代表全体会员，向各位代表和关心支持深圳秘书事业的各级领导、各界友人特别是各位高级顾问、顾问表示诚挚的谢意，尤其是高度赞扬市电子技术学校的领导极具战略远见地为秘书学会创造并提供了一个进行学术交流的平台和人才培训的基地，然后表明，一批有识之士致力筹建秘书学会这个带有前瞻性、开创性、造福社会的事业，完全是出于为满足深圳高素质秘书人才需求而欲尽点责任、作点贡献的事业人。最后希望各位同仁一如既往地支持秘书学会的工作，携手共进，共创辉煌。

大会最后布置了今后的工作，并将《深圳市秘书学会2006年度学术研究课题》发给与会人员。初定于2006年秋季举行第一次学术研讨会。会议号召大家积极撰写论文，踊跃参加研讨，把学术研究的气氛搞得浓浓的。学会决不负众托，遵章守法，开展活动，把学会办成一流的学会。

【评析】

这篇纪要，不仅会议情况的概况写得简明扼要，而且作为主体部分的会议内容摘要也写得非常概括，重点突出，观点鲜明，层次清楚，便于贯彻。

2. 必需知识　纪要是"适用于记载会议主要情况和议定事项"的公文文种，它是根据会议记录、会议文件和会议的其他有关资料整理而成的，既可以上呈又可以下达。纪要的主要作用是：沟通情况，交流经验，统一认识，指导工作。有些会议纪要经上级领导机关或主管部门批准后，就具有法规性质，不仅与会单位要遵照执行，其他有关方面也必须遵照执行。

3. 拟写要点　和会议记录相比，纪要具有明显的思想上的倾向性、内容上的选择性、文序上的条理性和文字上的简明性等特点。一般分为标题、正文和签署三个部分。

（1）标题。会议名称＋文种。如《全国中等专业教育工作会议纪要》。

（2）正文。一般包括有关会议情况的概述部分和作为纪要主体的会议内容的摘要部分。

1）会议情况的概述。要在开头先用一段话概括交代会议的召开单位、时间、地点、参加者（出席与列席人员或范围）以及主要议程。有的还要交代召开会议的动因和目的，主要领导同志在会上的活动，以及会议所产生的意义与作用，等等。

2）会议内容的摘要。主要写会议研究或讨论问题的情况和结果。例会、办公会纪要，只要求把会议所有研究的问题和决定事项扼要归纳出来。小型的业务工作会议纪要，其决定事项部分必须突出解决问题的办法及要求。大中型的工作会议或座谈会纪要，不仅要把会议讨论的结果及决定事项写出来，而且要把会议的讨论情况及与会者所反映的有关问题，用分条、分层叙述的形式综合地反映出来。学术性会议纪要，特别要注意把与会者的不同意见反映出来。

（3）签署。发文机关要签上召开会议者的名字。几个单位联合召开的会议，要并列签上几个单位的名称，以保证各自所属单位对共同商讨决定的事项都能够贯彻执行。最后签上成文日期。

4. 注意事项

（1）纪要一定要在"要"字上做文章。会议情况要概述，概括性要强；会议内容要有摘要，要写得简明扼要。要有一定的理论概括，但要根据会议宗旨来综合，不能随心所欲地增减或更改内容，更不能借题发挥、添枝加叶。

（2）纪要在格式上与其他公文的一个重要区别是一般不加盖印章。

综合训练三

一、单选题

1. 下列纪要写作方式中，（　　）纪要一般没有主送机关。

A. 简报式　　　　B. 文件式　　　　C. 信函式　　　　D. 记录式
2. 下列表述，正确的一句是（　　）。
A. 议案的使用者，主要是各级人民政府
B. 议案的使用者，主要是各级人民代表大会的代表
C. 议案的使用者，主要是各级政协委员
D. 议案的使用者，主要是国家各级公务员
3. 下列表述，正确的一句是（　　）。
A. 议案就是提案，在一般场合叫提案，在正式场合叫议案
B. 议案和提案都是国家正式公文，性质和作用完全一样
C. 议案适用于各级人民政府向各级人民代表大会提请审议事项
D. 议案适用于各级人民政府向同级人民代表大会提请审议事项
4. 下列表述，正确的一句是（　　）。
A. 纪要具有新闻性和传播性
B. 纪要具有纪实性和指导性
C. 纪要具有宣传性和教育性
D. 纪要具有政治性和经济性
5. 下列表述，正确的一句是（　　）。
A. 纪要可以用来沟通情况，交流经验，统一认识
B. 纪要可以用来沟通情况，但不可以用来交流经验、统一认识
C. 纪要可以用来交流经验，但不可以用来沟通情况、统一认识
D. 纪要可以用来统一认识，但不可以用来沟通情况、交流经验
6. 下列表述，正确的一句是（　　）。
A. 所有纪要可以拿出来公开发表
B. 有新闻价值的纪要可以拿出来公开发表
C. 有思想价值的纪要可以拿出来公开发表
D. 有普遍意义的纪要可以拿出来公开发表

二、多选题
1. 决定是一个常用的公文文种，适用于（　　）。
A. 对某一重大问题作出部署
B. 宣布实施重大法制性行政措施
C. 处理重大事故和其他突发性事件
D. 宣布重要机构的设置或变动
2. 纪要的内容包括（　　）。
A. 会议召开依据　　　　　　B. 会议情况简述
C. 会场布置情况　　　　　　D. 会议主体内容
3. 下列表述，正确的是（　　）。
A. 决定包括命令性决定、决断性决定等
B. 决定包括指挥性决定、指导性决定等

C. 决定包括决断性决定、指挥性决定等
D. 决定包括指挥性决定、奖惩性决定等

4. 下列表述，正确的是（　　）。
A. 决定的格式包括标题、收文单位、正文等
B. 决定的格式包括标题、正文、发文单位等
C. 决定的格式包括标题、正文、发文日期等
D. 决定的格式包括标题、签发人、收发人等

5. 下列表述，正确的是（　　）。
A. 决定的正文，一般写决定的原由和决定的事项
B. 决定的正文，一般写决定的思想和决定的意义
C. 决定的正文，一般写决定的原因和决定的结果
D. 对于做出决定的日期的标注，没有一个固定位置，需视情况而定

6. 下列表述，正确的是（　　）。
A. 方案可以用于提请审议事项
B. 方案可以用于提请任命工作人员
C. 方案可以用于提请审议批准
D. 方案可以用于提请审议立法

7. 下列表述，正确的是（　　）。
A. 方案的写作格式，包括标题、收文单位、公文标号、单位简称等
B. 方案的写作格式，包括标题、收文单位、正文、发文单位等
C. 方案的写作格式，包括标题、收文单位、正文、发文单位以及发文人等
D. 方案的写作格式，包括标题、收文单位、正文、发文单位、发文日期等

8. 下列表述，正确的是（　　）。
A. 纪要产生于会议记录
B. 纪要是反映会议内容的公文
C. 纪要可以按照一般公文的发文程序发文
D. 纪要不可以在报纸等媒体上发表

9. 下列表述，正确的是（　　）。
A. 纪要包括办公会议纪要
B. 纪要包括运动会纪要
C. 纪要包括工作会议纪要
D. 纪要包括讨论会纪要

10. 下列表述，正确的是（　　）。
A. 纪要的标题，一般应写成《关于××会议的纪要》
B. 纪要在标题之下，一般写成文日期
C. 纪要的正文，一般包括三个部分
D. 纪要在正文之下，一定要加盖印章

11. 决定（　　）。
A. 是对重要事项或重大行动做出安排所使用的下行文
B. 是只有极高级别的领导机关才可使用的下行文
C. 是具有施行性和指挥性的公文
D. 所决定的事项内容下级机关都必须贯彻执行

12. 作为行政机关公文的议案是指（　　　）。
A. 各级人民代表大会的代表按法律程序提出的议案
B. 人民检察院、人民法院向同级人民代表大会提出的议案
C. 各级人民政府向同级人民代表大会提出的议案
D. 各级人民政府向同级人民代表大会常务委员会提出的议案

三、评改题

请指出下列公文的主要毛病，并加以修改。

关于××省××县杨林尾缝纫机厂
侵犯天津缝纫机厂牡丹牌注册商标的处理决定

　　××省××县杨林尾缝纫机厂擅自使用天津缝纫机厂牡丹牌注册商标，经协同××省××县工商行政管理局查处此案。为了保护商标专用权，维护品牌产品信誉，××县杨林尾缝纫机厂擅自使用天津缝纫机厂牡丹牌注册商标，畅销自己的产品，进行欺骗群众，以其谋利，侵犯了商标专用权，违反了商标法，根据《中华人民共和国商标法》第三十八条第一款和第三十九条的规定：对××县杨林尾缝纫机厂使用牡丹牌商标，责其停止生产，所查封牡丹牌贴花予以全部销毁，并公开在《人民日报》上检讨其错误，以挽回影响。

天津市东郊区工商行政管理局
××××年×月×日

四、作文题

1. 某市政府经办公会议研究决定，对五个在命名"文明单位"之后放松管理和教育、出现许多问题并造成不良社会影响的单位进行处理，撤销其"文明单位"称号，并向全体下属单位发文。请代拟一份文稿。

2. 为了维护国家主权和尊严，增加公民的国家观念和爱国意识，国务院常务会议对国务院法制局经过广泛征求意见和调查研究起草的《中华人民共和国国旗法（草案）》进行了讨论并予以通过，于1990年2月6日以国务院总理李鹏的名义向全国人民代表大会常务委员会提请审议。请根据上述材料拟一份议案。

三、通知　通报　函

（一）通知

1. 例文评析

【例文】

深民社筹字〔2005〕30号

社会团体批准筹备通知书

曾昭乐等发起人：

你们关于申请筹备深圳市秘书学会的有关材料收悉。经审查，符合《社会团体登记管理条例》的有关规定，现批准筹备。

请你们接到本通知之日起 6 个月内召开会员大会或会员代表大会，通过团体章程，产生执行机构、负责人和法定代表人，并按条例有关规定申请成立登记。筹备期间不得开展筹备以外的活动。

专此通知

深圳市民政局
民间组织管理办公室
二〇〇五年八月十二日
（印章）

抄送：深圳市社会科学联合会

【评析】

这篇批示性通知写得明确具体，切实可行。通知的原由、事项和需注意的问题都交代得非常清楚，便于执行。须指出的是，标题的文字还欠斟酌，"专此通知"后宜加句号。

2. 必需知识

（1）通知的定义。通知是"适用于发布、传达要求下级机关执行和有关单位周知或者执行的事项，批准、转发公文"的公文文种。

（2）通知的特点。通知的特点是：适用范围的广泛性，文体功用的晓谕性，行文要求的时间性。

（3）通知的分类。以作用为标准，通知可分为指示性通知、批示性通知和一般性通知。

1）指示性通知。发布规章，或者是向下级机关布置某些执行事项，而根据公文内容又不宜用命令或指示发布时，往往使用指示性通知行文。命令或指示与指示性通知的主要区别是：前者的决策性、概括性强，后者的安排性、具体性强。指示性通知具有指示性和规定性的特点，是需要下级机关贯彻执行的。因此，指示性通知要写得明确具体，切实可行。要把任务要求、基本措施、注意事项交代清楚，使下级机关一看通知就知道要求他们解决什么问题，为什么要解决这些问题，采取什么措施来解决这些问题。

2）批示性通知。包括"批转"式通知和"转发"式通知两种。①"批转"式通知，是指对下级机关报送来的报告、请示、会议纪要等，加批语下发，通知有关机关单位贯彻执行的一种公文形式；②"转发"式通知，是指转发上级机关和不相隶属机关的公文时的通知。

"转发"式通知的标题，尤应注意简洁。如《转发全国加强企业领导小组、国家经委〈关于印发《关于企业升级若干问题的说明》的通知〉的通知》。全标题不包括标点符号已达 39 个字，使人看了不得要领，可改为《转发〈关于企业升级若干问题的说明〉的通知》。

3）一般性通知。传达要求下级机关办理和有关单位需要周知或者共同执行的事项，任免和聘用干部，可用这种通知行文。

它兼有知照性和执行性的特点。如成立、调整、合并、撤销某一机构，启用新的印章，更正某一文件的差错，召开会议，干部任免聘用等，都可使用这类通知。

3. 拟写要点

不论何种通知，其基本格式和写法为：

（1）标题。作为公文通知的标题，一般应写明发文机关、事由和文种。这与日常工作中常用的会议通知、学习通知的标题只写"通知"二字是不同的。如果是"紧急"、"重要"、"联合"、"补充"的通知，标题中还要注意标明，同时注明发文字号。

（2）正文。一般由通知原由、通知事项、执行要求三部分构成。但在不同类型的通知中，对其中某一项往往有所侧重，具体写法也有所不同。执行要求，有的集中写一段，有的分散到事项中。末了常用"特此通知"或"专此通知"之类的习惯语作结。

（3）签署和成文日期。写在正文末尾右下方。若标题中或标题下已反映了这两项内容，后面则可以不写，只盖上印章即可。

下面提示一下常用的会议通知和干部任免聘用通知的写法。

会议通知，正文开头要写明召开会议的因据、主持单位和会议名称；主体部分写会议安排：会议内容、主要目的、起止时间、与会人员、会议地点、报到日期及具体地点；结尾提出具体要求和注意事项。当然，上述内容并不要求每个通知都要具备，顺序也可以有所变化。

写干部任免聘用通知，要求直叙其事，简明准确。多数只有一两句话，一般只要写明任免聘用的时间、机关、根据以及任免聘用人员的姓名和职务就可以了。有时，在任职聘用通知中，还附带说明该职务享受某一级别的政治待遇；在免职通知中，说明"另行分配工作"等。此外，向本机关所属系统知照上级任免聘用决定的通知，往往只有通知内容（任免聘用人员的姓名和职务）没有通知根据，带有传达上级决定的性质。

4. 注意事项

（1）要注意公文性通知（法定文种）与一般日常性通知的含义、性质与职能的区别。

（2）要注意写好部署工作类通知正文的"执行要求"部分，最好能将"要求"与"检查"并举，以促使执行部门格外重视。

（二）通报

1. 例文评析

【例文】

表彰通报

市×××化工厂，采取有力措施，切实贯彻《安全生产条例》，建立安全生产岗位责任制，实现全年生产无事故。成为市第一个安全生产年企业。为此，市政府决定对×××化工厂通报表彰。

×× 市政府

××××年×月×日

【评析】

这篇表彰通报的主要毛病有以下几个方面：

（1）标题不规范。应由事由和文种组成。

（2）表彰事项不具体。文中只写"市政府决定对×××化工厂通报表彰"，具体奖什么呢？没有下文。应按照先精神奖励后物质奖励的原则，写明奖给锦旗或奖状、奖金××××元，或记集体功等具体内容。

（3）未写明×××化工厂是哪年实现安全生产年，影响了本文的严肃性和真实性。

（4）正文内容残缺。应补写上号召和要求。

（5）标点不当。"事故"后的句号应改为逗号，以免割断其内在的紧密联系。

（6）发文机关应写全称并标明印章。

可改为：

关于对市×××化工厂实现安全生产年的表彰通报

市×××化工厂采取有力措施，切实贯彻《安全生产条例》，建立安全生产岗位责任制，×××年无生产事故，成为我市第一个安全生产年优秀企业。为此，市政府决定对×××化工厂给予通报表扬，并奖锦旗一面、奖金××××元。

市政府号召全市各企业以×××化工厂为榜样，层层建立健全安全生产岗位责任制，扎扎实实抓好安全生产，争创安全生产年企业，把我市企业生产推上一个新台阶。

×× 市人民政府（印章）

××××年×月×日

2. 必需知识 通报是表彰先进、批评错误、传达重要精神和告知重要情况的一种公文。

表扬好人好事，批评一般性质的错误，发内部简报即可，不必发通报。假如先进事迹比较典型，错误性质比较严重，一般要发通报，进行嘉奖或告诫。告知下级机关某个信息或执行的事项，一般用通知。而"传达重要精神或者情况"，则要发通报。

通报在公文中是比较独特的一种，它虽是下行文，但又不是发号施令的。它有如下几个重要特点：知照性、教育性、政策性、针对性和典型性。

3. 拟写要点 从通报的作用看，大致可以分为表扬性通报、批评性通报和情况通报。下面着重说明表扬性通报和批评性通报的写法。这两种通报的正文，一般都由下述四个部分组成：

（1）通报原由。这是开头部分，类似于新闻的导语。要简明扼要地概括出通报事项的主要事实，并表明通报机关给予肯定或否定的态度。文字要精、篇幅要短，尽量避免和下文重复。

(2) 通报事项。要具体叙述"时、地、人、事、因、果"等六要素，特别要注意选取具有典型性、代表性的材料，抓住实质性的问题，准确而集中地揭示通报的主题，使人们受到直观的感染和教育，从而悟出其中的经验和教训。

(3) 分析概括。对通报事项进行分析评论，揭示问题的实质，概括说明其意义，指出应从中汲取哪些经验和教训。

(4) 处理决定。指对有关人员或单位进行实事求是的具体的表彰或处分。

通报写作的基本要求是：行文要及时；事例要真实、典型；叙述要详略得当；要突出教育性，注意掌握政策。

4. 注意事项

(1) 通报正文的"分析概括"部分是通报写作水平的一个重要标志。作者切忌就事论事，要特别注意将被通报的人和事上升到一种理性认识的高度来写，以使阅文者的认识得到升华。

(2) 写通报决定时，一定要注意掌握政策，与事实相符。

(三) 函

1. 例文评析

【例文】

关于联系教师进修的函

××大学教务处：

首先让我们以××市工业学校的名义，向贵处表示衷心的感谢，过去为我校办学给予了很大的帮助。目前我校又面临一个很难解决的问题。

原来事情是这样的：我校开办不久，师资力量很差，决定派××位年轻老师到贵校旁听进修一年。我校与有关部门多次商量，但××位教师进修住宿问题，至今也没有得到解决。提高教学质量的关键是师资。为提高我校教育质量，恳请贵处设法在贵校给解决住宿问题。但不知贵处是否有什么困难。如果需要我校给贵处办什么事情，请尽管提出，我校会竭力去办。再说一句，贵处如能解决我校进修教师住宿问题，我们以我校领导的名义向贵校领导深深地表示谢意。

致以崇高的敬礼！

××市工业学校（印章）

××××年×月×日

【评析】

综观全函，事由单一。可是，由于该函作者不了解公函的特点和写法，明明是几句话就可以写明白的事，却写得冗长拖沓，废话、套话连篇。

如果直陈其事，突出主旨，可改为：

关于联系教师进修的函

××大学教务处：

　　我校开办不久，师资水平较低。为提高教学质量，拟派××名教师到贵校物理系进修一年。

　　据悉，贵校招待所条件较好。望给我××名进修教师解决一年的住宿问题。

　　可否，请予函复。

××市工业学校（印章）

××××年×月×日

2. 必需知识　函适用于不相隶属机关之间商洽工作、询问和答复问题、请求批准和答复审批事项，其特点是"简洁明了"。函可以说是公文中的轻武器，其使用范围很广，使用频率很高，平行机关、上下级机关、不相隶属机关均可使用。其写作要求是：开门见山，落笔入题，言简意赅，解决问题。

　　先看函的分类：

　　（1）从函的内容来看，可分为五种：①商洽工作函。多用于平级机关之间，如商调干部函、联系参观函、邀请讲学函等。②询问情况或征询意见函。上行、平行、下行都可以。③答复问题函。主要是针对来函询问、商洽的问题，给予明确的答复。④互通情况函。一般只把需要知照对方的情况写清楚，并不要求对方回复。⑤主管部门的批准函，简称为请批函。一般是在某一业务方面向没有隶属关系的"主管"单位的行文，内容也只限于业务问题。而请示则是垂直领导关系中的下级机关向上级机关的行文，内容也不限于业务方面的问题。这是请批函与请示的区别所在。

　　（2）从函的格式来看，可分为公函和便函两种。①公函多用于比较重要的具体事项，格式比较完整，使用公文稿纸，有文件名称、发文字号、机关印章等。②便函多用于一般事务性工作，没有完整的公文格式，只有上款和下款，可以用机关信笺，但不标文件名称，不编发文字号，可以加盖机关印章，也可以个人署名，但不入档案。其行文对象往往是单一的，使用起来比较灵活、方便。

　　（3）从函的发文方向来看，可分为发函和复函两种。①发函是为了商洽工作、询问事项、提出要求等，主动给其他机关去的函。因此，在写作时，要把商洽的原委、询问的问题、请求的事项写得一清二楚，以便对方了解意图，尽快得到回复。②复函是被动地答复相应的商请的函。在写作时，要针对来函商请的问题给予明确的答复。

　　3. 拟写要点　不管是哪一种类型的函，其格式一般都由标题、正文、落款和成文时间等部分组成。

　　（1）标题。通常由发文机关、事由和文种组成，也有省去发文机关或事由的。联系重要事项的函，还要编发文字号。

　　（2）正文。这是函的主体部分，包括原由、事项和结语三部分。

1) 原由。发函写发函原因；复函要先引述来函。

2) 事项。指商洽、询问、答复、请求的内容。这是函的重点，叙事要简明、具体。

3) 结语。发函写希望与要求，如"以上意见，请予函复"、"特此函告"等；复函写"特此回复"、"特此函复"、"此复"（此用于下行的函）。

(3) 落款和成文日期。写上发文机关名称及加盖印章。如果标题已标明了发文机关名称，文末盖上印章即可。最后还要标明成文日期。

4. **注意事项**

（1）无论什么内容的函，其正文都要注意内容单一，开门见山，直陈其事，言简意明。

（2）函是多向行文，行文关系较复杂，特别要注意态度恳切，语言得体，讲究分寸，以礼待人，诚恳合作。

（3）不要将请批函写成请示。

综合训练四

一、单选题

1. 通常来讲，企业中使用最频繁的公文文种是（　　）。
   A. 通知　　　　B. 请示　　　　C. 报告　　　　D. 通报
2. 唯有选好典型，（　　）才能起到应有的作用。
   A. 通告　　　　B. 批复　　　　C. 通知　　　　D. 通报
3. 函适用于（　　）之间相互商洽工作，询问和答复问题。
   A. 不相隶属的机关　　　　　　　B. 上级机关
   C. 下级机关　　　　　　　　　　D. 上下级机关

请根据下文回答4～7题

会议通知

海城派出所刘所长：

为加强我区治安管理，兹定于二〇〇九年十月二十六日下午在我处大会议室召开第四季度治安工作例会，请届时务必准时到会。

海城街道办事处
2009年10月24日

4. 文中主送机关的写法（　　）。
   A. 正确　　　　　　　　　　　　B. 应改为"海城派出所有关领导"
   C. 应改为"海城派出所"　　　　　D. 应改为"海城派出所并刘所长"

5. 正文中会议时间的写法（　　）。

A. 正确

B. 应改为"二零零九年十月二十六日"

C. 应改为"2009年10月26日"并加写下午具体时间

D. 应在原文时间后面加写下午具体时间

6. 正文中用语（　　）。

A. 无错

B. 应将"大会议室"改成具体房间号

C. 应把"准时"删去

D. 应将"我处"改为"海城街道办事处"

7. 行文落款处（　　）。

A. 表述正确

B. 应加办事处印章

C. "2009年10月24日"是规范写法

D. 日期可略写为"10月24日"是规范写法

8. 下列表达，正确的一句是（　　）。

A. 通知适用于传达要求下级机关执行和有关单位周知或者执行的事项

B. 通知只适用于传达有关单位周知的事项，但不适用于传达需要有关单位执行的事项

C. 通知只适用于传达有关单位执行的事项，但不适用于传达需要有关单位周知的事项

D. 通知既不适用于传达需要有关单位周知的事项，也不适用于传达有关单位执行的事项

9. 下列表述，正确的一句是（　　）。

A. 通知不能用于任免人员

B. 通知可以用于任免人员

C. 只有会议通知可以用于任免人员

D. 所有的通知都不可以任免人员

10. 下列表述，正确的一句是（　　）。

A. 通报适用于表彰先进、批评错误

B. 通报只适用于批评错误，不适用于表彰先进

C. 如果说哪个单位被通报了，那么这个单位肯定是被批评了

D. 通报可以用来通报所有的事情，其意为"统统被报"

11. 下列表述，正确的一句是（　　）。

A. 如果通报可以用来表彰先进，那么所表彰的必须是先进集体

B. 如果通报可以用来表彰先进，那么所表彰的必须是先进个人

C. 通报既可以用来表彰先进集体，又可以用来表彰先进个人

D. 通报既不可以用来表彰先进集体，也不可以用来表彰先进个人

12. 下列表述，正确的一句是（　　）。
A. 如果通报可以用来批评错误，那么所批评的必须是某个人的错误
B. 如果通报可以用来批评错误，那么所批评的必须是某件事的错误
C. 通报既可以用来批评某人的错误，又可以用来批评某事的错误
D. 通报既不可以用来批评某人的错误，也不可以用来批评某事的错误

二、多选题
1. 下列选项适用于"函"的行文的有（　　）。
A. 恳请贵方协助　　　　　　B. 请予接洽为荷
C. 特此函询　　　　　　　　D. 尽快答复
2. 通报的特点包括（　　）。
A. 周知性　　B. 指导性　　C. 时效性　　D. 强制性
3. 下列表述，正确的是（　　）。
A. 通知包括发布类通知、部署类通知和告知类通知等
B. 通知包括发布类通知、批评类通知和批转类通知等
C. 通知包括发布类通知、批转类通知和转发类通知等
D. 通知包括发布类通知、批转类通知和部署类通知等
4. 下列表述，正确的是（　　）。
A. 告知类通知，内容包括传达信息、告知情况和说明因果等
B. 告知类通知，内容包括传达信息、告知情况和公布人员任免等
C. 告知类通知，内容包括传达信息、告知情况和处理机关事务等
D. 告知类通知，内容包括传达信息、告知事项和管理日常工作等
5. 下列表述，正确的是（　　）。
A. 通知的写作格式，包括标题、收文单位和正文等内容
B. 通知的写作格式，包括标题、正文和发文机关等内容
C. 通知的写作格式，包括标题、正文和成文日期等内容
D. 通知的写作格式，包括标题、前言和结语等内容
6. 下列表述，正确的是（　　）。
A. 表彰性通报正文篇幅一般较长，内容包括通报的事由、事项和经验等
B. 表彰性通报正文篇幅较长，内容包括通报的事项、经验和表彰决定等
C. 表彰性通报正文篇幅较长，内容包括通报事项、表彰决定及希望要求等
D. 表彰性通报篇幅较长，包括事由、事件性质、原因结果和处理要求等
7. 下列表述，正确的是（　　）。
A. 批评性通报写法与表彰性通报相似，对事情的叙述详尽，以议论为主
B. 批评性通报写法与表彰性通报相似，对事情的叙述详尽，以描述为主
C. 批评性通报写法与表彰性通报相似，但对事情叙述简略，以议论为主
D. 批评性通报写法与表彰性通报相似，但对事情叙述简略，突出重点
8. 下列表述，正确的是（　　）。
A. 通报的写作格式，包括标题、收文单位、主要事件和发文机关等

B. 通报的写作格式，包括标题、收文单位、事情原因和处理结果等

C. 通报的写作格式，包括标题、收文单位、正文和落款等

D. 通报的写作格式，包括标题、收文单位、正文和成文日期等

9. 通知可用于处理以下事项（　　）。

A. 发布行政规章

B. 要求下级机关办理、执行或周知的事项

C. 转发上级和不相隶属机关的公文

D. 任免和聘用干部

10. 下列事项中，可用通知来处理的有（　　）。

A. ×省人大常委会拟颁一项地方法规

B. ×市水电局将召开水利建设工作会议，需告知各县、区水电部门事先做好准备

C. ×市政府拟批转市卫生局《关于做好灾后防疫防病工作的意见》

D. ×县县委拟向所属各级党组织布置学习党章有关事宜

11. 下列事项中，可以用通报来处理的有（　　）。

A. ×县工会拟表彰奋不顾身抢救落水儿童的青年工人事迹

B. ×厂拟向市工业局汇报该厂遭受水灾的情况

C. ×市安全生产办公室拟向各有关单位知照全市安全大检查的情况

D. ×县纪委拟批评×局×××等干部挥霍国家钱财游山玩水的错误

12. 下列事项中，可以用函来处理的有（　　）。

A. ×县人事局拟撰文请求县财政局拨给补干考试办公费

B. ×市教委拟向所属学校公布初中毕业统考时间及要求

C. A县工商局委托B县工商协助调查A县个体工商户张×在B县的营业状况

D. ×乡政府办公室拟书面询问县政府办公室举办秘书培训班的时间、地点及有关事项

三、评改题

1. 改正下列标题的毛病。

（1）《国务院转发国家医药管理局关于进一步治理整顿医药市场意见的通知》

（2）《国务院办公厅批转国家旅游局关于进一步清理整顿旅行社意见的通知》

（3）《××乡人民政府关于印发××县人民政府〔2007〕10号文件的通知》

（4）《××厂关于转发×分厂〈关于建立安全岗位责任制经验总结〉的通知》

（5）《国家旅游局关于批转国务院〈旅行社管理暂行条例〉的通知》

（6）《转发省劳动局、省人事局、省财政厅、省总工会"关于转发劳动部、人事部、财政部、国家总工会〈关于发给离退休人员生活补贴费〉的通知"的通知》

（7）《关于转发财政局〈转发"财政部关于重申不得将国家资金转入银行储蓄的通知"的通知〉的通知》

2. 评改下列公函。

函

××省政府办公厅：

贵省 7 月 13 日所发邀请函已收悉，感谢贵省政府领导的盛情邀请及×××先生的热望。我省有意与贵省开展经济技术合作已久，但目前前往确有困难，拟定十月或稍晚时候，主管经贸工作的副省长前往访问。

××省人民政府办公厅（印章）
××××年×月×日

3. 评改下列通知。

关于庆祝首届教师节开展游园活动的通知

为了庆祝第一个教师节，更好地促进师生之间的友谊，我校定于×月×日晚×时××（地点）举办游园活动。为确保此次活动的顺利开展，现将有关事项通知如下：

一、凡是参加游园活动者都必须是本校教职员工，其他人员不得参加。

二、必须听从工作人员的安排，服从工作人员的指挥，不得无理取闹，以免影响工作人员的正常工作。

三、必须严格遵守各项活动规则，不准随便破坏游园活动的规定，如有这种情况应受到校纪处分。

四、参加任何活动都必须排队，不得随意插位，不准在队列中故意拥挤。

五、保护好一切活动器械，严禁私自拿走或破坏。

六、领奖时必须排队，不准不排队而领奖这种现象发生。

七、工作人员必须严格要求自己，不得乱发奖票。

以上规定，望大家自觉遵守，互相监督执行。对那些不遵守者，应给予校纪处分。

特此通知。

×××学校教师节游园活动筹备组（章）
二〇〇五年九月九日

四、作文题

1. 用下列材料拟写一份通知。

××市财政局于××××年×月×日向各区财政局转发了一份通知。这份通知即财政部×××年×月×日财×字〔××××〕××号《关于各部门召开订货会议，其食宿费一律由招待所、旅馆等单位出具收费的通知》。××市财政局在通知中指出，今后我市各单位召开的会议，其住宿费出具收费的单位均应按照财政部通知的规定执行。抄送本市市直各单位。

2. 根据下面材料，写一份通报。

（1）××市×××市场原协税员王×，男，现年 20 岁，文化程度高中。

（2）王×利用工作之便，贪污国家税款，已丧失了协税人员的职业道德，造成了一定的损失和不良影响。

（3）王×于××××年×月×日至×月×日应聘于××市×××市场协税员。

（4）各单位要组织协税人员认真学习通报，增强协税人员的法纪观念，提高其遵纪守法的自觉性，并建立健全各种规章制度，严防贪污、挪用等类似事件的发生。

（5）该员在应聘期间，组织纪律性较差，法制观念淡薄，经领导帮助尚未认识自己的问题的严重性，而且对收取的税款不按规定及时上交入库。

（6）问题暴露后，不但不及时向组织报告，反而外逃躲避，后被公安机关抓获，予以行政拘留。

（7）挪用税款970.90元，用于和社会上不三不四的"朋友"吃喝玩乐和赌博。

（8）经研究决定，责令王×必须把贪污的税款限期退清，并予以辞退。为加强对协税人员的管理，提出以下意见。（略）

3. 根据下面来函写一份复函。

×人函〔××××〕×号

关于商调×××同志的函

××市人事局：

因工作需要，拟调你市×××同志到我市社会科学研究所工作。如同意，请先将该同志的档案、现实表现材料及健康检查表一并寄来。请大力支持。

××市人事局（印章）
××××年×月×日

4. 根据下面的材料写一份函。

××部于××××年×月×日，给××省人民政府一函。联系商洽的事务是拟请××省×××进出口分公司派一名熟悉业务并懂英语的业务员参加。中国×××进出口总公司定于同年×月底派一贸易小组赴××国从事推销和调研活动。如同意，请将经××省审批的出国人员的批件，于×月底之前寄往中国×××进出口总公司。

四、公报　公告　通告

（一）公报

1. 例文评析

【例文】

深圳市××××年国民经济和社会发展统计公报
深圳市统计局
（××××年×月×日）

××××年，全市人民在市委、市政府的正确领导下，以邓小平理论和"三个代表"重要思想为指导，认真落实科学发展观，加快推进和谐深圳、效益深圳和国际化城市建设，推动国民经济持续健康快速发展，全面实现年初确定的经济发展主要指标，超额完成"十五"计划确定的各项任务，经济运行的质量与效益提高；科学、教育、文化等社会各项事业加快发展；人民生活水平继续提高，城市功能更趋完善，在科学发展的道路上迈出了坚实的步伐，为深圳未来发展奠定了良好基础。

一、综合（略）

二、农业（略）

三、工业和建筑业（略）

四、固定资产投资（略）

五、交通运输、邮电通信业与旅游（略）

六、国内贸易（略）

七、对外经济（略）

八、财政、金融、证券和保险（略）

九、教育和科学技术（略）

十、文化广播电视出版、卫生和体育（略）

十一、城市建设和环境保护（略）

十二、人口、人民生活和社会保障（略）

【评析】

该篇统计公报，标题由事由和文种组成。题下注明了发文机关和成文日期。开头说明公报的依据，概述取得的国民经济和社会发展成绩，主体部分分条列项列举各方面的情况和数据。全文写得简明扼要，朴实无华，平和舒缓，层次清楚，表述严密。

2. 必需知识 公报是"适用于公布重要决定或者重大事项"的文书。

公报的特点包括内容上的庄严性、形式上的多样性和使用上的习惯性（公布重要会议情况，公布重大事件，公布有关人口普查、经济发展和国家计划执行情况等）。

公报按内容可分为新闻公报、联合公报、会议公报和统计公报。

3. 拟写要点 公报一般由标题、题注、正文和落款四部分组成。

（1）标题。有三种形式：

1）发文机关＋事由＋文种。如《中华人民共和国国家统计局关于1995年国民经济和社会发展的统计公报》。

2）发文机关或会议名称＋文种。如《中国共产党第十四届中央委员会第六次全体会议公报》。

3）新闻式标题。如《李鹏总理访问土库曼斯坦新闻公报》。

（2）题注。会议公报的发布日期一般用圆括号括入，标注在标题正下方。公报一般不标注主送、抄送机关和发文字号。

（3）正文。公报的正文含开头、主体和结尾三部分内容。

A. 开头。简要介绍公报的时间、地点、人物、事件等要素。

B. 主体。详细介绍公报的议定事项和主要精神。

C. 结尾。强调公布事项的重要意义，对有关单位和人员提出要求和希望。

（4）落款。发文机关和成文日期若题注未标明，则应在落款处标明。

4. 注意事项

（1）根据内容选准文种。公报应是党和国家的高级机关用来公布重大事件、重要会议、重要消息和重要决策的，或是国家统计部门用以公布国民经济和社会发展重要情况的，非权力机关和一般业务领导部门以及一般事项不宜使用公报。

（2）根据公报种类，恰当运用语言。各类公报在语言运用上都要遵守统一的规范，做到措辞准确，表述严密，行文精练，语气庄重。此外，不同公报的语言运用还有其独特的要求，如会议公报的语言要长于阐发论述，热烈而富于鼓舞性；统计公报的语言讲求朴实无华，平和舒缓；外交公报的语言讲求刚柔相济，委婉周严，并考虑几种语言互译的需要，采用各种语种都能准确翻译的句式和措辞。

（3）注意区别公报与公告，不要混用。公报与公告极其相近，其所涉及的内容均为党和国家的重要事项，辐射范围相同，均为面向国内外发布。但在使用的习惯性上仍然存在差别，诸如，公布重要会议情况，多用"公报"；公布国家元首和政府首脑或不同政党之间的互访、两国之间的建交或复交等，多用"公报"；公布重要消息，多用"公告"；公布有关人口普查、经济发展和国家计划执行情况，多用"公报"；公布重要事项，则多用"公告"；等等。

（二）公告

1. 例文评析

【例文】

深圳市人民代表大会常务委员会公告

《深圳市城市规划条例》经深圳市第×届人民代表大会常务委员会第×××次会议于××××年×月×日通过，现予公布，自××××年×月×日起施行。

深圳市人民代表大会常务委员会
××××年×月×日

【评析】

这是一份公布法定事项的祈使性公告。标题只写了发文机关和文种，省略了公告内容，就是要读者自己去看公告正文。正文写了公布对象：《深圳市城市规划条例》；公布依据："经深圳市第×届人民代表大会常务委员会第×××次会议于××××年×月×日通过"；公布决定："现予公布，自××××年×月×日起施行"。全文文字简明、语气庄重，写法与"命令（令）"基本相同。但正文中的数字应用阿拉伯数字书写。

2. 必需知识 公告是向国内外宣布重要事项或者法定事项的公文。

发布公告的时限常常很紧急，一般通过广播、电视、报刊等宣传工具迅速发出。

以内容和目的划分，可将公告分为两种：①事项性公告（知照性公告）。如公布国家领导人的出国访问、国家领导人的选举结果等。②祈使性公告。这类公告除告知公众某事外,还要求遵守公告的规定。如《招商局蛇口工业区一九九二年第二期建设债券付息公告》,公布了1994年付息的办理时间、网点和方法,要求有关客户按公告规定前往办理。

3. 拟写要点 公告的写作要求是:行文庄重,用语郑重,内涵清晰,文字简短。

公告一般由标题、正文、署名与日期三部分组成。

(1) 标题。有三种写法:

1) 发文机关+事由+文种。如《中共中央、全国人大常委会、国务院关于宋庆龄副委员长病情的公告》。

2) 发文机关+文种。如《中华人民共和国全国人民代表大会公告》。

3) 只标出文种"公告"。

有的公告在标题下方有编号,一般的写法是"第×号",并往往用圆括号括入。

(2) 正文。一般由公告依据、公告事项和公告结语("现予公告"或"特此公告"等)三部分组成。

(3) 署名与日期。在正文的右下方署上发文机关的名称。如标题已写上了发文机关名称,在报纸登载时常省略署名。成文日期写在署名的下方或标题和编号之下。

4. 注意事项

(1) 公告的内容是向国内外宣布重要事项,通常由国家领导机关制发。地方机关、基层单位、群众团体一般不宜制发公告,如有周知性事项需要公布,宜采用启事、海报或通知等形式,切忌滥发公告。

(2) 公告的发布范围相当广泛,常常通过新闻媒体发布,一般不写收文单位。

(3) 公告的事项应写得明确、具体,但文字应力求简明、精练,不必写清事项的原由和过程。

(三) 通告

1. 例文评析

【例文】

**深圳市人民政府关于禁止在东深供水
流域违章养猪的通告**

(××××年×月×日)

深府〔××××〕×××号

各区人民政府,市政府直属单位:

东深供水流域是我市和香港地区的重要饮用水源地,流域包括宝安区龙华镇、观澜镇及光明华侨畜牧场百花村、龙岗区平湖镇、布吉镇及横岗镇六约村、罗湖区东湖街道办。近年来,流域内的违章养猪情况加重,对水源水质造成了严重污染。为确保我市和香港地区供水安全,保障人民身体健康,根据《深圳市经济特区饮用水源保护条例》的有关规定,现就有关事项通知如下:

一、禁止在本流域新建、改建和扩建任何形式养猪场。各有关区政府和市政府有关部门不得新审批养猪项目。流域内任何单位、个人不得将土地和场所租借给他人从事违章养猪活动，不得为违章养猪提供供水、供电便利。

二、对流域内已搭建的违章养猪场，由宝安区、龙岗区和罗湖区政府负责组织力量予以拆除。

三、各区、镇政府和市政府各有关部门，要高度重视饮用水源保护工作，加强水污染防治和环境监督管理工作。

四、市环保局和有关区环保局，要加强对清理违章养猪工作的日常检查和督促，并将清查检查情况及时向市、区政府报告。

五、对执行本通知不力的单位和主要负责人，要追究责任；对本通告发布后仍继续从事违章养猪活动或妨碍清理工作的，要依据《深圳经济特区饮用水源保护条例》等有关法律、法规追究法律责任。

【评析】

这篇政务性通告，写得言简意明。标题是完全式写法。正文第一段用"情况目的式"写了通告的目的和依据，分五点写了通告事项和规定及通告的要求和希望。需指出的是，行文日期应用汉字书写，发文字号应置于标题右上方，个别文字还欠斟酌。

2. 必需知识

（1）通告的定义。通告是在一定范围内公布应当遵守或者周知的事项的公文。

（2）通告与公告的区别。

1）发文机关不同。通告不受单位级别限制；公告须国家较高领导机关如国务院、全国人大及其授权机关等才能制发，一般机关和基层单位不能制发。

2）受文对象不同。通告限于国内某一地区、系统、地段的群众和有关人员；公告面向国内外公众。

3）重要程度不同。公告宣布的是重要事项或法定事项；通告涉及的是一般事项，且事项内容有较强的专业性和业务性。

4）发布形式不同。通告和公告都可登报，上电视和广播；但通告可张贴，公告则不能张贴。

（3）通告的分类。通告按内容可分为两类：

1）政务性通告。这类通告是国家行政机关用于发布政策的。如《深圳市规划国土局关于禁止在罗湖区大望村抢建房屋的通告》等。

2）事务性通告。这类通告是国家机关、企事业单位和人民团体用于宣布各种事项的通知。如《深圳市建设局关于对建筑企业进行资格年审的通知》等。

3. 拟写要点 通告的写作要求是：规定明确，事项清楚，文字简练，用语准确。通告和公告一样，也是由标题、正文、署名与日期三部分组成的。

（1）标题。写法有四种：

1）发文机关＋事由＋文种。如上述各例。

2）发文机关＋文种。如《中国农业银行东莞分行、东莞信用社通告》等。

3）事由＋文种。如《关于税收财务大检查实行持证检查的通告》等。

4）只写文种"通告"。

（2）正文。一般包括目的和依据、事项和规定、要求和希望三个方面的内容。通告的结语常写执行起始日期或以"特此通告"、"此告"之类的习惯语结尾。

（3）署名与日期。这一部分的写法与公告相似。

4. **注意事项**　通告是周知性公文，阅读范围广，条理要清楚，语言要通俗，以方便理解。

综合训练五

一、单选题

1. 适用于在一定范围内公布应当遵守或周知的事项的文种是（　　）。
A. 通告　　　　　B. 公告　　　　　C. 通知　　　　　D. 公报

2. 下列表述，正确的一句是（　　）。
A. 发布性公告主要用于发布重大交通事故
B. 发布性公告主要用于发布重大新闻事件
C. 发布性公告主要用于发布法律、法令和其他重要司法事件
D. 发布性公告主要发布法律法令，但不能用于发布其他重要司法事件

3. 下列表述，正确的一句是（　　）。
A. 公告可以用来发布宪法
B. 公告不可以用来发布宪法
C. 发布性公告通常是以国家领导人的名义发布
D. 发布性公告必须同时提出具体的执行要求

4. 下列表述，正确的一句是（　　）。
A. 发布性公告主要是向国外公布法律文件
B. 发布性公告主要是向国内公布法律文件
C. 发布性公告具有向国内外公布法律文件的意义
D. 发布性公告没有向国内外公布法律文件的意义

5. 下列表述，正确的一句是（　　）。
A. 通告是带有一定的强制性的公文
B. 通告不具有强制性，但公告具有强制性
C. 通告和公告都带有一定的强制性
D. 通告和公告都不具有强制性

6. 下列表述，正确的一句是（　　）。
A. 带有强制性的公告，违者要受到处分或制裁
B. 带有强制强的通告，违者要受到处分或制裁
C. 带有强制性的公告和通告，违者都受到处分或制裁
D. 虽然公告和通告都带有强制性，但违者一般只会受到处分，不会被制裁

7. 下列表述，正确的一句是（　　）。

A. 公告比通告专业性强　　　　　　B. 通告比公告专业性强
C. 公告主要用于某一个专业领域　　D. 通告主要用于某一个专业领域

二、多选题

1. "通告"和"公告"的共同点是（　　）。
A. 指导性　　　B. 公开性　　　C. 告知性　　　D. 专业性
2. "通告"的种类包括（　　）。
A. 表彰性通告　　B. 法规性通告　　C. 周知性通告　　D. 情况性通知
3. 下列表述，正确的是（　　）。
A. 公告的种类，包括发布性公告、告知性公告和解释性公告等
B. 公告的种类，包括发布性公告、意见性公告和要求性公告等
C. 公告的种类，包括发布性公告、知照性公告和事项性公告等
D. 公告的种类，包括发布性公告、事项性公告和强制性公告等
4. 下列表述，正确的是（　　）。
A. 公告的写作格式，包括标题、正文和制发单位等
B. 公告的写作格式，包括标题、正文和成文日期等
C. 公告的写作格式，包括标题、导语和主体内容等
D. 公告的写作格式，包括标题、正文和背景内容等
5. 下列表述，正确的是（　　）。
A. 公告的内容是向国内外宣布重要事项，通常由国家领导机关制发
B. 公告的内容具体明确，一般由负责具体工作的职权单位制发
C. 公告的发布范围相当广泛，因此常常通过新闻媒体发布
D. 公告的保密性较强，因此发布方式要十分慎重
6. 下列表述，正确的是（　　）。
A. 事项性通告可以用于向一定范围内的单位发布周知事项
B. 事项性通告可以用于向一定范围内的个人发布周知事项
C. 事项性通告可以用于向一定范围内的单位，但不可向个人发布周知事项
D. 事项性通告可以用于向一定范围内的单位或个人发布周知事项
7. 下列事项，正确的是（　　）。
A. 事项性通告的发文机关可以是职能部门
B. 事项性通告的发文机关可以是基层单位
C. 事项性通告的发文机关可以是有影响力的人士
D. 事项性通告的发文机关可以是事项的当事人
8. 下列表述，正确的是（　　）。
A. 强制性通告公布的内容是在特定范围内应该周知的事项
B. 强制性通告公布的内容是在特定范围内应该严格遵守执行的规定要求
C. 强制性通告的性质类似于事项性命令
D. 强制性通告的发布者多为业务职能部门
9. 公告和通告的共同点是（　　）。

A. 公开张贴　　　　　　　　　B. 报纸刊载
C. 公之于众，广为知照　　　　D. 多为条文式或独段式

10. 公告的撰写要求有（　　　）。

A. 公告的内容必须是国内外普遍关注的全局性重要事项

B. 公开宣布，没有主送机关

C. 写作要直陈其事，无需议论

D. 语言简要、庄重

三、评改题

1. 评改下面一份公告的毛病。

××省交通厅公告

为了加强我省公路运输管理，保护合法经营，保障货主和旅客的正当权益，建立良好的运输秩序。经省人民政府批准，凡在我省从事营业性公路客、货运输的所有单位和个人，都应持工商营业执照和机动车行驶证，于××××年×月×日到车籍所在地的市、县交通运输管理部门办理营运登记手续。特此公告。

××××年×月×日（印章）

2. 评改下文中的错误。

××市××区工商行政管理局通告

根据《工商登记管理暂行规定》对我区姚渡商贸公司进行了清理。经过清理，已于20××年12月11日正式宣布注销，并公告全省各地工商行政管理部门。现发现继续以原公司名誉，从事非法经营活动。为此，我局再次公告：凡所持原××姚渡商贸公司营业执照（包括营业执照副本）、印章、介绍信、合同纸、名片等一律无效。对发现使用上述无效证件者（包括复印件），请扣留交我局。

特此公告。

四、作文题

1. ×县一些中小学校经常受到社会上某些单位和个人的侵扰：有的人随意到学校内打架、聚众斗殴、酗酒、赌博、进行流氓活动，还蓄意侮辱、欺凌和殴打师生员工；有的商贩任意出入校园高声叫卖；有些单位和个人随意到校园内放牧牛羊、取土、种植粮菜；有些单位长期侵占学校校舍和操场、校办工厂、农场等；还有人甚至将易燃、易爆物品带入学校。

以上种种现象，不但侵犯了学校的权益，而且影响了学校正常的教学秩序，威胁着师生员工的人身安全。该县教育局、公安局为此于2004年4月1日联合制发了一份公文，规定了一些禁止事项，并申明凡违反规定者，要根据我国《刑法》和《治安管理条例》等有关法令予以处罚。

请根据上述材料，选择适当文种，代拟该篇文稿。

2. 请根据下述材料，拟写一份通告。

×××市物资交流会定于××××年×月×日至×月×日在文化公园举办。这个会是经过市人民政府批准的，并指示要保证商品展区交通顺畅和群众安全。要求市公安局尽快制发一份通告。

事项中提出交流会期间，×××街线路禁止车辆通行，特殊情况经允许的除外，规定每天上午9时至下午5时禁止车辆运行，下午5时至次日9时，非机动车可以通行。

五、报告　请示　批复

（一）报告　请示

1. 例文评析

【例文1】

关于进一步加强我市计划生育协会工作的报告

市委、市政府：

今年3月10日，中共中央办公厅、国务院办公厅联合下发了《关于转发〈中国计划生育协会关于工作进展情况和今后工作意见的报告〉的通知》（厅字〔2000〕8号，以下简称《通知》），这是党中央、国务院加强计划生育群众工作的又一重要举措。3月15日，广东省委副书记、市委书记、市人大常委会主任张高丽做出指示："我市计划生育工作一定要抓紧抓实抓好，力争走在全国全省前列。"为贯彻落实《通知》精神和高丽同志的批示要求，进一步加强我市计划生育协会工作，现将有关情况报告如下。

一、我市计划生育协会的基本情况

我市计划生育协会成立于1985年10月，目前组织网络已遍布城乡基层，现有1767个计划生育协会组织和193148名会员。其中有流动人口计划生育协会854个、会员74000名，已成为活跃在社区且具有影响力的群众团体。近几年来，我们按"需要就是任务，服务就起作用"（所谓"需要就是任务"，是指加强计划生育管理是工作的需要，就是建立计划生育协会组织的任务；所谓"服务就起作用"，是指对育龄群众提供宣传和生产、生活、生育服务到位，基层计划生育协会就起作用）的工作指导思想，按"哪里是流动人口聚集点，就把计划生育协会建到哪里去；哪里有计划生育工作的难点，计划生育协会就出现在哪里"的要求，一手抓建会率，一手抓服务到位，计划生育协会在计划生育工作中的作用越来越明显。其主要特点是：

（一）遍布城乡的基层计划生育协会组织网络初步形成

我会根据全市户籍人口中人户分离比较多、流动人口比重大等特点，在村（居）委会、机关企事业单位、"三资"企业、农贸市场、高层楼宇、流动人口临时安置区建立了六种类型的基层计划生育协会组织，计划生育协会组织建在基层。特别是今年全省计划生育协会会长座谈会后，在全市推行基层计划生育工作包干责任制，有52205名会员参与"两员一干"（党员、计划生育协会会员、干部）联系户制度，负责联系育龄群众155987户，促使我市基层计划生育工作形成了多数人做少数人工作的局面。

(二)发挥群体优势,把群众的宣传思想工作做到户、做到人

基层计划生育协会在党支部的领导下,发挥会员多、联系广的优势,开展群众喜闻乐见、形式多样、内容丰富的宣传思想工作,动员和组织广大育龄群众实行自我教育、自我管理、自我服务。由于他们在群众中的威信高,又与周围群众朝夕相处,对群众的思想和要求了解,易于沟通,便于交流,群众愿意接受他们的建议,使计划生育宣传工作起到了事半功倍的效果。

(三)为会员提供优质服务,塑造特区计划生育协会的良好形象

基层计划生育协会以服务为宗旨,在基层党组织的统一安排下,主动协调社会各方,献爱心、送温暖,帮助群众排忧解难。现在,宣传和"三生"服务在各基层计划生育协会都有较好的体现。事实证明:哪里的计划生育协会作用发挥得好,哪里的计划生育工作就做得好,基层两个文明建设就搞得好。我市计划生育协会工作虽然取得了一定的成绩,但目前计划生育协会工作仍然不能适应形势发展的要求。有些应该建立计划生育协会组织的单位尚未建立,基层计划生育协会发挥作用好的不到30%,还有25%左右的计划生育协会组织基本不能发挥作用。主要原因是:有些地方的领导对计划生育协会在计划生育和基层"两个文明"建设中的作用认识不足,重视不够,领导不力;就计划生育协会自身来说,只满足抓一些典型,但将典型经验及时向面上铺开不够;流动人口中的计划生育协会建设仍不能适应计划生育管理和服务的需要。要真正把基层计划生育协会建设好,充分发挥其应有的作用,还需有大量的工作要做,任务还很艰巨。

二、对进一步加强计划生育协会工作的意见

(一)我市计划生育协会在今后三年内应达到的几项主要工作目标

市、区、镇(街道)、村(居委会)计划生育协会组织建会率达到100%;流动人口计划生育协会组织建会率占应建协会的75%;户籍人口计划生育协会会员占户籍人口总数的10%;流动人口计划生育协会会员占流动人口总数的4%;会员联系育龄群众的户数占全市总户数的60%;能发挥作用的基层计划生育协会达到45%;把不起多大作用的计划生育协会控制在15%以内。

(二)实现上述工作目标应采取的措施和要求

1. 各级党委、政府要进一步重视和支持计划生育协会工作,切实帮助它们解决"有人干事、有钱办事、有章管事"的问题。目前,市、区已有计划生育协会专门机构,镇(街道)、村(居)委会都要有专人负责计划生育协会的日常工作。按照深办〔1997〕22号文件规定"各级政府要适当投入计划生育协会活动经费,计划生育协会的活动经费应占本级本年度计划生育事业经费的8%左右。财税工商等有关部门要支持各级计划生育协会创办经济实体"的要求,各级党委、政府要确保基层计划生育协会能够"有钱办事"。同时,要建章立制,健全和完善各级计划生育协会理事会制度、会员小组制度,用章程和制度来保证各级计划生育协会能经常性开展活动。

2. 抓好计划生育协会会长骨干的培训工作。发挥好会长的作用是做好协会工作的关键。市、区注重对会长的培训工作,一级抓一级,使会长热心和重视协会工作,明确协会的宗旨、任务,能与协会同志一起研究工作计划,检查计划的落实情况,重大活动能出面,解决实际困难能拍板。在抓好会长培训的同时,要重视抓好协会其他骨干的培

训工作，使各级计划生育协会骨干对工作不但乐意干，还要会干，并且能干好。

3. 继续加强流动人口计划生育协会的组织建设。流动人口计划生育是我市计划生育的主体，是计生工作的重点和难点，也是我市计划生育协会大显身手的地方。流动人口集中居住的地方，计划生育协会要尽快占领这块阵地，把这里的流动人口中的育龄群众尽快组织起来实行自我教育、自我管理、自我服务，把流动人口计划生育协会优秀会员应享受的"六优行"落到实处，使流动人口育龄群众在深圳这块热土上有个可以依靠、体现温暖的"家"。

4. 把工作的重点放在基层，促进优质服务到位。按照中国计划生育协会《关于加强（居）计划生育协会建设的意见》，对那些不发挥作用的计划生育协会组织进行整顿。在推广我市45个基层计划生育协会示范点工作的基础上，2001年向全市推广示范点的经验，到2001年年底，全市"六有"村（居）委计划生育协会达到30%；2002年达50%；2003年达到75%。计划生育协会开展优质服务，要围绕群众的需求从基层抓起，依托社区保健中心，开展生殖保健服务；结合实施"同富裕工程"帮助尚未脱贫的计划生育户早日脱贫；协调有关部门为计划生育困难户、下岗职工、流动人口办好事、办实事；结合开展创建文明小区活动，组织群众学科学、学文化、学法律，带头移风易俗，树立社会主义新风尚。

5. 各级计生行政部门要做协会的坚强后盾，把支持和抓好协会工作当作做好计划生育工作的一项重大措施。计生办和计生协会，是做好计划生育工作的"车之两轮，鸟之两翼"，只有两者相辅相成才是做好计划生育工作的完整的工作方式。协会工作离不开计生办的指导和支持，计生协会紧紧围绕计生工作中心开展工作。各级计生部门的研究、部署、总结计划生育工作时，要统筹考虑计生协会工作，要向党委、政府汇报协会工作，把协会工作列入人口与计划生育目标管理责任制的范畴，提出具体的指标和要求，帮助解决实际困难。特别对协会工作人员，要一视同仁地关心他们的政治进步和福利待遇，使他们保持饱满的政治热情，振奋精神，尽心尽力做好计划生育协会的工作。

以上报告如无不妥，请批转各区以及有关部门执行。

深圳市计划生育协会
××××年×月×日

【评析】

这是一篇建议报告。正文由报告目的、报告内容、报告结语三部分组成。其中，报告内容由分析"我市计划生育协会的基本情况"写到"进一步加强计划生育协会工作的意见"，顺理成章。

这份建议报告由于理由充分，切实可行，所以中共深圳市委办公厅、深圳市人民政府办公厅于×××年×月×日以通知形式转发给各区及部门贯彻执行。需指出的是，报告不宜多头主送。个别标点符号尚欠推敲。

【例文2】

关于我市开展对加油机安装税控装置
有关问题的请示

市政府：

根据国家税务局和国家质量技术监督局《关于加油机安装税控装置和生产使用税控加油机有关问题的通知》（国税发〔××××〕×××号）精神，我们拟对我市现有加油站加油机全面安装使用税控装置。为确保此项工作的顺利进行，提出如下意见：

一、从现在开始，对全市所有加油站加油机全面安装税控装置，到今年10月底全部安装完毕。今后需要更新的加油机必须用税控加油来取代。

二、安装税控装置的组织实施及以后的日常工作，由市国税局和市质量技术监督局共同负责，市公安消防局等各相关部门应予大力支持。安装人员的培训、机器安装及售后服务由税控装置生产企业或其代理商负责。

三、根据国家税务总局和国家质量技术监督局的要求，结合我市实际，选用税控装置遵循以下原则：

（一）产品要具备"证"，即《税控功能合格证》、《制造计量器具许可证》和《防爆合格证》；

（二）生产企业或其代理商具有雄厚的技术条件，能按时完成安装任务，具有良好的售后服务；

（三）为利于有序的竞争，又便于今后的管理和服务，可选择两家企业的产品进入我市。

四、根据国家税务总局和国家质量技术监督局国税发〔1999〕110号文件精神，加油站购买税控装置的费用可在所得税中扣除；加油站是一般纳税人的，其取得的增值税专用发票注明的增值税款可作为进项税额抵扣。各加油站要积极配合安装工作，凡未按规定加装税控装置和使用税控加油机的，由税务机关对加油机实施查封，停止其使用。

五、各有关新闻单位应积极配合安装工作，开展多种形式的宣传活动，使全社会认识推广使用加油机税控装置的重要意义，为安装工作创造良好的社会环境。

税控装置安装完毕后，根据国家税务总局的统一安排，从同一时间起统一使用税控装置的计量数据对加油站实行查账征税。

以上意见如无不妥，请批转执行。

深圳市国家税务局
深圳市质量技术监督局
××××年×月×日

【评析】

这是一篇批转性的请示，写得很规范。全文由标题、正文和落款三部分组成。

标题的格式是"事由＋文种"。用这种简要的语言文字把公文的主要内容概括出来，这是写好公文标题的关键之一。该标题采用高度概括请示主要内容的写法，很值得提倡。

正文由原由、事项、请求语三部分组成。

原由写了目的和根据。事项写了对加油机安装税控装置的五点意见。请求语"以上意见如无不妥，请批转执行"是正文的有机组成部分，对有关单位和部门具有行政约束力。

2. 必需知识

（1）报告和请示的异同。

1）报告和请示的相同之处在于：①行文方向一致。均属上行文，是公文中用得最为广泛的两大品种。②标题构成相同。一般都是事由＋文种，多用介词"关于"领头。③报送要求一样。一般都只能送一个机关，如需同时送其他机关，应用抄送形式，但不得同时抄送下级机关。④签署形式一样，都放在正文之后。

2）报告和请示的不同之处在于：①行文目的不同。报告的目的只是为了让上级机关了解、掌握情况，沟通上下联系；请示则是为了解决某一问题而请求上级机关指示或审核批准。②性质要求不同。报告属陈述性公文，需要上级机关给予批复回答。③行文时限不同。请示一般在事前行文；而报告在事前、事后及事情进行中行文皆可。④内容含量不同。请示必须坚持"一文一事"，即"一事一请示"的原则，而报告则一事数事皆可。⑤正文构成不同。请示由请示原由、请示事项和请求语三部分构成，报告则由报告目的、报告内容和结束语三部分构成。

因此，报告和请示必须严格区分开来，是"请示"，就不能标做"请示报告"，否则，易使上级机关误解为就是报告，不利于问题的及时解决；是"报告"，就不要夹带请示事项，因为"报告"一般是不给予回复的。

（2）报告的职能和分类。

报告适用于向上级机关汇报工作，反映情况，回复上级机关的询问。

报告按内容可分为以下五类：

1）工作报告。是用于汇报工作进展情况、总结工作经验教训、提出今后工作意见的报告。

2）情况报告。是用于汇报工作中碰到的重大情况或特殊情况，以及接办事项的处理情况的报告。

3）建议报告。多是主管部门向上级机关提出工作意见或者建议、经上级机关批准后转发给下级机关执行的报告。

4）答复报告。是答复上级机关询问的报告。

5）报送报告。是向上级机关报送文件或物件时随文随物而写的报告。近几年来，常用"函"来送文件或物件。报告按性质和写作特点可分为专题报告（内容具有专一性）和综合报告（内容具有综合性）。

3. 请示的职能和分类 请示适用于向上级机关请求指示、批准。按内容和目的大体可分为五类：

（1）请求指示的。遇到疑难问题须请求上级机关做出指示性意见，如对上面的有关精神理解把握不准，就要请示有关机关做出明确的解释。这类请示要解决的一般多为认识上的问题。

（2）请求批示的。如增减职工编制、机构改革或重大处分等人事组织问题，提出处理意见后须报请上级机关批准后再执行。

（3）请求审核的。要办一件事却因缺少一定的财力、物力等而报请上级机关审核批拨或调配使用。这类请示一般只涉及经济或物质问题。

（4）请求解决的。对所要解决的问题本身有责任，但又不在自己的权限范围内，不是由请示者本身直接经办的，只能请求上级机关指定所属职能部门去解决。

（5）请求批转的。主管部门制定出解决问题的措施办法后，必须请求上级机关批转后，才能发到有关单位去贯彻执行。

4. 拟写要点

（1）报告正文的写法。

1）开头。先说明报告目的。要写得简要直陈，集中概括，忌说废话。写完后，即用"现将有关情况报告如下"之类的承启用语转入报告内容。

2）中间。写报告内容。一般要写清工作进行的情况（包括过程、措施、结果或成效），现存在什么问题，有些什么经验教训，以及下一步的打算。这几个方面是不是都要写，要看具体情况，应该有所侧重。如工作报告的正文，一般采用总分式写法。总述部分，可引述上级有关指示精神，概述做了什么工作及其工作过程，取得了什么主要成绩，有什么经验体会，然后用"现将工作情况报告如下"过渡到分述部分。分述部分或将具体措施、经验体会分条列项依次介绍；或按几个方面的经验分条列项依次介绍。无论怎样写，都必须把措施步骤、主要成绩和经验体会这三部分的内容交代清楚。有时也提出一些存在问题，但不作主要内容。

3）结尾。写结束语。习用的如："特此报告"、"专此报告"、"以上报告，请审阅"、"以上报告，如有不当之处，请指正"等。注意不要把请示的请求语，如"报告当否，请批示"之类拿来做报告的结束语，以免混淆两者的界限，分散领导精力。

比起专题报告来，综合报告涉及面广一点，内容多一点，写作难度大一点，写作要求也高一点，写作时必须注意突出重点，点面结合，综合分析和提供新情况。

（2）请示正文的写法。

1）开头。先说明请示原由。简要而充分地说明提出请求的背景或依据。

2）中间。提出请示事项。要把需要上级机关审批的问题写清楚并做出具体的分析，然后提出自己的看法或处理意见。

3）结尾。以请求语作结。习用的有："以上意见是否妥当，请批示"、"当否、请复示"、"以上意见如可行，请批转有关单位执行"等。

5. 注意事项

（1）报告最大的语言特征是"陈述性"，其语言务必以"叙述"为主，兼用"说明"，但一般不宜使用"议论"。

(2)报告正文的写作,须注意实事求是,针对性强,中心明确,重点突出。

(3)"请示"与"报告"是两种非常接近的常用文种,千万要注意其区别,不可混用。

(4)请示行文,要注意态度恳切,文辞谦恭、得体,语言和缓,切忌使用要挟性语言。

(二)批复

1. 例文评析

【例文】

深社复〔××××〕××号

关于同意筹备深圳市秘书学会的批复

曾昭乐等发起人:

你们的申请资料已收悉,经审查研究决定,同意筹备成立深圳市秘书学会。

本会愿意作为该会业务主管单位,活动经费由该会自筹解决。请按社团登记管理的规定向民政部门报批。

深圳市社会科学联合会
××××年×月×日
(印章)

抄送:市民政局

【评析】

该篇批复写得简要规范。标题由事由和文种组成。正文先写批复引语,接着以"经审查研究决定"的过渡性词语,引出批复内容,并交代注意事项。省略了批复结语。"收悉"后的逗号宜改为句号。

2. 必需知识 批复是适用于答复下级机关的请示事项的一种公文。有时也答复建议报告,如例文。

批复具有行文的被动性、回复的针对性、效用的权威性的特点。

3. 拟写要点 批复包括标题、正文、签署和成文日期等。下面着重介绍标题和正文的写法。

(1)标题的写法。

1)发文机关+批复事项+行文对象+文种(完全式)。如《国务院办公厅关于深圳特区私人建房问题给广东省人民政府办公厅并福建省人民政府办公厅的批复》。

2)发文机关+事由+文种。如《国务院关于广东省深化改革扩大开放加快经济发展请示的批复》。

3)事由+文种。如《关于同意华南师范大学举办校外书法课程班的批复》。

4）发文机关＋原件标题＋文种。如《中共中央〈关于进一步开展学习宣传张海迪活动的报告〉的批复》。

（2）正文的写法。正文一般包括批复引语、批复内容和结束语三个部分。

1）批复引语（引述来文）。引用公文，应当先引标题，后引发文字号。如"你局《关于……请示》（×发〔××××〕×号）收悉"。引述来文是为了说明批复根据，点出批复对象，使请示机关一看批复的开头，就明确批复的针对性。但要注意尽量避免批复引语和批复标题的重复。

2）批复内容。即针对请示中提出的问题，逐一给予明确具体的答复。如果完全同意的，就写上肯定性意见。一般要求复述原请示主要内容后才表态，不能只笼统写上"同意你们的意见"。

因为这样，受文单位及其他单位就无法知道原请示的具体内容。如果有的同意，有的不同意，就要分别写明同意与否的内容并写明不同意的理由（同意的不用写理由）。如果不予批准，一定要在否定性意见后面写明理由。批复内容文字要简洁。

3）结束语。以"此复"、"特此批复"、"专此批复"等收束用语作结。也可省去不写。

4. **注意事项**　撰写批复要注意：有理有据，态度明朗，及时批复，对象明确。

综合训练六

一、单选题

1. 在公文写作中，以叙述为主要表达方式的文种是（　　）。

　　A. 公告　　　　B. 报告　　　　C. 批复　　　　D. 意见

2. 向上级机关汇报工作，反映情况，答复上级机关的询问，应选用的公文文种是（　　）。

　　A. 请示　　　　B. 报告　　　　C. 函　　　　　D. 通报

3.《昔阳县人事局关于开展公务员培训工作的请示》应主送（　　）。

　　A. 昔阳县教育局　　　　　　　B. ××省人民政府人事厅综合处

　　C. 中共昔阳县委组织部　　　　D. 昔阳县人民政府

（阅读下面的短文，回答4～8题）

某分公司关于请求修复房屋的报告

总公司：

我分公司原有一百三十二平方米砖瓦结构车库一处，因年久失修，于今年雨季突然倒塌，急需修复。经测算，共需资金30万元。我分公司已自筹15万元，还差15万元，故请总公司给予15万元拨款，以便解决车辆越冬之急需。

望关照。

某分公司

2004 年 8 月 25 日

4. 该公文标题的主题（　　）。

　A. 正确

　B. 应将"请求修复房屋"改为"修复房屋"

　C. 应将"请求修复房屋"改为"重建房屋"

　D. 应将"请求修复房屋"改为"拨款重建房屋"

5. 该公文标题的文种（　　）。

　A. 正确　　　　　　　　　　　　B. 应将"报告"改为"请示"

　C. 应将"报告"改为"函"　　　　D. 应将"报告"改为"通告"

6. 原文中"一百二十平方米"的表达方式（　　）。

　A. 无需修改　　　　　　　　　　B. 应改为"132 平方米"

　C. 应改为"132m²"　　　　　　　D. 应改为"130 平方米左右"

7. 该公文行文中"还差 15 万元"的表达方式（　　）。

　A. 无需修改　　　　　　　　　　B. 应改为"尚有 15 万元的奖金缺口"

　C. 应改为"尚需拨款 15 万元"　　D. 应改为"需再筹 15 万元"

8. 该公文的结束语"望关照"的使用方式（　　）。

　A. 正确　　　　　　　　　　　　B. 应改为"希关照为盼"

　C. 应改为"请迅速答复"　　　　D. 应改为"可否，请批复"

9. "请示"通常采用的标题形式是（　　）。

　A. 发文机关＋文种　　　　　　　B. 只用文种

　C. 发文机关＋事由　　　　　　　D. 事由＋文种

10. 以下几种请示的结束语，你认为恰当的是（　　）。

　A. 以上意见当否，请批复　　　　B. 请批复

　C. 请一定批复　　　　　　　　　D. 以上请示，请审批

11. 请示的依据可分为（　　）。

　A. 矛盾依据、分析依据　　　　　B. 理论依据、事实依据

　C. 问题依据、结论依据　　　　　D. 请求依据、事项依据

12. 在请示中一般要说明（　　）。

　A. 密级　　　　　　　　　　　　B. 签署人

　C. 签发人　　　　　　　　　　　D. 联系电话

13. 下列表述，正确的是（　　）。

　A. 报告可同时上报几个机关

　B. 报告不能用"以上报告当否，请指正"类的结束语

　C. 某领导的《关于国际形势的报告》也属于法定公文

　D. 报告标题可以用"报告"二字

14. 撰写批复时，正文的开头应首先（　　）。

　A. 引述原请示的标题和文号　　　B. 阐述有关规定

C. 写明具体的答复意见   D. 引用重要领导人的有关批示意见

15. 若一份"批复"被抄送给了各有关单位，是因为（　　）。
A. 有多个单位都递交了相同的请示   B. 有多个单位发生了问题
C. 能增强批复的针对性   D. 能解决许多单位相同的问题

16. 在下列批复的表态语中，正确的表达是（　　）。
A. "似属可行"   B. "酌情办理"
C. "原则同意"   D. "最好选择"

17. 下列表述，正确的一句是（　　）。
A. 报告是下行文公文，主要用于对下级机关做报告
B. 报告属于陈述性报告
C. 报告的语言一定要形象生动
D. 报告可根据需要展开议论

18. 下列表述，正确的一句是（　　）。
A. 呈报式报告主要用于向上级机关汇报工作
B. 呈报式报告主要用于向下级机关汇报工作，不能面向上级
C. 呈报式报告只能汇报工作，不能反映情况
D. 呈报式报告在所有的报告种类中，是使用最少的一种报告

19. 下列表述，正确的一句是（　　）。
A. 呈转式报告比呈报式报告内容简单
B. 呈转式报告比呈报式报告内容复杂
C. 呈转式报告一般可以提出意见和建议
D. 呈转式报告一般不能提出意见和建议

20. 下列表述，正确的一句是（　　）。
A. 请示主要用于向上级机关请求指示
B. 请示主要用于向上级机关请求批准
C. 请示适用于向上级机关请求指示、批准
D. 请示适用于不同机关之间相互请求批示、批准

21. 下列表述，正确的一句是（　　）。
A. 当一个机关遇到自己无权做主和无力做主的事情时，应该及时向另一个机关请示，以免影响工作
B. 当一个机关遇到自己无权做主和无力做主的事情时，应该及时向上级机关请求指示，以免影响工作
C. 当一个机关遇到自己有力做主却无权做主的事情时，应该及时向上级机关请求批准，以免影响工作。
D. 当一个机关遇到自己有力做主却无权做主的事情时，应该及时向上级机关请求指示，以免影响工作

22. 下列表述，正确的一句是（　　）。
A. 从内容与作用分，请示可分为请求指示性请示、请求批准性请示和请求批转性

请示三种

B. 从内容与作用分,请示可分为命令性请示、请示标准性请求和请求批转性请示三种

C. 从内容与作用分,请示可分为请求决定性请示、请求批准性请示和请求批转性请示三种

D. 从内容与作用分,请示可分为请求帮助性请示、请求批准性请示和请求批转性请示三种。

23. 下列表述,正确的一句是（   ）。
A. 批复是上行文,是上级机关写给下级机关的
B. 批复是下行文,是下级机关写给上级机关的
C. 批复是下行文,是上级机关写给下级机关的
D. 批复是下行文,是各级机关写给各级机关的

24. 下列表述,正确的一句是（   ）。
A. 同意性批复就是对于上级机关的请示事项表示同意的批复
B. 同意性批复的写法有两种,一种是批准请示事项,另一种是不但批准请示事项,同时还有针对性地提出指示性意见
C. 同意性批复提出的指示性意见,没有指导作用
D. 同意性批复是上行文,使用范围比较广泛

25. 下列表述,正确的一句是（   ）。
A. 否定性批复是上级机关对于下级机关的请示事项持否定态度的批复
B. 上级机关一般不宜使用否定性批复,以免造成不良影响
C. 否定性批复比同意性批复写法简单,只要表明否定的态度即可
D. 否定性批复一般不得解释否定的理由,用于显示上级机关的权威

二、多选题

1. 下列表述,正确的是（   ）。
A. 从内容与作用分,报告包括工作报告、学习报告和生活报告等
B. 从内容与作用分,报告包括工作报告、活动报告和总结报告等
C. 从内容与作用分,报告包括工作报告、情况报告和建议报告等
D. 从内容与作用分,报告包括工作报告、建议报告和会议报告等

2. 下列表述,正确的是（   ）。
A. 工作报告是指向上级机关汇报工作情况的报告
B. 工作报告是指向上级机关汇报工作态度的报告
C. 工作报告包括综合报告和专题报告等
D. 工作报告包括综合报告和例行报告等

3. 下列表述,正确的是（   ）。
A. 报告的写作格式,包括标题、机关代字和签发人等
B. 报告的写作格式,包括标题、收文单位和正文等
C. 报告的写作格式,包括标题、正文和落款等

D. 报告的写作格式，包括标题、正文和成文日期等

4. 下列表述，正确的是（　　）。
A. 对于上级机关文件中规定的某些政策界限把握不准，用请求指示的请示
B. 对于本机关无权解释或不能擅自决定的情况，用请求指示的请示
C. 对于下级不清楚的情况，上级机关应使用请求指示的请示
D. 对于自己无法解决的思想感情方面的问题，下级应使用请求指示的请示

5. 下列表述，正确的是（　　）。
A. 请求批准的请示，可以用于增设机构、增加编制等
B. 请求批准的请示，可以用于上项目、列计划等
C. 请求批准的请示，可以用于要资金、要购置设备等
D. 请求批准的请示，可以用于请求任免人员、提升干部等

6. 下列表述，正确的是（　　）。
A. 请示的格式，包括标题、收文单位和正文等
B. 请示的格式，包括标题、正文和结束语等
C. 请示的格式，包括标题、正文和落款等
D. 请示的格式，包括标题、正文、落款和成文日期等

7. 下列表述，正确的是（　　）。
A. 批准下级机关的请示事项，用同意性批复
B. 对于下级机关请示事项提出落实，执行的指示性意见，用同意性批复
C. 同意性批复所提出的指示性意见，对于下级没有指导作用
D. 同意性批复所提出的指示性意见，对于下级具有参考意见

8. 下列表述，正确的是（　　）。
A. 针对下级机关请求指示的请示，上级机关应使用答复性批复
B. 答复性批复所做出的答复，应该十分严肃
C. 答复性批复是下级机关处理有关问题的凭证和依据
D. 答复性批复应该具有浓郁的感情色彩

9. 下列表述，正确的是（　　）。
A. 批复的写作格式，包括标题、作者和签发人等
B. 批复的写作格式，包括标题、收文单位和正文等
C. 批复的写作格式，包括标题、正文和结束语等
D. 批复的写作格式，包括标题、正文、落款和成文日期等

10. 属于报告结束语的有（　　）。
A. "妥否，请批示"
B. "特此报告"
C. "以上报告，若无不妥，请批转下级"
D. "以上报告，请阅知"

11. 下列选项中，可作为"报告"结束语的有（　　）。
A. 特此报告，请批准　　　　　　　B. 谨此报告，请审阅

C. 特此报告，请批示   D. 特此报告

12. "报告"适用于（　　）。
A. 向上级汇报工作   B. 向上级反映情况
C. 答复上级的询问   D. 请上级批准请求

13. 在"请示"的行文中应当做到（　　）。
A. 一文一事   B. 同时抄送下级机关
C. 只有一个主送机关   D. 使用"请示报告"的文种

14. "批复"的正文构成包括（　　）。
A. 批复引语   B. 批复倾向语   C. 批复内容   D. 结尾用语

15. 下列文种中属于被动性发文的有（　　）。
A. 请示   B. 意见   C. 答复函   D. 批复

16. "报告"可用于陈述的事项有（　　）。
A. 向上级汇报工作，反映情况   B. 向下级或有关方面群众介绍工作情况
C. 向上级提出工作意见或建议   D. 答复上级机关的查询、提问

17. 工作报告的内容包括（　　）。
A. 经常性的常规工作情况
B. 偶发性的特殊情况
C. 向上级汇报的工作进程，总结的工作经验
D. 对上级机关的查问、提问做出答复

18. 请示可用于处理的事项有（　　）。
A. 下级无权解决的问题，请求上级机关做出指示
B. 下级无力解决的问题，请求上级机关审核，帮助解决
C. 按规定不能自行办理，应经上级批准的事项
D. 工作中出现的一些涉及面广而下级无法独立解决，必须请求上级机关协调和帮助的问题

三、评改题

修改下文标题中的事由与文种，调整正文结构，补充必要的内容，拟定一份原由充分、事项明确、格式规范的公文。

1.

关于张××同志离休的报告

市委：

  根据离退休制度的规定，我部副部长张××同志 1947 年 5 月参加革命工作，将于 1991 年 10 月 26 日满 60 岁，现因病不能坚持工作，本人申请提前离休。

中共××市委宣传部
1990 年 3 月 2 日

2.

关于我地区副厅级领导干部
今年下半年出访计划的报告

省人民政府：

经地委、地区行署研究，计划今年下半年由×××、×××、×××等三人，应日本××××协会邀请，赴日本参加×××艺术交流活动，在日时间×天，

特此报告，请批示。

××地区行政公署（印章）
××××年×月×日

3.

××市税务局关于×××厂申请
要求免征房产税问题的批复

×××厂：

你厂报告收悉。关于要求免征一九八七年下半年、一九八八年房产税的问题。

经查，你厂八七年下半年、八八年上半年应交房产税二千七百九十六元。由于你厂目前经营管理不善，资金使用不当，造成资金短缺，对此，不宜给予免征房产税照顾，请按规定缴纳。

此复。

××市税务局（印章）
××××年×月×日

4.

请 示

因工作需要，我们培训中心急需购一批高档计算机设备，以满足工作需要。此事关系到我们的工作效率问题务请拨款××万元，并批准购买。

另：我们培训中心职工的单身宿舍也需要翻新改建，请在制定明年基建计划时一并予以考虑。

以上事项妥否，请批准。

××干部培训中心
××××年×月×日

四、作文题

1. 根据下述材料拟一份建议报告，请上级机关给予批转。

××市工商局最近发现，各地招待所普遍存在收费混乱、价质不符的情况。主要是因为这些招待所向对外宾馆收费标准看齐，多收费积小钱柜，用做请客送礼；管理不严，无统一收费标准，等等。该局提出，有必要加强对招待所的管理，在全市范围内进行一次整顿，实行统一收费标准。并提出了四种具体意见：

一、要根据不同条件制定分等的合理收费标准。

二、招待所标准房（单间双床）每间房费中等城市30元，小城市25元。招待所其他客房费应以上述标准房设备、服务要求作标准，比质比价。

三、招待所房费不分淡旺季，不搞浮动价，一律实行一个价。

四、工商局会同财政等部门评定出本市、区招待所的房费标准。该局并设想此项工作将于当年年底结束，并要求将检查情况向市工商局作一次书面汇报。

2. 根据下述材料，拟写一份请示。

××省外资局拟于2004年12月10日派组（局长×××等五人）到美国纽约市××设备公司检验引进设备。此事需向省政府请示。该局曾与对方签订过引进设备的合同，最近对方又来电邀请前去考察。在美考察时间需20天，所需外汇由该局自行解决。各项费用预算，列有详表。

第二章 事务文书

第一节 计划 总结

一、计划

（一）例文评析

【例文】

深圳行政学院教研部××××年工作计划

为了加强我部建设，圆满完成"教学、科研、管理一体化"的任务，做好公务员培训工作，根据学校在新形势下深化改革方案的精神，借鉴有关兄弟行政学院的成功经验，结合我部的实际情况，经与市人事局录用培训处多次协商，对××××年的教学、科研工作提出如下计划。

一、目标

（一）教学工作计划

拟举办下列班次：

1. 公务员专业知识课《行政决策》培训班

对象为市、区办公厅（室）的在职工作人员（工勤人员及××××年达到退休或离休年龄的人员除外）。人数260人左右。时间4天。拟办两期，第一期：4月4—8日；第二期：4月11—14日。采取面授与自学相结合的形式进行培训，实行开卷考试，由省统一命题，统一评卷。

2. 公务员任职资格培训班

对象为拟由主任科员晋升副处级职务的优秀公务员及未参加过处级培训班的处级公务员。人数约180人。时间6周。拟办两期，第一期：5月22日至7月4日；第二期：11月7日至12月14日。拟设"建设有中国特色社会主义理论与实践"、"公共政策"、"怎样当好处长"、"行政管理心理学"等必修课和"深港两种特区政府行政管理比较研究"、"社会主义市场经济理论与实践"、"现代企业制度的建立与发展"等专题课。

3. 公务员初任培训班

对象为××××年从各大专院校和企事业单位录用到公务员队伍的人员及没有参加过国家行政机关岗位培训的人员。人数约3000人（含公安局招收的巡警）。时间4周。拟办3期，第一期：9月11日至10月10日；第二期：10月11日至11月7日；第三期：11月27日至12月15日。拟设"行政管理"、"公文写作"、"行政法学"、"社会调查研究方法"等必修课和"公务员制度知识"、"社会主义市场经济理论与实践"、

"公务员职业道德与行为规范"等专题课。

(二)科研工作计划

1. 在本年内完成已立项并拨了款的深圳市社科"八五"规划中的课题《深港两种特区政府行政管理比较研究》(负责人张郧)。

2. 编写教材方面,我部今年内完成为公务员初任培训班使用的四本教材:

(1)《社会调查研究方法》;

(2)《新编行政法学》;

(3)《现代公文写作》;

(4)《办公自动化与信息调整公路》。

同时,着手为编写公务员任职培训班使用的教材做准备。

二、措施

为了保证公务员培训工作能够顺利进行,特提出如下措施:

1. 校委的重视和支持是做好公务员培训工作的根本保证。希望派出一名校委主管到我部工作,以减少请示汇报工作的环节,提高工作效率。

2. 理顺关系,优化服务是做好公务员培训工作的必备条件。要真正实现教研部"教学、科研、管理一体化"的目标,需理顺综合职能部门和教研部的关系,做到明确各自职责,各司其职,通力合作。如教研部必须制订好教学计划,编写好教材,实施好教学,管理好学员;而教学科研管理处必须按教研部制订的教学计划和课程安排,做好教师的聘用、课室的安排、有关教材的购买诸方面的协调和服务工作;图书电教中心、总务处和办公室也必须做好各自的服务工作,综合利用学校的人财物,做到人尽其才,物尽其用,以使教研部制订的教学计划能够顺利实施,各项教学组织管理活动能够正常开展,提高全校(院)的整体效能。

3. 充实人员、建立队伍是做好公务员培训工作的决定因素。为了落实今年的教学计划,望今年内配备7名专职教师(上半年5名,下半年2名)和2名专职管理人员。

4. 改善办学条件是做好公务员培训工作的物质保证。为了方便工作,教研部应购置必要的图书资料和教学、科研、办公设备,如电脑和复印机等。

【评析】

这是一份教学、科研工作计划。从表面上看,文中只写了"目标"和"措施"两个部分,实际上,讲"目标"时,已把"步骤"也讲清楚了。可见,文章写起来是千变万化、灵活多样的。计划写得明确具体,便于执行,可供参考。

(二)必需知识

计划是为完成一定时期的任务而事前拟定的目标、措施和步骤。

计划,是一个统称。常见的安排、打算、规划、设想、意见、要点、方案等,也都属于计划一类,只是由于内容和成熟程度不同而选用了不同的名称。

计划,是使用频率很高的一种机关事务文书。它的种类很多,用不同的标准可以分出不同的种类。如按性质和写作特点分,有综合计划(如年度工作计划)和专题计划。

计划,是宏观的决策,其实质是对理想、目标的具体化。它对整个工作有着重要的指导、推动和保证作用。制订计划,是一种科学的领导艺术。很强的预见性、明确的目

的性和措施的可靠性,是计划的三个突出特点。一份好的工作计划,必须有正确的指导思想、科学的分析方法、明确切实的努力方向、有力的措施办法、合理的工作安排、简明合宜的表现形式。为此,应做到下面"五个结合":正确的指导方针与实际情况相结合;开拓精神与务实作风相结合;领导意图与群众意见相结合;明确性与灵活性相结合;文字上的准确性与可读性相结合。

(三) 拟写要点

条文式计划的格式一般包括标题、正文和落款三项。

1. 标题 一般包含单位名称、时限、内容和文种。如《中国建设银行××支行2005年工作计划》,这是一个"完整式"标题。但是也有省略时限(时限不明显或暂行的单项工作)的标题。还可写成"公文式"标题。所订计划如还需要讨论定稿或经上级批准,就应在标题的后面或下面用圆括号加注"草案"或"初稿"或"讨论稿"等字样。

2. 正文 一般包括前言(指导思想)、主体(计划事项)和结尾(执行希望)三个部分。

(1) 前言。在全文中是一个导语。主要是对基本情况的分析或对计划的概括说明:依据什么方针、政策以及上级的什么指示精神,在什么条件下(分析完成任务的主客观条件,说明完成任务的必要性和可能性)制订这个计划,要达到什么主要目的(提出总的任务要求,或阐释完成计划指标的意义)。这是制订计划的基础,要写得简明扼要,灵活多样。

(2) 主体。说明计划的"三要素":目标(做什么)、措施(怎么做)和步骤(分几步做完)。"三要素"繁简可以不同,但是缺一不可。①目标。根据开头部分说的需要和可能、目的和条件,提出一定时期的任务和要求。指标必须是先进的,同时又是切实可行的。要分别写明总任务和分任务及其具体指标。提任务,要确定重点,分清主次;提要求,要写明质量标准和数量界限等问题。总之,要写得明确、具体。②措施。即用什么办法来完成任务,达到计划确定的目标。这是实现计划的切实保证,是解决"怎么做"的关键。常言道:"十分计划,十二分措施。"要写明怎样利用优势;依靠哪些力量;采取何种方法;创造什么条件;克服哪些困难;人员如何分工合作,做到各方职责分明;必要时还要写明奖惩方法;等等。③步骤。说明达到目标完成任务分几步走。要明确先后主次及其时间、指标要求,这就是工作的程序。一般是把计划的整个过程分为若干阶段,并确定每个阶段的时间、目标要求和人力物力安排等。安排必须切实合理,环环相扣,步步落实。

(3) 结尾。可以展望实现计划的情景,给人以鼓舞,也可以提出总的希望或号召。要注意时代感和针对性;要写得鲜明生动,有鼓动性,有号召力。

3. 落款 要写明计划的制订者(如标题上已写明,此处可从略)和成文日期。

(四) 注意事项

拟订计划,要注意掌握以下五条原则:对上负责、切实可行、集思广益、突出重点和防患于未然的原则。

二、总结

(一) 例文评析

【例文】

广东省写作学会2003—2004年工作总结

我们学会是以广东省高校写作教师为主体、以促进写作学科的研究为宗旨的社团。回顾2003—2004年,我们在省社科联的指导下,与时俱进,充分激发学会活力,在学科理论研究、课程建设、教材教法和科普工作等方面都做出了喜人的成绩。

一、组织学术研讨活动,营造科研氛围(略)。

二、以科研促教学,科研成果突出(略)。

三、狠抓教材教法,课程建设成果显著(略)。

四、健全学会组织,团结广大会员(略)。

展望未来,我们学会任重道远。我们决心继往开来,坚持理论联系实际,结合本专业地区的实际,积极组织开展活动。最近一年里,我们重点抓好以下三项工作:

(一)拓宽学术研讨领域,加强对岭南文化的研究工作,为岭南文化的发展作出贡献。

(二)开展观摩教学活动,加强校际交流,提高教学质量。

(三)在做好会员登记工作的同时,印发会员证,健全学会组织,并办好《广东省写作学会通讯》,从不定期到定期,努力把会刊办成学会内部季刊。

2004年10月5日

【评析】

这篇学会工作总结,先用一段概括说明了学会的主要工作及其成效。接着分五个部分对工作进行了总结,把工作成绩与经验体会融会在一起来写,有血有肉,高度概括,印象深刻。最后展望未来,引出新一年的工作设想,顺理成章。

(二) 必需知识

总结是人们对某一阶段工作或某项工作的回顾、分析、归纳经验教训,从中得出规律性的认识,以指导促进今后工作的一种文书材料。

总结的使用范围很广,任何机关、部门乃至个人都要用到。因为及时总结经验教训,对做好任何工作都是必不可少的一个重要环节。可以说,工作总结是对实际工作由感性到理性的再认识过程,是取得正确思想、领导经验以利于做出正确决策的必要手段,是汇报工作、传递信息、互通情报、交流经验的有效工具,也是领导干部和领导机关积累经验、提高水平、改进作风、提高效率的重要方式。总结的根本目的就是:总结经验,肯定成绩,解决问题,推动工作。

1. 总结的种类和特点

(1)总结的种类。从写作角度看,一般可按内容分为全面总结(如年度工作总结)、专题总结和个人总结三大类。

(2) 总结的特点。主要表现在下列四个方面：

1) 过程性。总结首先要回顾工作的全过程。自身实践的事实，尤其典型事例和确凿数据是一篇总结引出正确结论的基础。

2) 经验性。总结就是为了把实践中的成功经验归纳出来，把教训分解出来，而对工作做出正确估计，得出科学结论，以增强工作中的自觉性和主动性。

3) 理论性。总结不仅要陈述工作情况，更要揭示理性认识。能否进行理性分析，指出事物发展的客观规律，是衡量一篇总结写得好坏的重要标准。

4) 简明性。总结往往作概括叙述，而不必具体描写；作简要说明，而不必旁征博引；作直接议论，而不必多方论证。

(三) 拟写要点

1. 总结的写作要求 由以上特点决定，写作总结的基本要求是：情况的客观性、概括的科学性和经验的真理性。为此，写作总结要注意几点：①一切从实际出发，坚持一分为二；②要走群众路线，坚持上下结合；③充分占有材料，把握本质与主流；④确定中心与重点，深入揭示规律。

2. 总结的结构 总结一般包括标题、正文和落款。

(1) 标题。一般包含单位名称、时限和文种。如《××单位20××年度工作总结》，这是"完整式"标题，综合性总结一般都采用这种形式的标题。专题性总结的标题有：①主题式。如《建设企业文化是加强和改进企业思想政治工作的必由之路》。②问题式。如《我们是怎样在市场经济条件下坚持党管干部的》。③正副题结合式。如《加速技术改造，完善宏观调控——正确处理技术改造中的七个关系》。

(2) 正文。其结构形式大体有以下五种：

1) "三段式"结构。即工作概况、经验体会、今后打算。这是综合总结的基本形式。①工作概况。这是总结的开头部分。通常要简明扼要地说明总结所涉及的时间、背景、任务、效果等，目的在于给人们总体印象，领起下文。②经验体会。这是总结的主体部分，是总结的重点。基本做法与成绩的说明是基础，经验体会的总结是重心。因为抓住了基本经验，总结就有了主题；而从做法和成绩取得的过程中找到规律性的东西则是写好总结的关键。要写好这部分的内容，一定要注意点面结合，详略结合，叙议结合。③今后打算。这是总结的结尾部分。这部分要说明工作中的存在问题，针对这些问题，结合前面所总结的经验教训及对有关规律性的认识，提出对今后工作的新设想及改进意见。如要发扬什么，克服什么，要采取哪些新的措施和方法，要向什么方向努力，达到什么目标，等等。写这一部分要避免空洞、一般化及八股调，不要动不动就表决心，就是避免"和先进单位比，还有不少差距，要迎头赶上"这类陈词滥调。

2) "两段式"结构。即情况加体会。先集中摆情况——基本情况、主要做法、成绩与缺点等；后集中谈体会，包括经验的总结、教训的归纳以及对存在问题的认识和下一步的打算等。一般来说，问题比较集中的专题总结大多采用这种写法。

3) "阶段式"结构。就是根据工作发展过程中的几个阶段，按时间先后分成几个部分来写。在每一部分对每个阶段的工作，都要既讲情况、做法，又讲经验教训及存在问题，这样写便于看出整个工作的发展进程和各个阶段的特点和经验。周期比较长而又有明显阶段性的工作,不管是专题总结还是全面总结,都宜采用这种结构。写时要注意抓特点和保证各部分之间的连贯性。

4)"总分式"结构。首先概述总的情况,然后分若干项主要工作一一进行总结。只有全面总结才用这种写法。在每一部分对每一项工作进行总结时,同样要求把做法、成绩、经验、教训等有机地结合在一起写清楚。采用这种写法要注意抓重点,切忌面面俱到、写得过长。

5)"体会式"结构。即以体会(而不是以工作本身)为中心来安排结构。根据几点体会,对有关情况或几个具体问题,从几个不同的角度进行总结,而寓情况于体会之中,夹叙夹议,讲清问题。各部分之间则体现出某种逻辑关系,或以主次为序,或以轻重为序,或以因果为序,等等。这种结构适用于各种类型的总结,特别是学习总结,写法最为灵活,也最难掌握。

(3)落款。以主要负责人名义所作的总结,署名在标题下;以单位或党政机关名义总结或发表的,署名可在标题下,也可在文末;若标题上出现了,则可不另署名。总结日期可加括号放在标题下,也可不加括号放在文末;如系署名发表,署名和日期都在标题下时,要日期在前,署名在后;署名和日期都在文末时(一般是向上呈报时采用这种方式),则署名在前,日期在后。

(四)注意事项

要注意实事求是、突出重点、点面结合、写出个性、找出规律、叙议得当。

综合训练七

一、单选题

1. 下列表述,错误的一句是(　　)。
A. 经验是人们在实践中获得的比物质成果更为宝贵的精神成果。但是,如果不通过总结,不经过一番归纳和提炼的工夫,经验就不能为我们所利用。
B. 总结的开头要简明扼要,紧扣中心,有吸引力。
C. 总结周期长、阶段性又很明显的工作,大多采用"阶段式"的结构展开正文。
D. 将正文分成"工作概况、经验体会、今后打算"三个方面展开叙述。这是专题总结的惯用式写法。

2. 下列表述,错误的一句是(　　)。
A. 总结既报喜,又报忧。
B. 总结要把感性认识上升到理性认识的高度。
C. 写总结一般用第一人称
D. 写总结一定要按照完成工作的时间先后顺序来写

3. 下列表述,错误的一句是(　　)。
A. 制订计划一定要根据客观实际的需要和可能,绝不能从主观愿望出发,按个人意志办事。否则,要实施计划,十个有十个要失败。
B. 制订计划一定要突出中心和重点,不能眉毛胡子一把抓。中心和重点就是主要矛盾。但也不能忘了"一般"，去搞"单打一"。
C. 计划是事前行为，要对所做的工作或完成的任务进行设想，采取什么措施、步骤，可能出现什么问题等，都要有预见性。
D. 撰写计划的语言必须生动、活泼、含蓄、幽默、引人。

4. 下列表述，错误的一句是（　　）。
A. 建立市场经济体制，大大削弱了计划的作用，"计划"这种文体很可能要被改革大潮所淹没。
B. 计划是对一定时限内的工作任务的预想性部署和安排的一种实用文体。
C. 目标和任务既是计划产生的起点，又是计划实施的归宿。
D. 计划虽不是正式公文，但一经法定会议通过和批准，就有正式文件的效能，在它所管辖的范围内，就具有了权威性和约束力。

5. 计划的灵魂和总纲是（　　）。
A. 前言　　　　B. 任务和目标　　C. 措施和步骤　　D. 标题

6. 下列计划种类有错的一组是（　　）。
A. 安排　打算　B. 规划　设想　C. 方案　要点　D. 意见　建议

7. 计划、总结属于（　　）。
A. 行政公务文书　B. 事务文书　　C. 经济文书　　D. 传播文书

二、多选题

1. 总结的主体部分应包括（　　）。
A. 对成绩和经验的分析概括　　B. 提出存在问题
C. 提出意见与建议　　　　　　D. 提出努力方向

2. 计划的结构方式可分为（　　）。
A. 条款式　　　B. 文章式　　　C. 表格式　　　D. 时间式

3. 计划应特别强调其（　　）。
A. 简略性　　　B. 严肃性　　　C. 针对性　　　D. 预见性

4. 撰写总结的目的主要是为了（　　）。
A. 让上级了解情况　　　　　　B. 回答做了什么，是怎样做的
C. 指导今后的工作　　　　　　D. 探寻规律性的认识

5. 计划的作用主要有（　　）。
A. 反思前一段工作的经验、教训　B. 指导工作
C. 明确工作目标和任务　　　　D. 统一思想和行动

6. 总结的公文式标题是（　　）。
A. 《关于××市××××年秘书人员岗位培训的工作总结》
B. 《我们是怎样做思想政治工作的》
C. 《读书活动是开展理想教育的好方法》
D. 《××公司关于××××年度的工作总结》

三、评改题

1. 评改下列计划的前言。

近几年来，我们银行的青年职工人数越来越多，已经成了业务骨干力量，他们在经济战线上发挥着积极作用，展示了我国银行事业的希望和前景。但也不能忽视，一些青年由于理论水平低、文化素养差、科学文化知识贫乏等而感到我们做的工作没有意思。根据中国人民银行总行要求，为了提高在职干部文化水平，我们办事处办了中专班，脱产学习一年半，招生的对象是在银行工作两年以上、高中毕业或相当于高中毕业水平的同志。为了更好地完成学习任务，我们教育科计划如下：（略）

2. 评改下面这份公文。

关于接待联合国 H 先生访华的安排

财政部、省外事办公室：

关于接待联合国×部×司副司长 H 先生偕夫人、子女一行四人，根据财政部〔20××〕财审字第××号通知的安排，经与省外事办共同研究，对其在 S 市活动期间的计划安排如下：

（一）日程安排。9月23日（星期日）外宾由 C 州乘×次火车二十一点零一分抵达 S 市后，安排在 S 饭店住宿。9月24日（星期一）上午七点三十分游览南郊风景区后去机场乘××班机去北京。

（二）费用处理。外宾食宿费、交通费向财政部结算。

（三）外宾抵、离 S 市时，由××省财政厅办公室副主任××负责迎送。

联系电话：（略）

××省财政厅
二〇××年九月十九日

抄送：财政部、省政府办公室、财办、公安厅、S 市公安局、C 州外办、财政局

3. 评改下列计划的开头部分（在原稿上逐字逐句修改）。

××汽车队 8 月行政工作计划

认真贯彻省交通厅党委扩大会议和安全电话会议精神，以及省汽车公司第三季度重点工作安排，在本月内，除认真贯彻外，还必须以提高质量、保证安全为中心，进行以比、学、赶、帮为形式的竞赛活动；掀起一个大搞标准化作业、大练基本功的高潮。把人员培训工作在现有基础上提高一步，要求达到生产技术过硬职工总人数的70%，在技术上出现一个新水平，以此实际行动为迎接冬季运输业务做准备。为完成上述任务，要注意以下几点工作。

4. 请改正下列计划标题的文种。

（1）《××××年发展高产优质高效农业的五年安排》

（2）《××市××局××××年7月份政治学习纳要》

（3）《××厂××××年开展职工体育活动的初步要点》

四、作文题

根据个人实际情况写一份不少于1000字的学习总结（不要面面俱到，要真正写出

有个性的对自己今后学习有用的知识)。

第二节 调查报告

一、例文评析

【例文】

在竞争中学会竞争
——兴业公司在港运输业务的调查
游水生

兴业公司创办运输业务是从××××年下半年开始的,在香港注册为无限公司。香港是个竞争激烈的社会,运输业的竞争尤为激烈。随着我国对外开放的发展,进入内地的香港车辆几千部、运输公司上百间。在这样一个竞争激烈的特殊环境中,如何创立和发展自己的企业,这是面临的新课题。

经过两年努力,公司运输业××××年年底已拥有自置全新车辆24部,有一支较完整的外贸运输车队。3年来共创利润355万港元,其中××××年1—10月份纯收入145万港元,为加快深圳市进口商品的运输,促进深圳市对外贸易,为特区建设积累资金作出了一定贡献。

他们的主要做法是:

一、调查研究,掌握信息。开业之前,他们对市场运输情况做了认真的调查研究,发现深圳市外贸系统进口商品的运输全部是由香港商人承运的,收费较贵,运输不及时,拖延了时间,影响了出口商品的售价。根据市场预测,随着深圳经济特区的开放和发展,进出口商品必然大幅度增加,仅外贸系统每天出口三鸟、蔬菜就有十多吨,饲料进口也有上百吨。因此,发展运输业,既可加快特区进出口商品的运输,又可为特区建设创造财富。

二、健全制度,建立一支纪律强的运输队伍。这是与同业竞争的关键。公司的司机全部是在香港雇请的,对司机的录取实行了严格的考核挑选,选出了一批政治思想可靠、热爱祖国的工人司机。其具体做法是:①经过国内交通部门的驾驶考试合格后才录用;②签订雇用合同,提出严格的要求,如工作不称职,经教育仍不改正的,公司有权随时解雇;③制定多劳多得、奖罚严明的制度,并定期进行我国法制和服务态度的教育。所以,公司两年来均未出现司机违法的行为。

三、有一批信誉可靠、长期稳定的客户。客户是服务行业生存的首要条件,没有客户的"帮衬",企业也就倒闭了。在香港,不少公司倒闭。这除了资本主义世界经济危机、通货膨胀、市场不景气而造成经营困难之外,服务质量的好坏、能否吸引大批的顾客是很关键的。该公司除加强同内地进出口部门联系外,还努力提高服务质量,倾听客户意见,及时解决工作中存在的问题,增加竞争能力。有一次车辆装运饲料进入深圳市,途中下雨淋湿了几包,公司就作了赔偿。客户见公司这样负责,非常感动。这样做,增加了客户对公司的信心。现经常"帮衬"的客户有100多个。几家进出口商品较大的香港厂商进出深圳的产品几乎全部长期由公司包办承运,有较充裕的运输货源。

同价位的经营手法是五花八门的。不少私人运输公司用拉拢、收买的手段与对方拉客户、争货源。而该公司掌握了厂商担心个人运输公司出了事赔不起的心理,靠公司的优良服务和信誉来取胜。

四、掌握价值规律,实行薄利多运。这是竞争的重要手段之一。进出深圳特区的商品,大部分的运费由内地部门支付,即使是港商支付,港商亦把运费打入商品成本。薄利多运既可减轻内地部门费用,又可争取更多货源。公司实行运输收费两边公开(深圳、香港公开),灵活掌握,根据货源情况有5%~20%的浮动幅度。如以前香港文联运输公司从新界至松岗每吨收100港元,而我们只收85港元,得到客户和内地有关部门的赞赏。

五、量力而行,稳健发展。创办初期,公司借贷56万港元购买了4辆货车,并把经营过程所得利润再投入生产,实行以车养车,使运输业稳健发展。

兴业公司运输业的发展,还和内地有关部门的支持分不开,如口岸办、海关、交通等部门都和他们有密切的联系,给了他们很大的支持。实践证明,只要贯彻执行党的路线、方针、政策,按照经济规律办事,就能适应现代社会大生产的复杂性和竞争要求,在竞争激烈的社会里立于不败之地。

××××年××月

【评析】

这是一篇总结和推广典型经验的调查报告。绪论部分,以十分简洁的文字概括出在香港运输业竞争十分激烈的社会背景下,兴业公司在港运输业务不断发展的情况。然后以"他们的主要做法是"这样的过渡性词语转到主体部分,把"做法"和"经验"糅合在一起来写,用并列法,列出小标题,分五个方面来叙述,并注意首尾呼应。全文观点鲜明,纲目清晰,叙议得当,逻辑性强,结构严谨,文字简洁。

二、必需知识

(一)调查报告的含义

调查报告是为了了解客观规律,解决社会问题,在有中国特色社会主义理论指导下,进行认真的调查研究,对调查对象获得了本质性和规律性的认识而写成的一种书面报告。

调查报告是认识客观事物的手段、解决实际问题的凭证和制定方针政策的依据,是机关事务文书中使用频率最大的一种文体。写好调查报告是机关工作者一项基本功,进行调查报告的写作训练,是提高机关干部素质的一项基本建设。

(二)调查报告的分类

调查报告从其内容和作用上来分类,大体上可分典型调查、新事物调查和问题调查三大类。这三种调查报告都是机关中常用的。

(1)典型调查。包括典型经验、典型事件和典型变化等调查。

1）典型经验的调查。它用得最广泛，是典型引路、以点带面、指导和推动各项工作的一种行之有效的领导方法，因此为各级领导所重视。写这种调查报告，要写清楚做法和经验。

2）典型事件的调查。典型事件是指事件本身给人的教训带有一定的典型性。这种教训从反面给人以教益，能对工作产生积极作用。写这种调查报告，要写清事件的前因后果及其经过、教训所在和处理意见。

3）典型变化的调查。这种调查报告的作用在于：上级领导可从中发现规律性的东西而预测事件发展的趋势，并用来指导工作；其他单位也可对照本单位的情况从中得到启示。这种调查报告往往带有专业性，各职能部门用得较多。写这类调查报告关键在于把变化的过程勾勒清楚，并把规律性的东西揭示出来。

（2）新事物调查。新事物体现了事物的发展方向，具有很强的生命力，对推动改革事业及开展具体工作都具有不可低估的引路作用。因此，在机关工作中，反映新事物的调查报告是机关最敏感的神经之一，得到各机关各部门的普遍重视和广泛运用。写这种调查报告要反映它的产生过程，揭示其规律，并侧重于阐述它的特点、作用和意义，以解决认识问题，使大家给予扶植和支持。要写好新事物的调查报告，就要有敏感性、主动性和及时性。

（3）问题调查。包括人民来信来访调查、专案调查和社会问题调查。

1）人民来信来访调查。这是数量最多的问题调查。在人民来信来访中，凡问题比较典型的、重大的或复杂的、长期难以解决的都要调查，并写成调查报告。它一般篇幅不长，内容主要是核对事实，揭露真相，判断是非，得出结论，最后提出处理意见报领导审查解决。

2）专案调查。它只是在政工、组织和纪检等有关部门使用得较广泛，且一般只限于内部使用。这是一种经过全面、深入的调查、分析，以确凿的、无可辩驳的事实给某个案件及有关人员做出定性结论的调查报告。写作时必须坚持以事实讲话，除了少量必要的分析以外，不需要多发什么议论。

3）社会问题调查。对社会问题进行广泛调查与综合分析，可得出一些带有普遍意义的结论，对领导机关制定正确的方针政策、做出有关决策，都具有重大的意义。这种调查在机关工作中占有十分重要的位置。如果写得好，它往往有相当高的学术价值。如社会学家费孝通早年在江苏省吴江地区调查写成的《江村调查》，就成为他在英国剑桥大学的毕业论文。这种调查报告往往篇幅较长，涉及面较广，带有综合性，因此写作周期也长。写好这种调查报告的关键在于：材料的点面结合和问题的综合分析。

三、拟写要点

（一）调查报告的特点

调查报告的主要特点是：调查的针对性，事实的具体性，报告的科学性，表述的叙议性和结构的完整性。

（二）调查报告的写作要求

调查报告的这些特点，决定了调查报告的写作要求是：系统周密的调查，客观深入的研究和准确完善的表述。调查报告的写法多种多样,行文相当灵活,没有固定的格式可循。

(三) 调查报告的结构

调查报告一般由标题、正文和结尾三部分组成。

1. 标题

(1) 公文式:事由+文种。《如关于废旧物资回收利用问题的调查报告》。略去"报告"二字也是常见的。如《我市海砂在港销量下跌调查》。

(2) 提问式。如《深圳中学高考的新局面是如何开创的?》这是典型调查报告常用的标题写法,特点是具有吸引力。

(3) 正副题结合式。这是用得比较普遍的一种标题,特别是典型经验的调查报告和新事物的调查报告。正题揭示主题或表明主要观点,副题标明调查对象及所调查的问题。其特点是:既以其所揭示的普遍意义而吸引人,又能使人对调查报告的中心内容产生一个总体印象。如《在竞争中求生存,在改革中求发展——深圳市土产日杂公司的发展情况调查》。

2. 正文 包括前言和主体两个部分。

(1) 前言。前言的写作,语言要生动活泼,文字要高度概括,写法要灵活多样。或交代调查的目的、时间、地点、对象、范围;或概括介绍调查对象的基本情况;或概述主要问题,以引出下文。

(2) 主体。这是前言的引申展开、结论的根据所在。调查报告写得成功与否,主要看主体写得怎样。主体的内容主要包括两大方面:一是调查到的事实情况,包括事情产生的前因后果、发展经过、具体做法等;二是研究这些事实材料所得出的具体认识或经验教训。要通过富有说服力或根据对事实的具体叙述,说明认识,由实而虚,虚实结合,分析引发,切实说明问题。

3. 结尾 结尾部分很重要,一篇调查报告的价值,往往可从结论中显示出来。但结论要从前言的夹叙夹议中自然地引出来,要在实事求是分析的基础上综合出一个有根有据、恰如其分而又简洁、肯定、明确的结论,要在事物确实具有的本质意义上抽象升华出一个带有普遍意义的认识,要把自己的新见解写出来。

结尾的写法是多种多样的:有的总结全文,深化主题;有的点明主题,强调意义;有的展望未来,提出希望;有的归纳问题,提出建议;也有的把结论意见放在主体最后顺势写出,而不另加一段结尾的。总之,结尾要简短有力,耐人寻味。

四、注意事项

拟写调查报告要注意:深入调查,充分占有材料,科学分析,揭示客观规律;用事实说话,观点与材料统一。

综合训练八

一、单选题

1. 下列表述，正确的一句是（　　）。
A. 调查报告针对性越强，它提供的参考或指导作用就越小
B. 调查报告用事实说话，以叙述为主，又常在报刊上发表，因此，它与新闻文体相同
C. 调查报告的建议部分可以写在全文的开头
D. 真实性是写作调查报告的基础。

2. 下列表述，错误的一句是（　　）。
A. 调查报告和工作报告相同
B. 调查—研究—报告，是调查报告写作的三个环节
C. 调查报告主要靠事实说话，要真实反映情况，绝不能任意添枝加叶，无中生有或歪曲事实
D. 主体部分是调查报告的核心，是前言的引申展开，是结论的根据所在

3. 下列表述，正确的一句是（　　）。
A. 调查报告主要是总结正面经验
B. 只有如实反映客观情况的调查报告，才能引起上级领导部门的重视，才是有针对性的
C. 对中小学课业负担情况的调查报告是属于基础调查报告
D. 问题式调查报告的目的是为了惩治坏人，安定社会

4. 下列表述，错误的一句是（　　）。
A. 确立调查课题或主题主要还是听从领导或老师的
B. 不管哪一种调查报告，基础环节都是从事细致的调查研究，这是调查报告区别于其他文体的根本特征之一
C. 按学号来确定调查的对象属于等距抽样法
D. 问卷调查法的形式有结构式问卷、无结构式问卷和半结式问卷

5. 下列表述，错误的一句是（　　）。
A. 调查中我们占有的似乎是一堆没有生命的材料，其实，每一个数据材料都是鲜活的生命
B. 设计问题时，我们可以问一些行为性的问题，如"你是否经常看电影"之类
C. "小标题"或"条目式"的方法，分清层次与段落之间的关系，给读者一目了然的强烈印象
D. 反映情况的调查报告、揭露问题的调查报告结尾时，应对调查中存在的问题提出处理意见和改进措施

6. 下列非调查报告别称的一项是（　　）。
A. ××调查记　　B. ××调查　　C. ××考察报告　　D. ××情况报道

7. 下列不属于调查报告作用的一项是（　　）。
   A．提供依据　　B．揭露真相　　C．反映事实　　D．宣传典型
8. 下列不属于调查报告特点的一项是（　　）。
   A．科学性　　B．针对性　　C．客观性　　D．规律性
9. 下列不属于分析研究材料时的综合议论过程的一项是（　　）。
   A．由此及彼　　B．由现象到本质　　C．由因及果　　D．由表及里
10. 下列不属于调查报告写作结构的是（　　）。
    A．总—分—总结构　　　　　B．横式结构
    C．纵横式结构　　　　　　　D．纵式结构
11. 下列调查报告的标题属于公文式写法的有（　　）。
    A．《从储蓄变化看启动市场》
    B．《××市私营企业的考察报告》
    C．《2006年广州大学毕业生就业现状调查》
    D．《关于××市××厂倒闭的情况调查》

二、多选题

1. 下列文种与调查报告有交叉关系的是（　　）。
   A．计划　　B．总结　　C．新闻　　D．广告
2. 调查报告正文常用的结构方式有（　　）。
   A．纵式结构　　B．横式结构　　C．纵横式结构　　D．递进结构
3. 《依靠科技进步建设一流企业》这篇调查报告属于（　　）。
   A．经验调查　　B．问题调查　　C．情况调查　　D．典型调查

三、作文题

针对大学生关心的热点问题，拟写一份调查报告。

第三节　决策方案

一、例文评析

【例文】

处理××车间闲置厂房设备的决策方案

目标：××车间尚有部分厂房、设备闲置未用，需要进行处理。拟从下面三种可能方案上选择一个经济效益最好的方案：①维护现状；②将由×厂供货的附件（A）改为自己生产；③把闲置的厂房、设备租给×厂使用，每月收取租金。

资料：①××车间每月需要附件（A）1万件，×厂供应价每件30元；②自己生产，每件成本价32元，其中，材料15元，工资8元，其他费用4元（包括投产后的资金占用费），厂房、设备折旧费5元；③把厂房、设备租给×厂，每月可收租金6万元，附件（A）仍由×厂按原价供应。

方案：关于××车间闲置厂房、设备的处理问题，提出以下可供选择的方案：①现状。除每月需支付购进附件（A）1万件的费用30万元外，还应支出可用而未用的厂房设备的折旧费5万元，共应支付35万元。②取消附件（A）的订货，改为自产。连折旧在内共需支出成本费32万元。③收取租金。×厂同意每月付租金6万元，扣除折旧费5万元，实际只比第一方案减少支出1万元。

比较：以上第二方案效益最高，比第一方案每月可减少支出2500元，全年共减少支出3万元。但第二方案还要相应增加××车间生产附件（A）的资金，而且取消订货也会给×厂造成生产安排上的困难。第三方案将会出现人员复杂的问题，会带来管理上的困难。

以上分析请领导决策时参考。

××车间管理小组
××××年×月×日

【评析】

这是一份简明规范的决策方案，可供借鉴。

标题由决策目标和文种组成。正文写了决策目标、依据资料、实施方案和比较论证。最后写了习惯结束语、具名、日期。全文语言简洁，概述清晰，让人一目了然。

二、必需知识

智囊团、咨询机构、秘书部门和有关管理部门，为了解决现实或未来的新的重大问题，围绕既定目标，依据科学资料，提出若干有价值的实施方案，经过论证举优，供领导决策时从中选择最佳的方案，这样写成的书面材料就是决策方案。它是决策者进行科学决策的依据，是决策程序中的一个重要环节。写好决策方案，对实现领导决策的科学化具有极大的推动作用。

决策方案的种类很多。按决策问题范围分，有宏观决策方案和微观决策方案；按决策问题性质分，有确定型、风险型、非确定型和竞争型等决策方案；按决策特点分，有突破性决策方案和追踪性决策方案。

三、拟写要点

关于决策方案的格式

决策方案没有严格、固定的格式，其成文都从如何便于解决问题来考虑，一般来说，包括标题、正文和结尾三个部分。

1. **标题** 常见的有两种写法。

（1）完整式标题。包括决策单位、目标和文种。如《××××厂扩建厂房的决策方案》。

（2）省略式标题。仅包括决策目标和文种。如《迅速处理柑橘积存问题的决策方案》。有时还冠以"关于"二字或加"报告"字样（呈报时用）。如《关于兴办养鸡场的决策方案》。

2. 正文 一般包括决策目标、依据资料、实施方案、比较论证四个要素。

（1）决策目标。是指决策所要解决的问题及其预期结果，目标要明确、具体、可行。在正文中写在开头，往往独立成段，作为决策方案的前言。写这一部分，首先要把问题产生的原因搞清楚，特别要找出问题的症结和关键，以便对症下药。

（2）依据资料。其中有与决策问题有关的历史和现实的数据资料、计划资料、市场调查及预测资料等。资料要全面充分，准确可靠。表述时可分条列项，或列表制图。

（3）实施方案。这是决策方案的主体部分。决策一般要提出有原则区别的多种方案，每种方案都应写清楚经济效益、社会效益及实施措施等。

（4）比较论证。要用合理的标准和科学的方法，实事求是地对各个方案的效益和风险进行分析、比较和论证，通过权衡利弊得失，从中选出最佳方案。

3. 结尾 包括习惯结束语、具名、日期。习惯结束语常用"以上方案，请领导裁决"、"请领导分析选择"、"以上分析请领导决策时参考"等。也有不加尾语的。有附件的，将附件写在尾语之后、具名和日期之前。

四、注意事项

通常是，秘书做方案，供领导选择。作为一个称职的秘书，应多做几个决策方案，以供领导选择。

综合训练九

一、单选题

1. 对自然状态出现的概率无法加以预测的决策方案是（　　）。
   A. 确定型决策　　B. 风险型决策　　C. 非确定型决策　　D. 竞争型决策
2. 决策方案的拟制阶段是指（　　）。
   A. 提出问题、搜集资料的过程　　B. 调查研究、分析预测的过程
   C. 综合评估、方案举优的过程　　D. 试验实证、普遍实施的过程

二、改错题

指出下列句子中使用不当的标点符号，并加以改正。

1. 决策方案报告的结尾包括习惯结束语，具名，日期。
2. 根据决策问题的性质分——有确定型；风险型；非确定型和竞争型……等方案。
3. 诺贝尔经济学奖获得者西蒙说："决策贯彻管理全过程，管理就是决策"。
4. 决策自古有之，诸葛亮"隆中对"而定三分、朱元璋采纳——广积粮、高筑墙、缓称王的建议而创立明王朝、孙膑为田忌赛马献策而胜齐威王……等等。都是名传千古，脍炙人口的决策 。
5. 三种方案，不管实施哪一种，都能"出产品"、"出效益"。只是第三种方案实施效果会更好些。

第四节　大事记

一、例文评析

【例文】

深圳市秘书学会大事记

2005年

12月5日，深圳市秘书学会正式成立。

2006年

2月，刊出《深圳市秘书学会通讯》第1期（创刊号）。

3～7月，相继走访深圳大学、深圳职业技术学院、深圳技师学院、中国（深圳）国际人才培训中心、深圳市个体劳动者协会、深圳市诚信联盟协会等单位，广泛调研，收集信息，取得经验。

10月25日，学会三位创始人专程赴穗走访广州秘书学研究会。

11月5日19：00，会长曾昭乐在中国成人教育协会南方教育中心报告厅向市民作题为《你想走上秘书职业的成功之路吗》的免费讲座。

11月28日，曾会长在《深圳特区报》"学海无涯"F2版发表《创建秘书就业通道》一文。

学会主动与中国成人教育协会南方教育中心合作，共同研究开发"董事会秘书"、"总裁助理"和"行政助理"三个新职业标准，并编制培训计划、教学大纲、教材、指导用书、鉴定题库和质量保障体系等系列配套工作。

2007年

7月3日，会长曾昭乐、常务副会长郑建文专程赴天津国家职业资格培训鉴定实验基地拜会国家项目部部长徐强，探究上述三个秘书新职业研究开发有关问题。

7月5日，会长曾昭乐、常务副会长郑建文、高级顾问孙万镇亲自走访教育部高等教育学会秘书学专业委员会。深圳市秘书学会以团体会员名义正式加入中国高等教育学会秘书学专业委员会，积极推出《中国秘书专业资格证书》。该证书由教育部高等教育学会策划，秘书学专业委员会组织实施和颁发。

7月24—29日，会长曾昭乐、常务副会长郑建文、副会长兼秘书长张昆、高级顾问孙万镇赴广州参加中国高等教育学会秘书学专业委员会2007年学术年会暨第三期考评员（考官）培训班。7月28日，教育部高等教育学会秘书学专业委员会正式批准深圳市秘书学会为《中国秘书专业资格证书》在深圳市设立的唯一考培点。

9月5日，学会三位创始人专程赴穗走访广东工程职业技术学院，汲取经验。

10月10日，深圳大学校长章必功正式批准深圳市秘书学会携手深圳大学文学院、成人教育学院联合推出《中国秘书专业资格证书》认证培训。

10月17日上午，会长曾昭乐、常务副会长郑建文应清远职业技术学院之邀，出席了该院经济管理系专业指导委员会成立大会，并分别被聘为（商务）文秘专业指导委员会的副主任委员和委员。

11月2日，学会与深圳大学成教学院签订了合作办学协议，其工作职责是，原则上由深圳大学成教学院负责承担招生宣传、教学管理、组织报考和考务、收费；深圳大学文学院主要承担教学工作并配合宣传；学会主要负责与教育部高等教育学会秘书学专业委员会的联系和协调，并提供教材，组织考试、评审、颁证等工作。

12月8日下午，教育部高等教育学会秘书学专业委员会副会长郝银奎、副秘书长兼办公室主任王振祥在广东工程职业技术学院办公室主任王世海陪同下莅临深圳，下榻深圳迎宾馆，参观深圳大学成教学院。王庆国院长接待，并引领参观电脑室等教学设备。

12月8日晚，学会在深圳迎宾馆宴请郝银奎、王振祥、王世海等。赴宴的领导和嘉宾还有市社科联科研学会处副处长何国勇，深圳大学文学院黄永健、曹清华老师等。

12月9日上午，郝会长等考察了深圳市秘书学会挂靠单位——深圳市电子技术学校。座谈期间，郝、王两位领导听取了曾会长的工作汇报和电子学校办公室副主任张绍辉代表学校所作的情况介绍。

12月14日晚19：00曾会长应深圳大学文学院学生会的邀请在文科楼H3·104作题为《创建秘书就业通道，走上秘书成功之路》的公益讲座，并当场回答学生的提问。

2008年

4月2日，会长曾昭乐出席了与深圳大学成教学院合办的《中国秘书专业资格证书》认证培训班任课教师备课会，并作了重要讲话。

5月9日，会长曾昭乐出席了深圳市社科联等单位在图书馆五楼举办的新闻发布会。

5月10日，应深圳大学学生邀请，我学会黄永健教授代表深圳市秘书学会作公文写作知识公益讲座。

7月2日，会长曾昭乐与常务副会长郑健文参与了在深圳市图书馆中心举行的中宣部理论局的赠书活动。

7月22日，会长曾昭乐与深圳大学艺术学院黄永健教授商议联合举办公文写作讲座有关事宜。

7月29日，会长曾昭乐与深圳大学成教学院周奇新老师商谈《中国秘书专业资格证书》认证培训调整收费标准有关事宜。

7月下旬，常务副会长郑健文参与《深圳民政30年》的审定工作。

7月下旬，会长曾昭乐与常务副会长郑建文为《深圳市社会组织党建工作调研》课题做了大量前期工作，获得了有关部门的肯定。

上半年，常务副会长郑健文被聘为省基层组织选举观察员，参与了省市两级培训和5个社区的选举活动，并被评为省优秀选举观察员。

9月，刊出《深圳市秘书学会通（简）讯》第三期。

9月22日，会长曾昭乐与深圳市专家工作联合会副秘书王红商谈有关合作事宜。

9月23日，会长曾昭乐与深圳市科技信息培训中心主任汪克非商谈联合办班有关事宜。

2009年

2月18日，与深圳大学成人教育学院签订《联合办学补充协议》。

从2009年1日起，允许我会根据需要再设其他培训点和考点。

3月24日，会长曾昭乐参加市社科联第三届第十一次主席团会议暨学会工作会议。

3月31日，会长曾昭乐参加深圳市文化大讲堂新闻发布会。

5月8日上午10：30，会长曾昭乐、常务副会长郑健文、秘书长张昆讨论与深圳职业技术学院合作办班有关事宜。

6月，会长曾昭乐编著的《现代公文写作》（第四版）由中山大学出版社出版（共29万字，21次印刷，总印数达131000册）。

7月19日，签订与深圳职业技术学院合作办班协议。

7月17日，会长曾昭乐、常务副会长郑健文参加社会科学普及周新闻发布会。

12月7日下午，会长曾昭乐、常务副会长郑健文参加在市图书馆五楼举办的文化部颁奖仪式。

12月18日，会长曾昭乐、常务副会长郑健文、秘书长张昆参加市社科联在五洲宾馆举办的首届学术文化与城市软实力研讨会。

【评析】

这是一份综合性大事记，以年度为编写单元。事项线索清楚，简明扼要。语言直截了当，简洁凝练。采用记叙体裁，简要记载事件，未作任何评论。

二、必需知识

大事记要按照时间顺序记录一个特定空间（或国家或地区或行业或企事业单位等）所发生的大事、要事以供日后查考的实录性文书，也是编纂资料、查证历史、总结工作的重要线索和依据。

大事记的种类很多，按记载内容分，有政治大事记、经济大事记、军事大事记、文教大事记等；按选材范围分，有综合性大事记和专题性大事记；按编写时间分，有即时性大事记和追记性大事记。

大事记是日常管理工作的重要查考依据，具有重要的史料价值和拾遗补缺的功能。它具有记录事项的时序性、记录内容的现实性、记载范围的全面性和保存要求的永久性的基本特点。

三、拟写要求

大事记的结构由若干事件材料集合而成，与普通公文不同，其整体结构一般由标题、时间、记录事项三个部分组成，其中记录事项是核心要素，应按相对统一的标准选择。

四、注意事项

编写大事记，要注意客观准确、系统完整、条理清晰、简明扼要、专人负责。

综合训练十

评改题
请指出下列大事记的主要毛病,并予修改。

大事记

3月3日,县长×××等领导人为了进一步开展统战工作,加强与海外人士的广泛联络,吸引更多的外资以发展本县经济,在县政协会议室亲切接见本县旅台同胞回来探亲的×××、××,同他们进行了热烈友好的交谈,并设宴招待了他们。他们相信这次会见能有利于联络广大本县籍海外人士振兴本县经济。

5月5日,最近一段时间以来,本县各行业刮起一股强烈的涨价风,群众意见很大,县政府召开各乡镇主要负责人及有关部门领导参加的会议,强调刹住乱涨价歪风的重要意义,决定在全县开展物价大检查活动。希望通过这次活动能刹住这股歪风。

9月9日,由于当天是中秋节,又逢城镇墟期,上午8时阳河大桥发生严重塞车事件,往来车辆相当多。那些客车、货车、机动三轮车都趴在桥上不动了,导致东、西、南三条交通线受阻。这一塞车事件惊动了县交通、交警、公安等部门,他们立即动员,出动了数十人奔赴现场指挥交通。到下午4时,各路车辆才缓慢通过大桥。交警、公安部门表示以后加强警力指挥车辆通过大桥,以免类似的事件发生。交警、公安部门及时处理塞车事件的行动得到广大市民的赞扬。

第三章 日常文书

第一节 会议文书

一、开幕词 闭幕词

（一）开幕词

1. 例文评析

【例文】

广东省写作学会第十二届学术年会开幕词
（2006年12月23日）
浦丽田

尊敬的李副市长、尊敬的来宾、参加学术年会的会员：

上午好！

广东写作学会第十二届学术年会在江门市召开，得到了江门市领导和贵宾的关心和帮助。今天李副市长和各位来宾还牺牲了宝贵的休息时间，莅临年会，参加开幕式和指导工作，我们衷心感谢！对参加年会的会员，我们表示热烈的欢迎！

省写作学会成立20多年来，坚持每两年召开一次学术年会，研讨写作理念与教学问题，为全省教育同行提供了交流信息、切磋学术的平台。这是一件很有意义的事情，我们应当坚持下去。

大学的写作教学，包括文学创作和应用写作。20世纪80年代上半叶，偏重于文学写作教学，下半叶到现在则主要进行应用文教学，这是社会的需要、时代的需要。一个大学毕业生不懂得写应用文，学习、生活和工作都会碰到困难。此外，社会的发展，应用文也出现了许多新文种，例如申论、述职报告以及举办外资企业的文件等，都需要我们研究。因此，这次学术年会研讨当代应用文写作的创新与发展，探索当代写作如何为构建和谐社会服务，是很有意义的。希望这次年会，开成一个有学问的年会，有学术水平的年会，卓有成效的年会，为今后的写作教学和研究提供参考价值的年会。

还有几天，新的一年——2007年就要到来了。预祝大家身体健康，教学科研双丰收，家庭幸福美满！

谢谢大家！

【评析】

这是一篇写得很有特色的开幕词。标题是会议全称＋开幕词。标题下面注明开会时间，再下面是宣读人的姓名。正文开头部分在称呼语之后，即宣布会议开幕。主体部分首先感谢、欢迎嘉宾和会员，接着提出会议任务，阐明会议意义，提出希望和要求。结尾部分表示了祝愿，充分调动了与会者的积极性。

2. 必需知识 开幕词是党政机关、企事业单位和群众团体的领导人在隆重大会举行时所作的带有提示性、方向性、指导性的讲话。它是会议的序曲和基调。开幕词要紧扣会议的主旨，介绍参加会议人员的出席情况，说明会议召开的背景、目的、任务、意义及对会议提出的希望和要求。

3. 拟写要点 开幕词的写法没有固定的格式，一般由标题、正文两部分组成。

关于标题。常见的有以下三种形式：

（1）会议全称+开幕词。标题下面注明开会时间，外加圆括号。再下面是宣读人的姓名。如：

中国共产党第十二次全国代表大会开幕词

（××××年×月×日）

邓小平

（2）把致开幕词的领导人姓名写进标题，标题下面注明开会时间。在报刊上发表时多使用这种标题。如：

×××同志在省社联

第二次代表大会的上开幕词

（××××年×月×日）

（3）新闻式标题——正副题结合式。如巴金所作的：

我们的文学应站在世界的前列

——中国作家协会第四次会员代表大会开幕词

关于正文。包括开头、主体和结语三个部分。

（1）开头。在称呼语之后，用简短、有鼓舞性的语言宣布大会开幕。

（2）主体。介绍参加大会的领导和各单位的来宾，通报到会代表人数和团体名称，回顾过去的工作、成绩、经验及教训，提出本次会议的主要任务（议题和议程），阐明会议的意义并做出预示性的评价，提出对与会者的希望和要求。

（3）结语。一般只用一句话作结，如"预祝大会圆满成功"；也有以会议号召作为结语的。文字要高度概括、集中；要带有号召力、鼓动性、预祝性，以充分调动与会者的积极性，使会议圆满成功。

4. 注意事项 写作时要注意开幕词的性质（会议的序曲和基调）及其作用（提示性、方向性和指导性）。

（二）闭幕词

1. 例文评析

【例文】

邓小平同志在党的

十一届六中全会闭幕会上的讲话

（1981年6月29日）

我确信，我们这次全会解决的两个问题，解决得非常好。第一个，就是关于建国以来党的若干历史问题的决议,真正是达到了我们原来的要求。这对我们统一党内的思想有很重要的作用。当然,胡耀邦同志说,统一思想还要一年的工作。但是,今后,作为一个共产党员来说,要在这个统一的口径下来讲话。思想不通,组织服从。相信这个决议能够经得住历史考验。

……

我们这次全会对这么两个重大问题采取重大的决策,做出重大的选择。我们相信,这个重大的决策,重大的选择,是正确的。所以,我们这次全会的意义是非常重大的。公报已经表明了这一点。我们这次会议真正是胜利地完成了自己的任务。

同志们还有什么话没有?如果没有,我们就宣布第六次中央全会胜利闭幕。

【评析】

这篇闭幕词开门见山,简洁明快,文风端正,印象深刻。

2. **必需知识** 闭幕词是党政机关、企事业单位和群众团体的领导人在举行隆重大会时所作的带有总结性、评价性的讲话。它是大会的结束语,其内容一般为概括大会所完成的任务,对大会所解决的问题进行评价,对大会的经验进行总结,对贯彻会议精神提出要求和希望。

3. **拟写要点** 闭幕词的结构形式与开幕词基本相同,也是由标题与正文两部分组成。

(1) 标题。与开幕词的标题基本相同,一般也是三种标题形式,只是在会议全称后面加"闭幕词"。

(2) 正文。开头包括称谓、简述大会议程及有关报告人所讲述的中心重点、肯定大会的成绩或收获,主体包括总结大会所通过的主要内容、基本精神以及提出今后贯彻执行的要求,结尾包括提出号召、希望和表示祝愿的话。

4. **注意事项** 闭幕词是大会的结束语。写作时要注意其总结性与评价性。

综合训练十一

一、多选题

1. 开幕词主体部分一般包括（　　）。
 A. 阐明会议指导思想　　　　B. 强调会议意义
 C. 交代会议议项、议程　　　D. 介绍会议任务
2. 闭幕词主体部分一般包括（　　）。
 A. 评估会议成绩　　　　　　B. 强调会议通过的主要内容
 C. 总结会议经验　　　　　　D. 提出贯彻执行要求

二、评析题

请搜集你认为高水平的开幕词、闭幕词一篇,并分析其结构和语言特色。

二、讲话稿　汇报提纲

（一）讲话稿

1. 例文评析

【例文】

深圳市社会科学联合会原副主席郭祥焰同志
在深圳市秘书学会成立大会上的讲话
（2005年12月15日）

陈主席、会长、副会长：

深圳市秘书学会经过一段时间的筹备，今天正式成立，我代表深圳市社会科学联合会对学会的成立表示热烈的祝贺。秘书学会的成立为深圳市社会科学队伍增添了新的血液。对秘书学会筹备组所付出的辛勤劳动表示衷心的感谢！

秘书学会是社会科学的重要分支之一。以下我就社会科学的地位、作用和学会今后如何运作谈几点意见。

首先，社会科学的地位和作用越来越受到国家领导人和各级党政部门的重视，认为社会科学是一个国家综合国力的重要组成部分，它的水平和标准是一个国家综合国力的标志之一。

其次，提几点希望。首先，希望我们学会成立之后，要开展活动。现在深圳的学会是这样的一个状况：两头小中间大。刚成立的时候轰轰烈烈。在各个学会运作过程中运作得好的有一部分，表现不好的也有一部分。所以，学会成立以后要开展活动。活动的内容是非常广泛的。社会团体有三性：学术性、群众性、非营利性。非营利性并不等于有偿活动不能开展，而是应该根据政策、法规来开展活动，以文养文。此外，学会成立以后要遵照条例如《民间社团管理条例》，规范运作。

再次，希望学会在实践当中，按照学会的宗旨进行学术研讨、学术交流等等。在经济许可的情况下不仅可以进行国内的交流，还可以进行国际的交流。这样可以增长我们的见识。

最后，希望秘书学会在今后的工作中，做到出成绩、出经验、出理论、出人才。社会科学联合会也将尽自己所能支持秘书学会的工作。

【评析】

这是一篇中心突出、逻辑严密、层次清楚、语言简洁的讲话稿。首先对深圳市秘书学会的成立表示祝贺；接着谈了社会科学的地位和作用；最后对学会提出了三点希望。言简意明，印象深刻。

2. 必需知识　讲话稿是讲话者在会议上，运用口语，借助表情手势，郑重地系统地发表意见和主张，进行宣传和鼓动工作的讲话文稿，具有交流思想、汇报情况、报告工作、宣传党和国家的方针政策、教育动员群众等作用。它最突出的特点是口头性与面对性。随着现代化建设事业的发展，人们日常交往和交流会愈来愈频繁，某些文字表达要被"说"来取代，对"听"和"说"能力的要求将愈来愈高。要使讲话效果好，就要先有准备，先写好讲话稿。所以，懂得讲话稿的写作，写得出好的讲话稿，这是一个管理人员应具备的能力。

3. 拟写要点　讲话稿的写作要求是：①了解听众，有的放矢；②观点明确，富有新意；③说理辩证，令人信服；④感情浓厚，感染听众；⑤语言通俗，形象生动。

讲话稿的一般格式包括标题、开头、主体和结语。

（1）标题。由事由和文种组成，主要写明某人在什么会上的讲话。如：

邓小平同志在党的理论工作务虚会上的讲话
（一九七九年三月三十日）

还有一种正副标题结合式标题，正题阐明讲话内容，副题说明在什么会上的讲话，副题下面注明讲话的时间。如：

调整国民经济改革经济管理体制
——李先念在中央工作会议上的讲话
（一九七九年四月五日）

（2）开头。首先，顶格写称谓。然后，另起一行，对讲话的内容作简要概括，使听众很快抓住讲话要领。

（3）主体。这是讲话的重点部分，要中心突出，层次清楚，便于听众掌握要点。一般采用三种结构形式：一是条陈式；二是层递式；三是对比式。

（4）结语。为了使听众对全部讲话内容有清晰、完整、深刻的印象，结语应对主要内容加以概括、小结。一般用表示祝愿、感谢或希望、号召之类的词语来结束讲话，让人听起来精神振奋，余味无穷。

4. 注意事项　写作讲话稿要注意五个"性"：①听众——针对性；②观点——创新性；③说理——辩证性；④感情——感染性；⑤语言——口语性（生动性）。

（二）汇报提纲

1. 例文评析

【例文】

中共深圳市委党校工作汇报提纲
（××××年××月××日）

一、概况

建校时间；校园面积；校舍建筑面积；教学场所；学员宿舍；餐厅；队伍建设；开办班次；共培训干部人次；科研成果；《特区理论与实践》杂志。

二、近年来教学、科研工作的做法和体会

（一）适应形势发展需要，改革教学内容

1. ××××年初，以《建设有中国特色社会主义学习文选》为主课教材，实现了党校教学内容由"老五门"为主向有中国特色社会主义理论为主的转变。

2. ××××年初，建立了三个方面23个教学课题系列，使党校的教学内容更加贴近理论联系实际的原则要求和改革开放的现实。

3. 从××××年9月份起，共开办了"社会主义市场经济条件下的法制建设研讨班"11期（每期三周时间），推动了全市党员干部对社会主义市场经济理论的学习。

（二）坚持理论联系实际，改革教学方法

主要抓了"三个联系"与"三个结合"。

1. "三个联系"。

（1）联系国际国内形势的大背景、环境和干部思想变化开展理论教育。

（2）联系深圳特区改革开放的实际开展理论教育。

（3）联系干部的思想实际开展理论教育。

2. "三个结合"。

（1）课堂讲授与自学研讨相结合。

（2）校内学习与校外调查相结合。

（3）学习理论与增强党性相结合。

（三）立足提高教学质量，改进教学的组织与管理

1. 实行教学、科研和社会调查"三位一体"的教学管理体制。

2. 把竞争机制引进教学组织工作，在校内实行课题招标。从"要我讲"转变为"我要讲"，授课质量普遍有了明显提高。

3. 对每个课题都采取了"一人主讲，全室（全体教研室人员）参与"的方法。

4. 把重视和加强科研工作当做提高党校教学质量的基础环节来抓。

三、贯彻落实全国党校工作会议精神，深化党校改革的措施

1. 把贯彻全国党校工作会议精神作为党校工作发展的一个契机，积极推进党校改革。

2. 学习贯彻全国党校工作会议精神，确定深化改革思路。

3. 进行广泛的调查研究，反复论证、修改，最终形成《中共深圳市委党校在新形势下深化改革的方案》。

（1）确定党校改革的指导思想。

（2）把市委党校建设成为我市"一校三院"的多功能、综合性的干部教育基地。

（3）通过转变和扩大教研部（室）的功能，实现教学科研一体化，从根本上解决理论脱离实际的问题。

（4）努力造就一支高素质的师资队伍。

1）改善师资队伍结构。

2）全面提高现有教师的素质。

3）开辟和拓宽对外交往的渠道，适当安排教师参加境内外学术交流活动和考察进修。

（5）从教学、科研、机构人事和后勤等方面采取积极有效的措施推进整体改革。

4. 7月下旬，在参加广东省党校工作会议期间，就如何贯彻落实中央和省两级党校工作会议精神做出部署。

5. 制定深圳市各级党政干部和经济管理人员培训的规定和1995—2000年深圳市干部培训总体规划。

6. 正式增设"深圳经济管理学院"。

7. 在制订深化改革方案的同时,教学、科研、机构人事和后勤的各项改革措施已逐项落实,分步实施。

8. 召开市委党校工作协调会,统筹解决党校工作的各种实际问题。

【评析】

这份汇报提纲是深圳市委党校向广东省委党校和中央党校汇报的提纲初稿。汇报项目分三大部分:第一部分是概况;第二部分是近年来教学、科研工作的主要做法和体会;第三部分是贯彻落实全国党校工作会议精神、深化党校改革的措施。每一大部分又从不同侧面分成几个小部分。全文内容具体,中心突出,条理清楚,纲目分明,事例典型,有理有据。

2. **必需知识** 汇报提纲是向上级汇报、向下级传达时所拟的内容大纲或问题提要。它实际上是汇报发言的简化,使汇报言之有理、言之有序、言之有据,让听者容易掌握要点,获得鲜明、突出的印象。它有简略式和详细式两种。

3. **拟写要点** 汇报提纲的结构一般由标题、前言和主体三部分组成。

(1) **标题**。基本形式有两种:一是标明汇报提纲的基本内容,然后用副标题写明谁向谁汇报(也有不写的);二是不标汇报内容,只标谁向谁汇报。

(2) **前言**。简介基本情况,提出总的看法。

(3) **主体**。这是中心和重点,要分条列项,详细陈述,如采取措施、具体做法、主要成绩、经验体会、存在问题、吸取教训等。

4. **注意事项** 拟写汇报提纲要注意掌握"简要清通"四字诀,即,要简明扼要,条理清楚,语言通顺。否则,对方听起来,就会不得要领,心烦意乱。

综合训练十二

作文题

运用讲话稿的写作知识,自选内容,自定标题,写一篇生动感人的讲话稿。

三、会议提案 会议报告

(一) 会议提案

1. 例文评析

【例文】

××市×届政治协商会议
第×次会议第××号提案
××××年×月×日

案由:切实加强对国营商店出租柜台的检查与管理提案。

提案人:×××

理由:我市国营商店有不少柜台租赁给个人经营。最近发现不少经营者经营思想不端正,常以次充好、以假乱真,漫天要价,坑害顾客,群众意见很大。如××路××商店出售的羊毛衫，有的是兔毛腈纶混纺，却标着"全羊毛"字样，要价65～75元一件。这种做法不但损害了消费者的利益，而且严重败坏了国营商店的声誉。

办法：①建议商业部门对出租柜台实行检查，加强价格管理；②设立消费者举报箱；③对弄虚作假者进行罚款，情节严重者应予取缔。

……

【评析】

这份提案写得很有特点：①案由单一、明确，且为群众关心之事。这就具有了群众监督的基础。②情况叙述三言两语，有根有据。③对危害性的分析，要言不烦，切中要害。④提出的三条措施，具体明确，切实可行。

2. 必需知识　会议提案通常是党政机关、企事业单位，群众团体在召开重大会议时，与会代表或下属单位用书面形式提交大会讨论决定的积极建议或意见。简而言之，提请非权力机构的会议讨论、处理的书面建议，称提案。

会议提案的自由提出和认真审议，是社会主义民主制度的生动体现，是人民当家作主的具体表现。实践证明，提倡群众学写提案，鼓励群众多写提案，有利于发挥群众的聪明才智，调动群众的社会主义积极性，保证社会主义现代化建设的顺利发展。

提案可分为政协会议提案与职代会提案。至于提交各级人民代表大会的提案，过去也称提案。自1983年第五届全国人民代表大会第五次会议后，一律改称议案。议案与提案有由权力机关与非权力机关审议之别。

3. 拟写要点　会议提案一般由案由、提案人、理由和办法四个部分组成。

（1）案由。类似于公文式的标题，写成"关于……的提案"，写明提案的具体意见或建议。要写得简明扼要。如果提案被采用，则由主管部门在它前面加上编号。如"××市××机构厂职工代表大会第××次会议第××号提案"。

（2）提案人。在"案由"下一行写上提案人及其附议人的姓名（自己签名）。如果是以集体的名义写的提案，要写出单位的全称。提案人、附议人的姓名或单位名称也可以写在文末，并写明日期。

（3）理由。这是提案的主要部分。一般是列举事实，指明性质，强调解决问题的必要性。应做到：语言中肯，讲究分寸，理由充分，实事求是。

（4）办法。拟出实现所提意见或建议的具体办法和措施。办法要具体明确、切实可行。表述要言之有序，可分条写出，也可分层叙述。要一事一案，以便有关方面的及时处理。

4. 注意事项　应注意采取各种措施提倡群众学写会议提案，鼓励群众多写会议提案，以利于发挥群众的聪明才智，调动群众的社会主义积极性，促进社会经济的科学发展。

(二) 会议报告

1. 例文评析

【例文】

政府工作报告（摘要）

——××××年×月×日在深圳市第一届
人民代表大会第六次会议上

市长 厉有为

各位代表：

我代表市人民政府向大会作政府工作报告，请予审议，并请政协各位委员和其他列席人员提出意见。

一、一九九三年工作的基本回顾

1993年，在邓小平同志视察南方重要谈话和党的十四大精神指引下，我市广大干部群众继续发扬敢闯精神，抓住机遇，奋发进取，推动各项工作向新的台阶迈进。国民经济继续保持快速健康发展的好势头，改革开放有新的突破，科技、教育、文化等各项社会事业取得新的成就，人民生活水平进一步提高。

（一）国民经济持续快速健康发展，经济实力增强

（二）基础设施建设取得重大进展，投资环境明显改善

（三）改革开放取得新突破，建立社会主义市场经济体制的步伐加快力度，各项改革有新突破：

1. 建立现代企业制度和转变政府职能取得新进展。
2. 对内对外开放和外引内联取得新成果。
3. 市场体系进一步发育完善。
4. 立法工作成绩显著。
5. 社会保障服务体系不断完善。

（四）精神文明建设和各项社会事业取得新的进步，人民生活水平继续提高

（五）勤政廉政建设进一步加强，机关作风得到改进

二、一九九四年的工作目标和任务

今年重点抓好以下几项工作。

（一）优化产业结构，提高经济效益

1. 大力发展高新技术产业和先进工业。
2. 大力发展第三产业，认真实施我市第三产业发展纲要。
   （1）全面实施外贸市场多元化战略。
   （2）完善零售和批发相结合的市场网络。
   （3）扩大保税生产资料市场和期货市场。
   （4）抓好旅游资源开发。
3. 大力发展"三高"和创汇农业。
4. 狠抓扭亏增盈工作。

(二) 加快基础设施建设，完善城市功能

今年我市确定重点建设项目30个，其中续建16个，新开工14个，投资55.1亿元。我们要以建设现代化、国际化城市为目标，从今年起重点抓好五个网络建设：

一是建设快速、畅通、高效的立体交通网络。

二是建设东西中纵横贯通、互为调节的供电水网络。

三是建设安全畅通、抗灾力强的防洪排涝网络。

四是建设适当超前、供应充足的供配电网络。

五是建设快捷、灵便的现代化通讯网络。

(三) 深化改革，加快建立社会主义市场经济体制的步伐

1. 加快建立现代企业制度。

2. 稳步推进金融体制改革。

(1) 拓展金融市场。

(2) 发展金融机构。

(3) 加快金融机构改革。

(4) 完善证券市场管理体制。

3. 确保财税体制改革顺利实施。

4. 发展完善市场中介组织和社会保障制度。

(四) 扩大对内对外开放，形成更加开放的新格局

在全国新的改革开放形势下，深圳要继续保持先行一步的优势，必须进一步扩大对内对外开放的广度和深度，形成高层次、宽领域、纵深化的对外开放的新格局。

1. 加强和完善一、二线管理，争取实施保税区政策。

2. 改革口岸管理体制。

3. 扩大引进外资的规模和领域，提高利用外资的档次和水平。

4. 依托广东，依托全国，加强与内地经济联合。

(五) 加强精神文明建设，推动社会全面进步

抓好"四项基础教育"和"五项文明建设工程"。四项基础教育是：科学文化知识教育；爱国主义、集体主义和社会主义教育；社会公德、职业道德、学生品德和家庭伦理道德教育；法律教育。五项精神文明建设工程是：交通、邮电、旅游、商业等"窗口"行业的文明建设；边境线和特区管理线的文明教育；文明单位、文明户、文明市民的评选活动；拥军优属、拥政爱民和军警民共建精神文明活动及社会治安综合治理。

1. 加强社会科学理论研究。

2. 发展教育事业。

3. 繁荣文化事业。

4. 做好医疗卫生保健工作。

5. 加强体育工作。

6. 抓好计划生育。

(六) 加强民主与法制建设，巩固发展安定团结的局面

1. 抓紧制定与完善各项法规和规章。

2. 健全民主监督机制。
3. 抓好社会治安综合治理。
4. 搞好城市管理和环境保护。
5. 加强安全生产管理。

（七）关心群众切身利益，提高人民生活水平

首先，抓好"菜篮子"工程。

其次，加强市场管理，稳定物价。

最后，抓好住宅建设，缓解住房紧张状况。

（八）加强机关建设，建立勤政廉政的公务员队伍

1. 深入开展反腐败斗争，巩固和发展反腐败斗争的成果。
2. 切实转变领导作风，抓好各项工作的落实。
3. 全面实施公务员制度。

各位代表，过去的一年我们克服了重重困难，取得了可喜的成绩。新的一年我们面临着更加艰巨的任务。让我们在党的基本路线指引下，同心同德，团结一致，奋发努力，锐意进取，全面完成和超额完成今年的各项任务！

【评析】

这份会议报告的正文，包括开头、主体和结尾三个部分。开头部分，称谓后，先说明代表什么机构向大会报告。主体部分，写了两个大问题：一是×××年的基本回顾；二是×××年的工作目标和任务。结尾部分，高度概括了报告精神，发出了强劲有力的号召。

2. **必需知识** 会议报告是指在各种会议上领导同志所作的报告。它概括了会议的主要内容，决定着会议的质量和效果，是贯彻落实会议精神的重要依据。

3. **拟写要点** 会议报告一般由标题、正文两部分组成。现分述如下：

（1）标题。一般有两种写法。

1）新闻式标题。这类标题往往由正题和副题组成。如党的"十二大"报告，正题为"全面开创社会主义现代化建设的新局面"，副题为"在中国共产党第十二次全国代表大会上的报告"，最后署上报告人的姓名。

2）公文式标题。这类标题由机关名称或报告人姓名、事由和"报告"组成。如《××同志关于当前经济形势的报告》。

（2）正文。包括开头、主体和结尾。

1）开头。称谓后，通常有一段导语。如果是代表大会，应该先说明代表什么机构向代表大会作报告，从而引出报告的实质性内容。其他会议，一般也要指出召开会议的历史背景、会议的指导方针和主要任务。

2）主体。这是会议报告的核心部分，其写法决定于会议的内容。如代表大会报告的主体一般要写以下几项内容：上次代表大会以来的工作情况；前段工作的主要体会；今后的任务和奋斗目标；实现奋斗目标的具体措施；等等。其他会议的报告主体部分的写法更加灵活。如业务工作会议报告，一般是围绕中心工作，分析形势，交代任务，提出贯彻落实会议精神的具体措施和要求。

3）结尾。要站在时代高度，概括报告精神，指明指导思想，发出强劲号召。

4. **注意事项** 作为一个称职的秘书，应注意在写作实践中，逐步学会写出领导满意的会议报告。

综合训练十三

作文题

假如你是某会议报告写作组的成员，你应准确领会领导的意图，选择优秀会议报告作为范文，充分掌握材料，写出领导满意的会议报告。

四、会议记录

（一）例文评析

【例文】

深圳市秘书学会向挂靠单位
电子技术学校通报工作会议记录

时间：2007年6月7日上午10：30

地点：深圳市电子技术学校13楼会议室

出席人：曾昭乐　郑建文　裘一民　张　昆

主持人：曾昭乐

记　录：张　昆

议题：秘书学会向挂靠单位电子技术学校通报工作

一、曾会长通报工作

1. 学会成立以来的主要工作。学会于2005年12月成立以来，在电子技术学校的一贯支持下，做了如下主要工作：①出版了《深圳市秘书学会通讯》一期；②共发展了近200名会员；③与中国成人教育协会南方教育中心合作，共同参与研究开发国家劳动和社会保障部《国家职业资格培训鉴定实验基地》"董事会秘书"、"总裁助理"和"行政助理"三个新职业；④健全组织，召开了第一届常务理事会；⑤为市民举办《你想走上秘书职业的成功之路吗》的免费讲座等。

2. 2007年下半年的主要工作。①继续发展会员，健全组织；②继续刊出《深圳市秘书学会通讯》；③举办学术活动（含学术沙龙）；④继续做好秘书培训的各项准备工作；等等。

3. 工作建议。由于经费困难，许多工作只好由三位创始人垫资方能艰难开展。电子技术学校借予的3万元开办费不敢轻易花费，甚至学会财务也只好委托中国成教协会南方教育中心代理。因此，希望学校继续予以支持：①学校借予的3万元开办费是否可以作为"支持"免于归还；②本学会的财务工作能否由学校代理；③能否与学校培训中心合作，开展培训工作。

二、裘一民校长发言

鉴于秘书学会正处于起步阶段，本着挂靠单位予以支持的精神，学校做出如下安排：①在目前情况下，学会的财会工作可由学校代理；②学校借予的3万元开办费，学会认为有必要又是合乎程序的开支，在3万元的额内予以开支；③学会的培训工作委托学校培训中心进行。

散会。

【评析】

该会议记录基本项目完备具体，会议内容线索清楚，记录语言简洁流畅，基本反映了会议风貌。

（二）必需知识

会议记录是反映会议组织和会议内容的会务文书，是会议的原始记录，是一种文书档案资评，它经主持人审阅、记录员签字后，可作为查证事实的凭据。

（三）拟写要点

会议记录的结构，一般包括会议的组织情况和会议内容两个部分。

1. 会议的组织情况

一般包括：①会议的名称和次数；②时间；③地点；④出席人；⑤缺席人（如果是大型会议，缺席人数比较多，可只写缺席的人数）；⑥列席人；⑦主席或主持人；⑧记录（写上具体姓名）。上述情况都要在主持人宣布开会之前写好。

2. 会议的内容

这是会议记录的主要部分。记录方法有两种：

（1）摘要记录。只记会上报告了什么事情，讨论了什么问题，通过了什么决议。

（2）详细记录。要把每个人的发言（有详细书面发言稿者除外）都记下来。

这两种记录方法各有优点，采用哪一种记录方法，要根据会议的性质、目的、要求及讨论的问题来决定。

会议结束，记录完了，另起一行写"散会"两字。

会议记录与会议纪要都源于会议，同属于实录性文书，但二者的区别有五点：①性能不同。会议记录是会务文书，侧重于发挥原始凭证作用；会议纪要则是国家法定公文，具有现实执行的效用和约束力。②内容不同。会议记录强调"原始"和"翔实"，而会议纪要则是有选择的，强调"系统"而"简要"。③表现形式不同。会议记录的格式由单位自定；会议纪要则要有规范的格式要求，并且与其他公文略有不同。④表达方式不同。会议记录要尽可能保持"原汁原味"；会议纪要则采用记叙为主、说明为辅的形式，简要反映会议的主要精神和议定事项。⑤利用方式不同。会议记录不对外公开，只作为档案资料保存；会议纪要则作为附件随文对外发布。将会议纪要发给下级时用通知，标题为《关于下发××会议纪要的通知》；发给上级时用报告，标题为《关于报送××会议纪要的报告》；发给内部各部门时，直接在文尾部分注明即可。

（四）注意事项

务必注意会议记录的真实性。记录员只有如实记录的权利，不能进行增删、加工和提炼。

综合训练十四

一、单选题

1. 会议记录漏记的内容可以根据（　　）在会后进行补充修正。
   A. 记录员的记忆　　　　　　　　B. 录音
   C. 与会者笔记　　　　　　　　　D. 主持人的意图
2. 会议记录开头的会议描述部分应包括（　　）。
   A. 会议类型　　　　　　　　　　B. 会议过程
   C. 主持人姓名　　　　　　　　　D. 记录员姓名
3. 会议记录中，主持人和记录人的签字应放在（　　）。
   A. 标题左下方　　　　　　　　　B. 标题右下方
   C. 结尾左下方　　　　　　　　　D. 结尾右下方

二、多选题

1. 会议记录原稿通常要（　　）。
   A. 予以销毁　　　　　　　　　　B. 统一编号
   C. 进行复制　　　　　　　　　　D. 装订成册
2. 会议记录的特点是（　　）。
   A. 真实性　　　　　　　　　　　B. 资料性
   C. 简略性　　　　　　　　　　　D. 灵活性
3. 会议记录必须做到（　　）。
   A. 准确　　　　　　　　　　　　B. 完整
   C. 简洁　　　　　　　　　　　　D. 条理清楚
4. 为了做好会议记录，秘书要（　　）。
   A. 了解公司业务情况　　　　　　B. 掌握专业领域的基本术语
   C. 利用录音机做辅助记录　　　　D. 随时做好对记录的修改工作
5. 会议记录的特点包括（　　）。
   A. 指导性　　　　　　　　　　　B. 论述性
   C. 真实性　　　　　　　　　　　D. 资料性
6. 会议记录应（　　）。
   A. 将会议内容一字不漏地记录下来　B. 长期保存
   C. 由专人负责保管　　　　　　　D. 统一编号
7. 会议记录要求准确无误，已经会议主席签名留存的会议记录，如果其中一位与会者指出了记录中的错误，正确的处理方式是（　　）。
   A. 不得再行改动　　　　　　　　B. 会议主席改动
   C. 记录员改动　　　　　　　　　D. 经会议批准改动

三、作文题

与会时，主动承担会议记录工作，以训练扎实的基本功。

第二节 考核文书

一、述职报告 考核材料

（一）述职报告

1. 例文评析

【例文】

我的述职报告

市委组织部：

我于去年5月份来黄石港区任党委书记兼区长。作为书记、区长的主要职责，一是领导一班人认真贯彻执行党的基本路线、方针和政策，结合本区实际搞好"两个文明"建设；二是用好管好干部，坚持任人唯贤，选优汰劣；三是当好"班长"，团结一班人，充分发挥每个人的作用。

根据以上职责，我做了如下工作：

一、结合本区实际，提出工作的指导思想。我来时，对区里工作心中无数。当时由于种种原因，区干部心不够齐，经济工作困难突出。针对现状，我组织、带领大家，走访基层，深入调查研究，提出了"统一思想，更新观念，顾全大局，加强团结，坚持改革，调整关系，向内使劲，对外搞活"八句话，并以此作为全区工作的指导思想，统一思想，理顺工作。

二、抓紧改革整顿，促进经济发展。针对我区企业有的"等饭吃"、有的濒临破产的现状，我与区委、区政府其他领导同志一起探讨和研究做出了如下决策：①撤销工业公司；②处理了亏损严重的二色织布厂，将其一部分转让给商场，一部分归并黄棉；③合并建筑公司；④转让玻璃厂；⑤合并童鞋厂和卫材厂。经过改革整顿，目前，我区的经济工作有很大起色，有几个企业已扭亏为盈，还有几个企业开始起死回生。去年全区总产值达5468.92万元，比前年增长了11.4%，其中工业总产值3631.25万元，比前年增长了16.86%。

三、认真贯彻党的十二届六中全会精神，加强社会主义精神文明建设。区委把这项工作摆到重要的议事日程上，进行了统一研究和部署。经过大家共同协作努力，取得了明显成绩：普法教育全市第一；计划生育是省市先进单位；还有文化教育、城管城建、民兵武装、社会治安等工作，也多次受到市领导的肯定和表扬。

以上是我过去一年里在工作上做出的一些成绩。当然也有不足之处，主要表现是"四多四少"，即开会多，深入调查少；听汇报多，帮助基层解决问题少；布置任务多，督促检查少；一般号召多，总结经验少。存在问题的主要原因是：求稳怕乱；对党的路线、方针、政策领会不够，加上对基层情况摸得不够准，所以开展工作顾虑多。

在新的一年，我要认真总结过去工作的经验教训，发扬成绩，克服缺点，为我区各项工作再上一层楼做出更大的努力。

黄石港区×××

××××年×月××日

【评析】

这是述职报告的正文。导言部分概述了现任职务、任职时间、岗位职责及总的评价；主体部分把履行岗位职责情况、突出性政绩和目标实现程序三者糅合在一起来写，概括成三个方面，既汇报了工作及其成效，也总结了经验；结语部分概述了存在问题，找出了原因，明确了今后的努力方向。不足之处是未写出改进措施。

2. **必需知识**　述职报告是干部在工作一定时间后，或在某一项工作完成后，汇报自己履行岗位职责、实现责任目标情况的公务文书，它有助于正确考核和评价干部，有助于提高干部素质和能力。

3. **拟写要点**　述职报告的基本格式包括标题、正文和落款三个部分。

（1）标题。可标为《述职报告》或《我的述职报告》。

（2）正文。由导言、主体、结语三个部分组成。

1）导言。概述现任职务、任职时间、岗位职责、工作目标及总的估价，以确定述职的范围和基调。

2）主体。阐明：①履行岗位职责情况——工作、成效、经验；②突出性政绩——列举有代表性的典型工作实绩，并写明其起止时间、主要内容、个人所起的作用及其影响和效果；③目标实现程度——经济社会总体目标和精神文明建设目标。

3）结语。概述存在的主要问题或工作中的失误以及改正措施。

（3）落款。写明报告人及日期

4. **注意事项**　注意全面客观，既报喜也报忧。

（二）考核材料

1. 例文评析

【例文】

关于张××同志任××镇农技站站长
五年工作情况的考核材料

××××年×月×日至×月×日，我们根据区委常委办公会议决议精神，对张××同志任镇农技站站长五年来的工作情况进行了实地考核。在××镇，我们先后找了镇政府的五位同志和镇农技站的三位同志，对张××同志五年来的工作情况进行了个别访问和座谈，并查阅了有关文书档案资料。现将考核的基本情况综合如下：

××××年×月，张××从省农业大学农学系毕业，分配到××镇任农技站技术员。××××年×月，镇长×××聘任张为农技站站长。任职五年来，该同志拥护党的路线、方针、政策，积极参加科学实验，推广应用水稻高产新技术，使该镇水稻单产提高8%，平均亩产达到800斤。去年张××还被授予区农业劳动模范称号。

该同志的主要政绩是：

1. 安心农村工作。张××同志家住××市，同他一起分到该镇的其他六名同志已先后要求调到城市工作了。但张××同志考虑到该镇缺少农业技术人员,水稻生产技术一直处于落后状态,为了提高水稻单产,帮助农民掌握新技术,他决心在山区安营扎寨,并把爱人和岳母从市区接到该镇定居。

2. 针对该镇土地和水利资源实际,把所学知识和农业生产实际结合起来。经过两年实验,推广了新品种种植技术,提高了单产产值。××镇水稻生产产量一直徘徊不前。张××跑了五个县,又多次走访他曾学习过的农业大学,请教专家、教授。经过两年的实验,引进了适合该镇自然条件生长的××9号水稻品种,使单产提高8%,亩产平均达到880斤,总产突破×万斤,使该镇水稻生产上了一个新台阶。

3. 艰苦朴素,联系群众。(略)

4. 勇于改革,勇于实践。(略)

5. 忘我工作,克服困难。(略)

6. 刻苦钻研,富于进取精神。(略)

7. 善于总结经验,不断前进。(略)

该同志的主要缺点是:

××××年×月,张××同志因××村上报的粮食产量数字不准确,而与副镇长×××发生了争执,至今矛盾仍未得到解决。几位同志反映,张××同志当时态度生硬,讲粗话,揭对方的短。张××同志应负一定的责任。

通过了解,我们认为,张××同志任××镇农技站站长五年,工作是有成绩的。他在实际工作中,积累了比较丰富的领导农技工作的经验,有一定的组织和管理才能。×××区长建议将张××同志提任为区农业局局长,从考核结果来看,他是可以胜任的。

我们建议本届区人代会讨论这一任命提议。

××区委组织部
××区人事局
××区农业局 联合考核小组
××镇党委
××××年×月×日

【评析】

这篇考核材料的正文,导言部分,叙述了考核的时间、根据、范围、形式和对考核对象的总的评价;主体部分,叙述了被考核者的主要政绩和缺点;结语部分,叙述了考核者做出的结论和所提的建议。全文简明扼要,条理清晰。

2. **必需知识** 考核材料,从广义上说,是指在考核干部过程中形成的所有关于干部表现的材料。如座谈记录、民意调查表、民主测评表、年度考核表以及干部本人过去写的文字材料等。从狭义上说,是指在考核的基础上,对考察情况综合、甄别、研究之后形成的反映干部德、能、勤、绩诸方面情况的书面综合材料。本书所阐述的是狭义的考核材料。

考核材料,主要有领导班子考核材料、个人考核材料和专题考核材料。

考核材料,对于考察对象,具有综合评价作用;对于任用干部,具有使用依据作用。

3. 拟写要点　考核材料的基本格式由标题、正文、署名和日期三个部分组成。

(1) 标题。一般写成《关于××领导班子的考核材料》、《关于×××同志的考核材料》、《关于××同志××问题(或"情况")的考核材料》。

(2) 正文。一般由导言、主体和结语三部分组成。

1) 导言。写清考核对象的基本情况。包括姓名、性别、籍贯、民族、出生年月、文化程度、职务、职称、参加工作时间、政治面貌、工作简历(把主要岗位的职务分时段写明)。

2) 主体。写考核对象的主要政绩和存在的问题或缺点。要求用并列式或纵贯式突出考核对象的主要工作实绩,并作出实事求是、恰如其分的评价。

3) 结语。简要说明考察形式、范围和过程,并提出建议性的意见或做出恰当的结论。

(3) 署名和日期。在正文的右下方写上考核者的姓名并标注日期。

4. 注意事项　考核材料的写作要注意实事求是,恰如其分。

综合训练十五

作文题
假设你是高德有限公司的行政经理,试写出你××××年度的述职报告。

二、组织鉴定　处分决定

(一) 组织鉴定

1. 例文评析

【例文】

×××同志的年终鉴定

一年来,×××同志认真学习和贯彻党的十一届三中全会以来的路线、方针、政策,工作主动、热情。刚调到党校就积极、主动地要求工作,事业心较强。具有一定的专业水平和工作能力。教学工作认真,教学效果较好,除完成教学工作外,还能任劳任怨地从事各项教务和群众工作,出色地完成各项任务。作风正派,艰苦朴素,平易近人,团结同志。组织观念较强。不足之处是对党校教学工作的特点和规律还不够熟悉,今后要多加注意。

中共××市委党校
××教研室
××××年×月×日

【评析】 这篇组织鉴定坚持德才兼备的原则,对干部的政治业务素质和实际表现作出了真实、客观的评价。

2. 必需知识 组织鉴定,是组织部门对干部的德才素质和工作实绩进行定期考察之后,作出抽象概括、综合评价的书面结论。

组织鉴定具有评价的针对性和语言的概括性两大特点。组织鉴定对于考察干部具有直观作用,对于任用干部具有依据作用,对于干部本身具有教育监督作用,它在干部人事工作中占有特殊的地位。

3. 拟写要点 组织鉴定一般由标题、正文和落款三部分组成。

(1) 标题。被鉴定人的姓名+时限+鉴定。如《×××同志的年终鉴定》。

(2) 正文。要求肯定成绩,指出缺点,明确今后努力方向。

(3) 落款。写明组织名称和鉴定日期。

4. 注意事项 注意组织鉴定的两大特点为:评价的针对性和语言的概括性。

(二) 处分决定

1. 例文评析

【例文】

关于开除×××党籍的处分决定

×××,男,1932年4月生,文化程度大学,1949年10月参加工作,1954年5月入党。×××因收受贿赂问题,于1986年3月2日由××市检察分院逮捕审查。逮捕前曾任市委第一书记×××同志的秘书、市委办公厅副主任、市委保密委员会副主任。

现已查实:

×××1982—1985年期间,利用职务之便,盗用市委主要负责同志的名义,帮助有劣迹的林×,促成其养女周×出境定居,并且违反保密规定,向林×透露了公安机关内部审查上报的部分内容;在外贸部门进口2.5吨钢坯的生意中,×××采用欺骗手法,谎称不法港商陈某是市委主要领导同志的朋友,促其成交。×××在上述违法活动中,先后收受林×和港商等贿赂的人民币、港币、兑换券及彩电、衣物等赃款赃物,折合人民币共计3万余元。

×××的受贿问题被揭露之后,态度极不老实,拒不交代问题,转移赃款赃物,与有关人员订立攻守同盟,企图掩盖罪行,直到市检察分院对其采取强制手段后,才陆续交代了犯罪事实。

×××身为党员、国家干部,背着组织和领导,搞非法活动。利用职务之便,为港商不法分子和有劣迹的人谋取利益,从中收受巨额贿赂,已堕落犯罪,触犯刑律,完全丧失了共产党员的品质。为严肃党的纪律,挽回党内外的影响,经市委批准,决定开除×××的党籍。

中共××市纪律检查委员会（印章）
××××年×月××日

【评析】
这篇处分决定，标题由处分对象、处理意见和文种组成。正文写了受处分对象的基本情况、处分所依据的主要事实、受处分对象对待错误的态度、对错误的定性和处理意见这四项内容。全文条理清晰，表达准确。

2. 必需知识　处分决定是对党员、干部的某一错误或某一重大事件进行立案审查或复查，做出结论后，根据党纪、政纪和有关政策做出的处理决定而形成的书面材料。

3. 拟写要点　处分决定一般由标题、正文、署名和日期三大部分组成。

（1）关于标题。一般包括做出处分决定的组织和名称、处分对象、受处分事由。如《××市纪律检查委员会关于×××同志严重以权谋私错误的处分决定》。

（2）关于正文。一般包括受处分对象的基本情况、做出处分决定所依据的主要事实、受处分对象对待错误的态度、对错误的定性和处理意见四个部分。

1）受处分对象的基本情况。如受处分对象的个人，须写清其姓名、性别、年龄、民族、籍贯、文化程度、参加工作时间、入党时间、现在工作单位和现任职务、级别、主要经历等。历史上曾受过什么奖励处分，也须简要地加以说明。

2）做出处分决定所依据的主要事实。这是正文部分的重点，应写清主要错误事实发生的时间、地点、情节、手段和应负的责任。如果涉及多重错误，应先写明整个错误事实，指出主要错误，然后分别写清楚各种错误的表现、性质和责任大小。如果所犯错误涉及多人，则应写清楚个人的具体错误事实及其在整个错误中的主次地位、主从作用及应负的责任。

3）受处分对象对待错误的态度。要区别对待、准确表述如下态度和认识：主动交代、检讨；经帮助教育后交代；在事实面前不得不承认；积极配合组织调查，检举揭发同伙，主动退赔；抵赖，拒不承认错误事实；包庇他人；窝藏销赃。

4）对错误的定性和处理意见。要根据党纪、政纪和有关政策的规定，准确地判断所犯错误的性质，并根据所犯错误的事实、情节和后果以及认错态度，按照组织程序和处分权限，提出具体的组织处理意见。写作时要做到定性准确，处理恰当。

（3）关于署名和日期。正文结束后，应在右下方写上发布处分决定的单位名称及其日期。

4. 注意事项　写作处分决定要注意查明事实，定性准确，处理恰当。

综合训练十六

多选题
处分决定的必备内容是（　　）。
A. 受处分对象的基本情况　　　　B. 处分所依据的主要事实
C. 受处分对象对待错误的态度　　D. 对错误的定性和处理意见

第三节 信息文书

一、简报 海报

(一) 简报

1. 例文评析

【例文】

全国党校教学工作会议简报
第 15 期

大会秘书处　　　　　　　　　　　　　　　　　　　××××年××月××日

深圳市委党校制订出切合本校实际的改革方案

　　为了认真贯彻全国党校工作会议和中共中央〔××××〕5 号文件精神，深圳市委党校在市委领导下，由市委副书记、市委党校校长林祖基同志亲自主持，采取校内酝酿、校外调研、吸收中央党校教改小组成员参加等办法，经过十几次的论证和修改，制订了《中共深圳市委党校在新形势下深化改革的方案》，最近已经市委批准同意实施。深圳市委党校的改革方案紧贴特区条件下办党校和市委确定把党校作为培养干部的综合基地的实际，运用系统方法，形成了自己鲜明的特点。

　　(一) 确立"一校三院"的体制

　　根据特区党校面临的干部培训新任务，方案提出确立新的党校体制模式。该模式是建立以党校为主要阵地，集行政学院、社会主义学院和经济管理学院为一体，把党校建设成深圳特区多功能、综合性干部教育基地。据此，重新设定党校的机构及其职能。

　　(二) 转变和扩大教研部 (室) 的功能，实现教学科研管理一体化

　　方案把教研部 (室) 功能的转变和扩大作为深化改革的突破口，使教研部 (室) 功能转向以研究现实问题为主，针对特区干部所需理论和知识施教，实现教学、科研和管理一体化。

　　(三) 师资队伍、学科与教材建设相结合

　　方案对师资队伍建设这一深化改革的关键工作作了具体部署，提出教师队伍结构调整与学科建设结合进行，围绕建设有中国特色社会主义理论新的教学体系，形成能够满足教学需要的新的学科结构。同时，教材建设也要与此相匹配。

　　(四) 建立新的教学组织与管理制度

　　方案着眼于充分调动教研人员的积极性，提出必须实现教学全过程的制度化和规范化，在教学准备、教学实施和教学总结这三个依次衔接的阶段上，实行一系列具体制度，其中包括创新性的课题公开招标、教师竞争上岗、学员考评与同行考评相结合的"双考评"的教师待岗等措施。方案还对学员的学习管理作了探索，提出了学习研讨、

论文评选、学分累积等具体制度。

（五）实行以教学改革为中心的综合配套改革

方案突出以教学改革为中心，对"一校三院"的培训对象、班次与学制、教学内容和课程设置作了精心设计，并对相应的学科建设、教材建设、师资队伍建设、教学方法、教学手段和教学管理作了通盘考虑。在此基础上，方案提出党校工作全方位、配套改革的思路，围绕教改这一中心，制定了科研机构和人事制度、后勤管理改革的相应措施。

（六）突出改革的可操作性

方案重视对改革举措实施可行性论证，比较全面、充分地考虑了改革的操作问题，提出实行一些独特的做法。比如，会同市委、市政府有关部门，调查、制定全市1995—2000年各类干部的培训规划，据此制订党校的年度教学计划。再比如，提出了深化改革的步骤、保证等。

【评析】

这是一份写得简明规范的会议简报。简报名称由会议全称和文种组成。标题是一个主题句。正文由前言和主体组成。前言部分写了两句话：第一句话概述了改革方案的制订过程；第二句话对该方案作出了总的评价。主体部分把前言部分具体化，用序数法和小标题相结合的方法，从六个方面简要地写出了该方案的鲜明特点。

2. **必需知识** 简报，是机关内部使用的一种简要工作报告或情况报告，常用的名称有"工作简报"、"情况反映"、"内部参考"、"信息快报"等。简明扼要、及时快速、真实准确，是简报的三个显著特点，其主要作用是反映情况、指导工作、互通情报。简报的种类，按其内容和性质来分，可分为工作简报、动态简报和会议简报三类。

3. **拟写要点** 简报的格式，一般分为报头、标题、正文、报尾四个部分。

（1）报头。排在第一页的上方，约占全页1/3的位置，由六部分组成：

1）名称。写在简报首页上端中央，以醒目的大字标出，一般套红，显得庄重。如内容特殊，需改变分发范围，又不必另出一种简报，可在原来的名称下加"增刊"字样。

2）期数。"期数"也叫"期号"，写在名称下面，或按年度编号，或统一编号。属于"增刊"的，要单独编号，否则，得不到"增刊"的单位会以为正刊缺号而前来查询。

3）编印单位。写在期号下面左侧。

4）印发日期。写在期号下面右侧。

5）密级。分为绝密、机密、秘密、内部刊物等，写在名称的左上方。

6）编号。印多少份就是多少号，每份一号，以便保存、查找。写在名称的右上方。报头下面，画一横线，与标题、正文分开。

（2）标题。要写得简短、点题、醒目。

（3）正文。一般包括前言、主体两部分。

1）前言。用极简洁、明确的一句话或一段话，总括全文的主题或主要事实（含时、地、人、事、因、果六要素），给读者一个总的印象，其作用相当于消息的导语部分。写法一般有叙述式、提问式和结论式等。

2）主体。这是简报的主干，要用富有说服力的典型材料将前言展开，使其具体化。一般有以下四种叙述方法：①并列式。将选取的材料，在前言的统帅下，逐条排列，各条之间是并列关系。这适用于报告一件事情的几个横截面、多场面。②逻辑式。即根据事情的内在联系，如因果、主从、递进、正反、点面等来写。使用这种方法，注意不要把互不相关的事情扯在一起，以免造成混乱。③时间式。即按事情的发生、发展的结果的自然顺序来写。它适用于报告一件完整的事情。这种方法的特点是有头有尾，脉络清楚，适合我国人民的欣赏习惯。④数据式。用准确的数据来说明问题，可一气呵成；如篇幅较长，为求眉目清楚，可采用小标题、序数法等方式来展开。

（4）报尾。简报只要报告完一项事实或情况即可，一般不必专门加上一个结尾部分。只有需连续性地作报告时，才在结尾处说明："事情正在进一步发展"、"发展情况下期再续"、"事情正在进行处理"等。

正文之后，页码底部画两条水平横线。两线空白处写明发送对象——报、送、发或加发的单位名称或个人职务姓名。末行右下角注明本期印发份数，以备查考。

简报的写作要求是"快"、"新"、"简"、"实"。"快"指的是时间；"新"指的是内容；"简"兼指取材和语言表达；"实"即指内容真实无误，又指态度实实在在，不可弄虚作假。

4. 注意事项　简报的编写不像其他公务文书那样程式化，根据其"快"、"新"、"简"、"实"的特点，编写者完全可以根据内容和行文的需要，在编写时不断创新，以增强其可读性。

（二）海报

1. 例文评析

【例文】

特邀深圳市秘书学会会长曾昭乐教授主讲
《创建秘书就业通道走上秘书成功之路》公益讲座

讲座形式：讲解为主，辅以视频
讲座时间：2007年12月14日19：00—21：00
讲座地点：深圳大学文科楼H3·104
　　欢迎积极参与

【评析】

本文言简意明，一目了然。

2. 必需知识　海报是向公众报道有关戏剧、电影、体育比赛、文艺演出、报告会等方面消息的文书，以鼓动人们参与为目的。

海报的种类较多，以内容为标准，可分成戏剧海报、电影海报、文艺活动海报、体育活动海报和报告会海报等。以形式为标准，可分为文字海报和美术海报两种。

海报的特征有四：①使用的限定性（只限于主办单位使用）；②功用的广告性；③形式的吸引性；④传播的单一性（只用招贴的形式传播）。

3. 拟写要点　海报的写法没有固定的格式。一般包括标题、正文和结尾三个部分。

（1）标题。可根据排版设计随意摆放。标题的形式有三：①标明文种；②标明内容；③标明主办单位。

（2）正文。言简意赅地写清楚活动的内容、时间、地点和参与方式等。

1）一段式。例如："×月×日晚上×时，在本校舞厅举行舞会，欢迎踊跃参与"。

2）项目排列式。例如：

特邀深圳市秘书学会会长、教授曾昭乐

主讲《你想走上秘书职业的成功之路吗》的免费讲座

讲座形式：讲解为主，辅以视频

讲座时间：2006年11月5日 19：00—21：00

讲座地点：中国成人教育协会南方教育中心报告厅

欢迎市民踊跃参与

3）附加标语式。有的海报在文首或文末加上排列整齐的标语，画龙点睛地吸引读者。

（3）结尾。写明主办单位和海报制作时间等。

4. 注意事项　①内容真实；②简明扼要；③图文并茂。

综合训练十七

一、多选题

1. 简报的显著特点是（　　）。
   A. 简明扼要　　　B. 及时快速　　　C. 真实准确　　　D. 内容丰富
2. 简报的前言，常用的写法有（　　）。
   A. 叙述式　　　　B. 提问式　　　　C. 结论式　　　　D. 辩论式
3. 简报的主体，常用的叙述方法有（　　）。
   A. 并列式　　　　B. 逻辑式　　　　C. 时间式　　　　D. 数据式
4. 撰写海报的注意事项有（　　）。
   A. 内容真实　　　B. 简明扼要　　　C. 图文并茂　　　D. 详略得当

二、评改题

请指出下面一篇简报内容和语言的毛病，并写出修改稿。

××区代表对××区城市建设的几点建议

代表们在审议政府工作报告中一致认为，近年来，市政府为××区人民办了很多实事，诸如改造、扩建××路，新建和改建公共厕所，居民生活小区的开发，等等，××区人民政府很感激。为了进一步搞好城市建设。方便人民生活，审议时代表们提出如下建议。

一、解决××区体育场

××区是××市的一个组成部分，拥有20万人口，至今没有一个体育活动场地，

现代公文写作

极大地制约了该区人民体育事业的发展，连开展一些最简单的体育项目比赛，也要到××区、××区租用体育场，有关工作部门深受其苦，群众意见很大。强烈要求市政府，采取积极有效措施，今年为××区人民办件实事——解决体育场地。关于地皮问题，建议用已废的××路垃圾堆场地（约20亩地面积）。这个垃圾堆放场原归我区使用，现被市环卫队要回，要求划归我区改建为体育场。请市有关领导为××区人民解决体育场。此事已多次提出来未获解决，群众反映强烈，盼速解决，不能再拖。

二、扩建、改造××区×××菜市场

××区×××菜市场，负担着周围七八万人的蔬菜食品供应任务，但场地狭小，无起码的菜场设施，晴天臭烘烘，雨天成了烂泥坑，极大地危害着该地区人民的身体健康。强烈要求市政府将×××菜市场列入今年全市的菜场扩建改造计划。为××区人民办件好事。这个菜市场的改造到底由谁家牵头也要尽早明确。

三、修筑××路

××路位于××区××街地区，全长300米。由于年久失修，现路况极坏，雨天，泥泞半尺深；夏天，臭气熏人，行人寸步难行，被周围群众喻为三星级的"龙须沟"。

前三届的人民代表都反映过，要求修筑此路，但至今未动工。××路附近单位甚少，大多是纯居民，人口达2万多人，群众对此路反映强烈，怨气很大，要求列入今年计划，修筑××路。具体建议是：①修一条10米左右宽的水泥路；②预计耗资30万元，请市政府给予拨款。

三、作文题

下面是某市经发局系统一个汇报会的简单记录，请据此编写一份综合简报。

市经发局系统汇报会

时　间：××××年×月×日
地　点：三楼会议室
出席人：所属15个总公司办公室主任
主持人：×××（经发局副主任）
记　录：×××（经发局办公室主任）

（一）主持人讲话

请大家来，汇报一下各公司落实教育工作会议精神、广泛开展尊师重教活动、庆祝第六个教师节的情况。

（二）发言

化工总公司：教师节快到了，各公司领导很重视这件事。为了落实市教育工作会议精神，公司领导专门开会研究落实措施。决定：发一个尊师重教的通知，要求各级领导做几件有利于教育工作的实事。公司主要领导召开了座谈会，听取公司业余教育办公室和所属三所学校领导、教师的意见。给教师安排了一次体检；召开全公司表彰先进教师大会；公司这次分宿舍将照顾学校的老师。

二轻总公司：公司领导也十分重视尊师重教工作。有些情况和化工总公司差不多。公司领导开了个会，发了个通知；已安排教师体检；分宿舍的方案中充分考虑了教师的特殊情况，适当放宽了条件；公司还开了表彰优秀教师大会；给学校全体职工发慰问信和纪念品等。

汽车工业公司：情况与前两个公司大致相同。我们还给20年以上教龄的教师颁发荣誉证书并列入光荣册，适当给些物质奖励。昨天发展五位教师入党。

纺织总公司：除了大家讲的我们也做了以外，还召开各种座谈会，听取教师对落实知识分子政策的意见。昨天搞了一场电影招待会慰问老师及其家属。

广播工业公司：我们22日开了发展党员会，几位中年教师都已积极要求入党多年，这批吸收了他们入党。我们也发了荣誉证书给30年以上教龄的老教师。

（三）各公司都已经或准备做的几件事

1. 表彰大会。共表扬先进集体9个，优秀教师500人。
2. 发展教师入党，15个公司发展党员50名。
3. 10个公司考虑安排教师疗养。
4. 各公司均已同所属学校建立固定联系制度。

散会。

主持人（签名）　　　　　　　　记录人（签名）

二、启事　广告

（一）启事

1. 例文评析

【例文】

诚　聘

为适应本公司业务发展需要，经市人才服务中心批准，诚聘电工三名。

要求：

1. 男性，35岁以下；
2. 持有电工证和上岗证，有深圳户口者优先；
3. 责任心强，有两年以上相应工作经验，熟悉制冷和供水。

有意者请备简历、电工证复印件、身份证复印件、相片，在见报之日起第三天到华强北路市人才智力市场面试，或到本公司工程部联系……

罗湖区房地产开发公司
××××年×月××日

公司地址：（略）

联系电话：×××××××　　　联系人：×××

【评析】

这是一篇招聘启事。它是机关、团体、企事业单位等需要招聘专业技术人员或管理人员而告知公众的文书。正文写了招聘的目的、对象、条件、办法等，落款注明了招聘单位名称、成文日期、单位地址、联系电话和联系人，写得简明扼要，条理清楚。

2. **必需知识** 启事是一种公告性质的用来说明情况或提出请求的文书,其应用范围广泛,种类繁多。根据启事内容,大体上可分为寻找启事、征招启事、声明启事三大类。

3. **拟写要点** 启事一般由标题、正文和落款三部分组成。

(1) 标题。写明什么启事,如《寻人启事》、《招聘启事》、《更名启事》等。有时也可只写《启事》、《寻人》、《招聘》、《声明》等字样。其字样较正文大,居中排列。

(2) 正文。不同类型的启事,其正文的具体写法有所不同,一般包括目的、意义、内容、形式、要求等项目。

(3) 落款。注明写启事者的单位名称或个人姓名,最后注明写启事的日期。

4. **注意事项** 启事写作要注意内容准确完整,语言简洁明白。

(二) 广告

1. 例文评析

【例文】

××卫校专家门诊

美齿牙科:副主任医师范文学主治牙齿美容、青少年儿童牙齿畸形矫正、装镶各种假牙、治疗口齿疾病、种植牙、治理四环素牙和氟斑牙等。

肝病科:副主任医师梁明治疗乙肝。

癫痫科:治疗临床各型癫痫发作。

肿瘤科:主治食道癌、胃癌、肺癌、鼻咽癌、肝癌、乳腺癌、子宫癌,尤其失去手术、放化疗机会或复发的各种中晚期恶性肿瘤和久治不愈的乳腺增生、慢性结肠炎、胃病、肝硬化等癌前病变。

联系电话:××××××××　　　　　联系人:×××

地址:(略)

×卫医广字〔××××〕第×××号

××××年××月××日

【评析】

这份广告,标题是名称式,直接用单位名称来命题,直陈其事,简洁明了。缺点是含蓄不足,诱惑力不强。正文简要介绍了该专家门诊的服务内容,语言平易明晰,客观可信。结尾注明了联系电话、联系人、单位地址及广告批文字号,便于联系和查证。

2. **必需知识** 广告是企事业单位通过一定的媒介,向公众介绍产品、报道服务内容、传播信息的一种宣传方式。它是商品生产的产物,并随着物质生产的发展和精神生活的丰富而日益深入社会生活。通过广告可以交流信息,沟通产销;指导消费,扩大经营;推动竞争,改进管理;扩大外贸,促进交流;美化环境,丰富精神生活;等等。

广告的种类繁多,按传播媒介分,有报刊广告、电话广告、广播广告、招贴广告等;按表现形式分,有文字广告、图像广告、文艺广告、实物广告等。但是,所有的广告都离不开文字说明，因为这是广告的基础。

3. 拟写要点 广告的文字结构包括标题、正文和结尾三个部分。

（1）标题。标题是广告的"眼睛"，必须醒目、新颖、有吸引力。标题的写法有以下三种常见的方式：

1）名称式。直接用商品或厂商名称作为标题，使人一目了然。如《武警深圳医院专科治疗中心》。

2）正副题结合式。如《飞阳装饰——带您步入彩色新世界》、《无限风光在锦峰——锦峰大厦已公开发售》。

3）提问式。如《你想知道长寿的秘诀吗？请订阅〈长寿〉杂志》。

（2）正文。广告的主题，主要是通过广告正文来表现的。商品广告的正文一般有以下内容：

1）介绍商品最突出的效果和最高的声誉；

2）介绍商品的质料、外观、功用、型号、规格等特点；

3）介绍本单位的服务宗旨。

商品广告正文的表达方式灵活多样，常见的形式有简介体、证书体、问答体、幽默体等。

（3）结尾。商品广告的结尾应简短有力，给人留下深刻的印象，目的在于督促消费者采取购买行动。

为便于联系，要写明生产单位或销售单位的名称、地址、电话号码、电报挂号等。必要时还可写上开户银行、账号等。单位名称若已放在标题中，结尾则不再重复。

撰写商品广告要体现社会主义风貌，把思想性、政策性、真实性、艺术性很好地统一起来；要写出商品的特点；要有针对性；文字要简明、新颖、生动；要力求创新，富于变化。

4. 注意事项 要写出好的商品广告，一定要把思想性、政策性、真实性、艺术性很好地统一起来，文字简明生动，力求创新，富于变化。

三、声明

（一）例文评析

【例文】

遗失声明

××经销公司遗失转账支票一张，证号：××××××××××号，现声明作废。

【评析】

标题写明"遗失声明"，黑体书写，居中排列。正文具体写明遗失物品及显著特征——编号，并"声明作废"。

（二）必需知识

1. 声明的含义 声明指有重要事项要向社会公众作出公开说明并表示立场、观点、态度的文书,其使用范围相当广泛,大到国家、政党、议会,小到个人,均可发表声明。

2. 声明的特点　态度的鲜明性和内容的重要性是声明的两个显著特点。

3. 声明的类别　声明主要有以下两类:其一是正式文件,往往是针对某重大事件、重要问题的外交专用公文。如《中华人民共和国外交部声明》。其二是任何相关单位、团体组织、个人均可使用的事务性文书。如遗失声明、正名声明、除名声明、表明关系声明、委托授权声明等。我们在此重点介绍的是第二类声明。

(三)拟写要点

声明由标题、正文和落款(署名和日期)三部分组成。

1. 标题　一般有三种形式:

(1)只写文种"声明",较常见。有的在"声明"前加"郑重"或"严正",以示严肃态度。

(2)事由加文种。如《关于××事的声明》、《遗失声明》。

(3)发布者加事由加文种。如《××公司关于授权××律师为常年法律顾问的声明》。

2. 正文　简要说明发布声明的原由,目的并重点说明声明的事项。最后往往用"特此声明"作结。

3. 落款　包括署名、日期和附项三项内容。

(1)事实要清楚、确凿。

(2)措词要准确、严厉。

(3)弄清声明和启事的区别。

1)重点、范围不同。声明重在表明观点、态度,用于较严肃郑重的事情;启事重在告知事项,使用范围较广。寻物、招领用"启事",遗失转账支票,则常用"声明"表明作废。征婚常用"启事",离婚则用"声明"。办公地点迁址、招聘、启用新公章,可用"启事",若商标遭侵权则用"声明"。

2)态度、措词不同。声明的态度严肃、慎重,措词常较强硬;启事则态度礼貌,语言谦和。

综合训练十八

一、多选题

1. 启事的特点是(　　)。

A. 具有告启性、知照性　　　B. 具有鼓动性、刺激性

C. 具有公示性　　　　　　　D. 具有简明性,形式多样,篇幅短小精悍

2. 下列属于寻领启事的有(　　)。

A. 寻物启事　　　　　　　　B. 招领启事

C. 迁移启事　　　　　　　　D. 招聘启事

3. 海报的正文应用简洁的文字写清楚(　　)。

  A. 活动内容   B. 活动时间
  C. 活动地点   D. 参与方式
4. 海报的种类较多，从内容分有（　　）。
  A. 戏剧海报、电影海报   B. 文艺活动海报、体育比赛海报
  C. 报告会海报   D. 招聘海报

二、评改题

请修改下列广告的语病。

（1）××鞋油对皮革有良好的柔软性能。

（2）我厂是××市第一家引进北京先进技术的房屋生产厂家之一。

（3）它（指电子视力矫正器）有正确掌握穴位，能自动、均匀、持久地按摩性，以达到视力提高的效果。

（4）"二素"（两种药品的简称）在国际市场是紧俏商品，需求量供不应求。……是一项投资少、见效快、收益高的致富门路。……其技术标准达到国家收购价格的标准。

（5）为了解决雷雨天气看电视不受影响，新乡市磁疗器厂新研制生产了"KB_2"型电视机避雷器。

（6）本品……实为最新的心、脑血管治疗和预防之良药也。

（7）现在全世界的摄影爱好者均拥有 NINON 而感到自豪。

（8）从正规演奏的标准键盘，到供一般消遣的乐器，具有丰富多彩系列的 CA510 电子琴均能胜任。

（9）世人对太阳能的潜力不会表示怀疑的，只是在于关键要怎样才能有效去捕捉、贮藏及使用它。

（10）……售价便宜，无论是家庭，或是正式教学，以至职业乐团，这种乐器均可满足要求，备有丰富机种，可按照演奏需要，自由选用。

（11）目前，又研制出操作简单、质量稳定而迅速地处理从底片显影直到彩色相纸的印相、显影和后处理的最新之自动化 2 型研究室用系统。

（12）美国博士伦隐形眼镜……并荣誉地被选定为第十一届亚洲运动会唯一指定隐形眼镜……

（13）本品气味芬芳，使用方便，效果显著，无副作用等优点。

（14）（电控窗帘机）……适用于各大宾馆、实验室、会议室、家庭使用。

（16）我厂是国家定点生产厂，曾荣获内蒙古科学大会奖，被评为内蒙古自治区优质产品，产品畅销全国。

（17）本公司具有设计制造冶金、矿山成套设备，造船、起重运输机械，通用机械、轻纺、化工设备、汽车零部件等各种标准或非标准机械产品。

（18）我公司专业生产影剧院、俱乐部、会议室、体育馆及教学用各种排椅。

（19）保修期结束后，可与用户签订长期代维合同。

（20）以此为主，综合电子技术厂商松下电器公司所制造的各种映相机正是产品的高可靠性和实用效果誉满全球。

(21）根据需要同时印刷报纸或书刊杂志。
(22) 按用户要求生产各种胶塑（塑料）糕点盒、寿糕盒、月饼盒、快餐饭盒。
(23)（《农业区划》杂志）面向各级从事农业工作的领导干部、科技人员、院校师生和农村干部。
(24) 我厂是生产捕鱼机的专业厂家，各种捕鱼机质量可靠，均适用于库区、河流、池塘、荆棘等难以网捕地方的一切鱼类。
(25) 该（生产）线是我国目前同行业生产规模最大的厂家。
(26) 坐坐舒适！卧卧快乐！请看精心制作多功能沙发。

第四节　规约文书

一、条例

（一）例文评析

【例文】

党政机关公文处理工作条例

（见本书附录一）

【评析】

这篇条例写得较规范。全文共8章42条。第一章共7条，是总则，阐述制发条例的目的、意义、原则、内容和要求等。这是该条例的指导原则，属于导语性质，写得简明扼要。条规中的6章30条，是该条例的主体部分，具体而明确地阐明了文件处理的主要内容。第8章附则共5条，说明条例的适用范围、施行日期等。该条例是全新的首次统一党政机关公文处理规范标准。1996年5月3日中共中央办公厅发布的《中国共产党机关公文处理条例》和2000年8月24日国务院发布的《国家行政机关公文处理办法》停止执行。

（二）必需知识

条例是为调整国家生活某个方面的准则而制定的、需要长期实行的、较为原则和规范的立法性文件，或用于规定某个机关的组织和职权以及某些专门人员的权限和义务的文件。它是由国家权力机关根据国家有关政策、法律制定并批准、颁发和实行的，有很强的针对性和法规性。如由中共中央办公厅制发的《中国共产党各级领导机关文件处理条例（试行）》等。

（三）拟写要点

条例一般由标题、正文和附文三部分组成。

(1) 标题。由事由和文种构成。如《中华人民共和国居民身份证条例》、《国家建设征用土地条例》、《会计人员职权条例》等。

(2) 正文。一般由序言、主体两部分组成。

1) 序言(总则)。说明制定条例的目的、法律根据、适用范围和对象等。

2) 主体(分则)。具体规定允许或要求做什么、禁止做什么、奖惩办法。

(3) 附文(附则)。规定负责解释的机关、实施的日期及对已颁布的同一内容法规效力的说明等。

条例一般根据其所含内容的繁简程度分别采用章条式、条款式两种不同的写法。

(四) 注意事项

要注意条例的针对性、法规性。

二、规定　办法

(一) 例文评析

【例文1】

深圳市人民政府
关于简化审批程序减少审批环节的若干规定

(××××年×月×日)

深府〔××××〕×号

为适应发展社会主义市场经济的要求，转变政府职能，减少审批环节，提高办事效率，现就有关行政审批程序作如下规定：

一、市属全民所有制企业、内联企业中的全民所有制企业的设立、变更审批，按照《深圳经济特区贯彻〈全国所有制工业企业转换经营机制条例〉实施办法》(以下简称《办法》)执行，即除《办法》第六条规定须由市政府行业主管部门审批的项目外，其他企业的设立、变更，由市工商行政管理局直接受理申请和审查核准。

有集体所有制企业、民间科技企业和私营企业的设立、变更，参照上述规定，由市工商行政管理局直接办理。

二、外商投资企业的审批程序，按照《深圳市人民政府关于简化外商投资立项审批程序的试行办法》办理。

三、国外及港、澳、台地区的企业和其他经济组织来深圳市设立办事处的，由市贸易发展局审批，市工商行政管理局依据市贸易发展局的批准文件办理登记注册。

内地大型企业和必须在深圳办理有关业务的进出口企业在深圳设立办事处，由市工商行政管理局核准登记。

新闻、文化系统在深圳设立记者部、办事处，由文化局(新闻出版局)和市委宣传部门按有关规定审批。

四、注册会计师事务所、律师事务所、审计师事务所等社会中介服务机构的设立，分别归口市财政局、司法局、审计局核准后，按国家有关规定报省政府有关主管部门审批。

五、金融机构的设立，由中国人民银行深圳分行根据国家规定审批或审核后报国务院金融主管部门审批，经批准后径向市工商行政管理局办理登记注册手续。

六、办理出国及赴港、澳、台证件的，按干部管理权限，由主管部门直接报送市长、常务副市长审批；市政府组成人员报市长批准，其余人员报常务副市长批准。批准后，径向市外事办公室办理手续。

七、卡拉OK厅、歌舞厅、民歌酒廊、音乐茶座等项目，实行文化市场许可证管理制度，由市文化局审批并颁发许可证。具备许可证的，径到市工商行政管理局登记注册，并由公安机关列入特殊行业管理。

八、向国外派遣劳务人员，授权市贸易发展局审批。

九、本规定施行前市政府及有关行政管理部门规定的行政审批程序与本规定相抵触，一律停止执行。

十、本规定自发布之日起施行。

【评析】

这是一篇比较简短的规定。开头用一段简要说明制发本规定的具体目的，然后用"现就有关行政审批程序作如下规定"的过渡性词语，引出具体规定。全文共写了10个条目，除后两个条目是实施说明外，其余8个条目均为具体规定。总的来说，条文清晰，简明扼要，便于执行。须注意的是，发文字号宜标在标题的右上方。

【例文2】

深圳大学城国家重点实验室建设资助管理办法

（深圳市人民政府××××年×月×日发布）

第一条 为规范和加强深圳大学城国家重点实验室或分室的建设和运行管理，根据《国家重点实验室建设与管理暂行办法》、《高等学校重点实验室建设与管理暂行办法》，制定本办法。

第二条 清华大学深圳研究生院、北京大学深圳研究生院、哈尔滨工业大学深圳研究生院（以下简称研究生院）在深圳大学城各建设3个国家级重点实验室或分室（以下简称重点实验室）。

重点实验室的任务是根据深圳科技发展方针，围绕深圳发展战略目标，针对学科发展前沿和国民经济、社会发展的重大科技问题，开展创新性研究，获取原始创新成果和自主知识产权，为研究生院教学科研服务。

第三条 重点实验室的建设主体是研究生院，深圳市政府对每个重点实验室的建设，按深圳市政府分别与清华大学、北京大学、哈尔滨工业大学签订的合作办学协议确定的限额，根据建设需要与进度，给予资助3000万元。其余建设、运营等经费由研究生院通过课题研究、产品开发、成果转化等方式多渠道筹集。

深圳市政府资助建设重点实验室的资金为专项资金，该专项资金以信托的方式交付于各重点实验室的建设主体。该专项资金用于购置重点实验室研究开发、实验所必需的科研仪器、设备。严禁截留、挪用和挤占上述专项资金，否则，深圳市政府将追回全部已下拨的资金。

第四条 重点实验室科研人员配备按照国家有关规定执行。课题选择应注重应用基础性研究，研究和产业化相结合，开展创新性研究，优先选择符合深圳产业发展需要，以及深圳经济社会发展亟待解决的科技、经济等选题。

重点实验室的研究成果转化时应优先考虑深圳企业的需求。

第五条 重点实验室资产按照深圳市属高等院校资产管理模式进行管理。

重点实验室应加强知识产权保护。对重点实验室完成的专著、论文、软件、数据库等研究成果均应署深圳大学城重点实验室名称，专利申请、技术成果转让、申报奖励以深圳各研究生院名义申请。

研究成果及其形成的知识产权，除涉及国家安全、国家利益、深圳利益和重大社会公共利益的以外，授予各研究生院。各研究生院可以依法自主决定实施、许可他人实施、转让、作价入股等，并取得相应的收益。该收益应优先用于重点实验室的维护和发展。

第六条 研究生院申请启动重点实验室建设，应符合下列基本条件：

（一）拟建重点实验室为研究生院重点学科发展所必需，是研究生院的特色和优势学科，具有突击前沿获取原始科学创新能力和集关键性、原创性科学技术能力；具有在本领域中达到国际先进水平的前景；有承担和完成国家、深圳市重大科研任务的能力；对深圳支柱产业发展有支撑作用。

（二）拟建重点实验室研究目标明确，前期启动总体研究方案和研究课题设置可行。在充分调研和论证的基础上，制订了按照国家重点实验室标准建设的可行性方案，能够在4～5年内达到国家验收条件。

（三）重点实验室主要核心成员已到研究生院开始启动建设筹备工作，并与研究生院签订了长期工作的聘用协议。核心成员已有一批在国内外影响较大的前期研究成果，并有良好的产业发展前景。

（四）重点实验室建设预算合理，配套经费及建成后重点实验室的运行经费投入有可靠的渠道。研究生院能为重点实验室提供后勤保障及相应经费等配套条件。

第七条 重点实验室建设程序如下：

（一）研究生院根据本院理事会审议确定的学科规划，组织制订重点实验室建设方案，在具备第六条规定条件的基础上，向市发展改革部门提交项目建议书。

（二）市发展改革部门按有关规定批准立项。研究生院根据立项批复编制可行性报告，提交市发展改革部门审核。市发展改革部门会同市教育、科技行政管理部门组织国内外学术权威、深圳市相关重点产业界代表等对可行性报告进行论证，批复可行性报告，明确市财政资助金额。

（三）研究生院根据论证通过的可行性报告编制建设设计方案和项目总概算，报市发展改革部门纳入年度政府投资项目新开工计划。研究生院根据深圳基本建设有关规定开展建设工作。市财政部门按照有关规定核拨建设资金。

第八条 研究生院按照《国家重点实验室建设与管理暂行办法》向科技部开展有关申报、建设、申请验收工作。

第九条 研究生院负责重点实验室的建设、运营、维护和管理，大学城管理委员会办公室负责对重点实验室的人员配备、专项资金使用情况、研究成果署名及归属等进行监管。重点实验室建设期间的情况，由研究生院每6个月向大学城管理委员会办公室报备一次，以作为评价重点实验室建设项目的依据。

第十条 违反本办法规定的，追究有关负责人及直接责任人的法律责任。

第十一条 本办法由深圳市教育局负责解释。

第十二条 本办法自公布之日起实施。

【评析】

这是一篇写得较规范的办法。全篇的结构由标题、题注和正文组成。标题是"双项式":事由+文种。标题下注明了发布时间。正文共12条。第一、第二条是总则,说明制定本办法的目的和任务。中间七条(第三条至第九条)是分则,说明建设资金的筹集及使用、人员配备、课题选择、资产管理、建设程序、运营及监管等。最后三条是附则,说明法律责任及解释权与实施日期。

(二)必需知识

规定和办法,是对某项工作或活动的进行做出具体规范的文件。两者的区别在于:"规定"原则一些,要求照章执行;"办法"则具体一些,可参照办理。

(三)拟写要点

规定和办法的结构及其写法基本上是相同的,其结构一般由标题和正文两部分构成。

1. **标题** 一般由发文机关、事由和文种三部分组成。也有只标明事由和文种的。一般要在标题下面标明制发或通过的具体时间。

2. **正文** 一般包括三部分:开头用极简明的文字说明制发目的、根据等;中间写具体规定;最后陈述实施说明。

(四)注意事项

注意规定和办法的区别,前者较原则,后者较具体。

三、章程

(一)例文评析

【例文】

深圳行政学院八八届同学会章程
(第五次会员大会通过)

第一章 总 则

第一条 本会是由深圳行政学院八八届毕业学员组成的自我管理和自我服务的群众团体。

第二条 本会的宗旨:组织和团结八八届的学员,积极开展各种有益的活动,加强学员之间的联系,增进友谊,互相帮助,携手前进,为深圳市的经济建设和精神文明建设多作贡献。

第三条 本会的任务。

(一)发动和组织全体会员开展各种有益的活动;

(二)关心会员,帮助会员解决工作、学习和生活等方面的实际问题;

(三)收集和印制会员的通讯资料;

（四）加强同母校的联系，在母校与学员间起桥梁和纽带作用；

（五）激励会员为深圳特区建设多作贡献。

第二章 会 员

第四条 凡是深圳行政学院八八届毕业的学员和深圳行政学院的教职员工，承认本会章程，参加本会组织的活动，均可成为本会会员。

（一）有参加本会举办的各种活动的权利；

（二）有选举权、被选举权和表决权；

（三）有对本会的工作提出建议和批评的权利。

第六条 会员的义务。

（一）有遵守章程、承担工作任务、履行职责的义务；

（二）有学习、宣传和执行党纪国法的义务；

（三）有联系校友、团结校友和服务校友的义务；

（四）有襄助本会经费、帮助本会开展各项活动的义务。

第三章 组 织

第七条 本会的组织原则是民主集中制。

第八条 会员大会每年七月八日召开一次，特殊情况可提前或延期召开。设立理事会，理事会由会员大会推选产生，每届任期三年，理事可连选连任。

第九条 理事会的权利和职责

（一）定时召开会员大会。

（二）推选会长和秘书长。会长和秘书长负责处理本会活动事务。会长和秘书长可连选连任。

（三）解释和修改本会章程，组织开展本会的各项活动，审查本会经费的收支情况。

第四章 经 费

第十条 本会的经费，主要来自会员捐助，同时，可考虑参与办一些实业，解决活动经费的来源。

第五章 附 则

第十一条 本章程由深圳行政学院八八届同学会负责解释。

第十二条 本章程自一九九三年七月八日起生效。

【评析】

这是一篇章条式的章程。正文由总则和细则组成。全文共五章12条。第一章（前三条）是总则，概述了该同学会的性质、宗旨和任务。第二章至第四章（第四条至第十条）是细则，分别阐述了该同学会的会员、组织和经费。第五章（第十一、十二条）是附则，说明了本章程的解释权和生效期。条款清晰，简洁明快。

（二）必需知识

章程是规定一个组织或团体的性质、宗旨、任务、组织机构、成员条件、权利、义务及活动方式等项的文件。企事业单位所制定的章程，是对本单位的业务事项做出具体而详细的说明和规定。章程具有规范性和法规性。

(三) 拟写要点

章程的结构一般由标题、正文和附文三部分组成。

1. 标题 标题由发文的组织或团体的全称加"章程"二字组成。有的还在标题下注明此章程通过的时间和会议名称。

2. 正文 正文这是章程的主体。又可分为"总则"（又称"序言"、"总纲"）和"分则"（又称"细则"）两部分，其内容包括：组织名称及宗旨；组织机构及职权；成员条件及权利、义务；活动内容与程序；等等。

3. 附文 附文又称"附则"，是对正文的补充说明或与正文有关的内容，如该章程的生效时间、适用对象、具体实施方法，该章程的制订权、修订权和解释权等权项的归属以及对正文中所用引文的注明等。有的章程没有附文。

(四) 注意事项

注意章程的规范性和法规性。

四、制度

(一) 例文评析

【例文】

门卫管理制度

一、门卫是本厂精神文明的窗口。门卫工作人员在值班时间务须衣饰整洁，对来访者以礼相待，态度和蔼。

二、门卫工作人员必须坚守工作岗位，做好安全保卫工作。

三、传达室内除正常工作人员及外来联系工作人员以外，任何人不准在室内谈天闲坐。外来联系工作人员必须出示介绍信，并进行来访登记，然后方可进厂。

四、上班时间谢绝会客。凡私人电话，除急事外一般不传呼。集体参观必须持有上级主管部门介绍信，并事先与本厂有关部门联系同意后才能参观。个别参观、照相一律谢绝。

五、凡本厂职工上班，一律不准带小孩，不准带零食，不准穿拖鞋。进厂时必须衣冠端正，佩戴厂徽（佩戴在左胸上方），未佩戴者登记上报。外包工、临时工、外来学习培训人员应出示临时工作证。

六、凡本厂职工迟到者必须登记，在上班时间因公外出者，应持有出厂证；凡批准病假、事假、调休等人员应持有准假证；喂奶者必须有喂奶证。所有持证人员必须在门卫登记后才能出厂。无证出厂者，门卫有权登记并及时上报人保科，一律以旷工考核。

七、凡厂内的原辅材料、生产设备、工具零件、成品、半成品等一切物资一律凭成品物资出厂单或实物现金发票出厂联出厂，凡私人拎包等物出厂，要主动向门卫打招呼。对不符合手续出厂的物品，门卫有权询问、检查或扣留。

八、各种车辆按指定地点停放，未经批准不准进入厂内。

×× 市 ×× 化工厂
××××年×月×日

【评析】

这份《门卫管理制度》实际上是门卫的岗位责任制，是关于人员、物品和车辆的管理办法，其中主要是对人员的管理。首先，是对外来人员（来联系工作的人员和集体参观人员）的管理；其次，是对内部人员的管理（上班进厂的注意事项和有关考勤事宜）。条理清晰，规定明确，便于执行。

（二）必需知识

制度是国家机关、企事业单位为加强对某项工作的管理而制定的，要求有关人员共同遵守的行为准则，如公费医疗制度、保密制度、会议制度、安全制度等。

在现代管理中，制度是实现程序规范化、职责制度化、质量最优化、管理科学化的重要保证。它具有强制性、规范性和程序性等特点，是各级机关和企事业单位常用的管理手段。

（三）拟写要点

制度一般由标题、正文和签署三部分组成。

1. **标题** 有两种形式：①制发机关＋制度内容＋文种。如《××学院财产管理制度》。②制度内容＋文种。如《岗位责任制度》、《行政事业单位定期审计制度》等。

2. **正文** 这是制度的主体部分，一般包括三方面的内容：一是制定制度的目的、要求、适用范围等；二是制度的各项具体规定；三是制度施行的要求及生效日期。

3. **签署** 在正文右下方写明制发单位名称（如标题已注明了制发单位，此处可省略）和成文日期。

（四）注意事项

要注意制度的强制性、规范性和程序性，熟练运用该管理手段。

五、规则 守则 细则

（一）例文评析

【例文1】

考试规则

1. 考生凭准考证及本人身份证进场，对号入座，不得自行调换座位。证件放在桌面左上角。

2. 考生不准携带任何书籍、纸张、计算器、笔记本等进入试室。

3. 考生必须依时进入试室，开考20分钟后不准进入。每科考试期间不得离开考场。

4. 考生必须遵守考场规则和考试纪律，服从监考员的指挥。

5. 考生不得弄虚作假，不得旁窥、传递、夹带、抄袭和交头接耳。

6. 试室要保持安静，不准交谈和吸烟。

【评析】

这是一篇写得简明扼要的考试规则。全文从六个方面（用序码标明）明确而具体地规定了应考人员的行为准则。

【例文2】

国务院工作人员守则
(××××年×月×日发布)

一、拥护中国共产党的领导，努力学习马克思列宁主义、毛泽东思想，坚持人民民主专政，坚持社会主义道路，全心全意为人民服务。

二、模范执行国家的宪法、法律、法令和行政法规，严格遵守纪律，廉洁奉公，不徇私情，勇于同不良倾向作斗争，特别要同官僚主义作斗争。

三、注重调查研究，一切从实际出发，实事求是地反映情况和处理问题。

四、办事认真、负责、准确、迅速，注重质量，讲究效率。自己职责内的事或上级交办的事，要按规定的时限完成；紧急的事，及时处理。

五、坚持民主集中制，服从组织领导，密切联系群众，虚心倾听人民群众和下级机关的意见和建议。

六、树立全局观念，与兄弟单位主动配合，团结协作，不扯皮，不推诿，共同搞好有关工作。

七、努力学习科学文化知识，积极钻研业务，不断提高知识水平和工作能力。

八、生活艰苦朴素，遵守社会公德，讲究文明礼貌。

九、谦虚谨慎，不骄不躁，坚持真理，修正错误，经常开展批评与自我评价。

十、提高革命警惕，严守国家秘密，维护祖国的尊严和荣誉。

【评析】

这份守则结构完整，逻辑严密，明确具体，针对性强，全是实质性的规定。10条规定中，依次是总的规定、廉政建设、思想路线、工作效率、民主集中制、全局观念、知识水平、生活作风、坚持真理、严守秘密。可见，"周全"二字正是这份守则的主要特点。

【例文3】

对外汇、贵金属和外汇票证等
进出国境的管理施行细则

一、为贯彻执行《中华人民共和国外汇管理暂行条例》第二十七条、第二十八条、第二十九条和第三十条的规定，特制定本细则。

二、入境人员携带外汇、人民币外汇票证，携带黄金、白银、白金等贵金属及其制品进入中国国境，数量不受限制；但是，必须向入境地海关申报。

三、入境人员将携带入的外汇、人民币外汇票证，携入的黄金、白银、白金等贵金属及其制品，复带出境，海关凭原入境申报单查验放行。

四、入境人员将携入的外汇、人民币外汇票证，或者将汇入的外汇，兑出人民币，在离境前可以按规定将未用完的人民币兑回外汇；出境时，海关凭中国银行发给的兑出

外汇的证明查验放行。

五、入境人员携带在中国境内的黄金、白银、白金等贵金属制品出境，海关在国家规定的限额内凭出售单位的证明查验放行。

六、出境人员携带外汇、人民币外汇票证出境，海关凭中国银行发给的证明查验放行。

对境内中国银行开出或者售出的外币汇票、外币旅行支票、外币旅行信用证、人民币现钞和存折保管证，由海关查验放行，中国银行不另行发给证明。

七、居住在中国境内的中国人、外国侨民和无国籍人移居出境时携带黄金、白银、白金等贵金属及其制品，海关在国家规定限额内查验放行。

八、居住在中国境内的中国人、外国侨民和无国籍人所持有的人民币支票、汇票、存折、存单等人民币支付凭证，不得携带、托带或者邮寄出境。

九、居住在中国境内的中国人，持有境外的债券、股票、房地契，以及同处理境外债权、遗产、房地产和其他外汇资产有关的各种证书、契约和含有支付命令的授权书、函件等，非经国家外汇管理局或者分局批准，不得携带、托带或者邮寄出境。

十、已歇业的外国企业和已离境的外国侨民，要求将存放在中国境内的外国有价证券携带出境，必须经国家外汇管理总局或者分局批准，海关凭批准的证件放行；但是，我国的证券、股票，不得携带、托带或者邮寄出境。

十一、凡中国与外国订有双边货币进出国境协定者，按照协议的规定办理。

十二、香港、澳门同胞携带外汇、人民币外汇票证，携带黄金、白银、白金等金属及其制品，出境、入境，都按照本细则规定办理。

十三、本细则由国家外汇管理总局公布施行。

【评析】

因为细则是为贯彻执行某一条规而制发的详细规定，所以，本细则第一条首先就注明了其制定的条文根据。接着，根据有关条文作出了详细规定，并依逻辑顺序来排列条文。如先说"入境人员"，再说"出境人员"，后说"境内人员"。每一项细则又只规定了一项内容，以保持条文清晰、完整，体现出相对的独立性。最后一条是执行说明，写清楚由谁公布。

（二）必需知识与拟写要点

规则是国家机关、企事业单位为了维护劳动纪律和公共利益，保证学习、生产、生活等活动正常而有序地进行所制定的行为准则。如《公路交通规则》、《图书馆借书规则》、《考试规则》等。

守则是机关、团体、企事业单位要求其成员必须遵守的简明道德规范和行为准则。如《全国职工守则》、《国务院工作人员守则》、《中学生守则》等。

细则是为了更好地执行行政法规，针对某一条例、规定、办法或其中部分条文进行解释和说明而制定的准则，其主要特点在于一个"细"字，即具体、明细。如财政部的《中华人民共和国个人所得税实施细则》就是为执行《中华人民共和国个人所得税法》而制定的。

规则、守则、细则的格式和写法与其他规章文书类的格式和写法大同小异。"异"则视其内容繁简和适用何种对象而定。

（三）注意事项

规则、守则、细则的拟写，要视其内容繁简和适用何种对象而写出其文种特色。

综合训练十九

一、单选题

1. 下列表述，错误的一句是（   ）。
   A. 章条式适用于内容复杂、条文较多的行政法规
   B. 正文的条文，每一条表达一个完整的规范，不能一条规定几种规范，以条代章
   C. 条例、规定、办法的正文后面，不再签署发文机关名称及成文日期
   D. 对某一项行政工作作比较具体的规定，称"规定"。

2. 在规定文书中，用于规定政党、协会、学会、基金会、科研会、董事会等组织或团体的性质、宗旨、任务、组织人员、组织机构和活动规则的文种，称为（   ）。
   A. 条例　　　　B. 章程　　　　C. 规定　　　　D. 办法

3. 《国家物价局关于价格违法行为的处罚规定》属于（   ）。
   A. 行政法规　　B. 地方法规　　C. 行政规章　　D. 一般规章

4. 下列不属于规约文书的一项是（   ）。
   A. 办法　　　　B. 条例　　　　C. 计划　　　　D. 规则

5. 用章条式写规章制度，一般（   ）。
   A. 总则只设一章，附则也只设一章　　B. 总则设若干章，附则只设一章
   C. 总则设若干章，附则也设若干章　　D. 总则只设一章，附则设若干章

6. 下列不属于规章制度特点的一项是（   ）。
   A. 形式的条文性　B. 制定的层次性　C. 语言的生动性　D. 严格的约束性

7. 下列不属于规章制度作用的一项是（   ）。
   A. 社会安定的基本保证　　　　B. 强化管理的有效手段
   C. 提高素质的有力措施　　　　D. 传播经验的重要方法

二、评改题

1. 下面一段文字是一份暂行条例的开头，请调整理顺。

为了保障国家税收法规、政策的贯彻实施，确保国家财政收入，加强税收征收管理，促进经济体制改革和国家经济协调发展，充分发挥税收调节经济的杠杆作用，特制定本条例。

2. 请改正下面一份办法的开头和部分条文的毛病。

××××学院汽车使用管理暂行办法

目前，我院汽车在使用和管理上都存在不少问题，由于没有统一的管理办法，经常出现司机紧张、车辆周转不灵的局面，有时不能保证紧急用车，汽油浪费也较严重。为改变这种状况，除加强对车队内部的工作外，我们起草了一个《汽车使用管理暂行办法》，对院汽车的使用和管理暂作如下规定：

（一）院级领导（包括正副院长、正副书记、顾问）、13级以上处级干部、4级以

上正副教授外出时，由办公室或直接通知车队。

（二）处级干部（包括正副处长、正副系主任及同级干部）外出，一般不派车。如因急事或交通不便，经主管副院长批准，由车队酌情派车。

（三）一般干部、教员外出，在10人以下或10公里以内者，不派车。

三、作文题

阅读下面文字，并按后面的要求作文。

××中学是一所新办中学。图书馆开放初期，由于还没有建立规章制度，管理员经验不足，部分师生又很不自觉，以致图书馆的借阅管理十分混乱：开放时间不固定，有的人什么时候都来借；有的人用别人的借书证来借；借书数量没有规定，有的人与管理员关系好，可以一次借十几本；有的人借书长期不还；有的人丢失损坏图书不偿还；还有一些不能外借的重要图书也借出去了。总之是无章可循，既不便于图书管理，又不利于图书的流通和使用。

为了改变这种混乱现象，完备借书制度，该图书馆准备制定一套"借书规则"，现请你代拟，要求是：

1. 要针对上述的混乱现象。
2. 用条款式，语言简要明确。
3. 要有标题、署名、实施日期和公布日期。

第五节 应聘文书

一、求职信（自荐信）

（一）例文评析

【例文1】

求职信

尊敬的××公司总经理：

首先，为我冒昧打扰向您表示真诚的歉意。在即将毕业之际，我怀着对贵公司的无比信任与仰慕，斗胆投石问路，希望能成为贵公司的一员，为贵公司服务。

我是××中职学校文秘专业2004级学生，将于2010年6月毕业。学习期间，我努力学习各门功课，并取得了良好的成绩（见附表）。作为职业院校的学生，我非常注意培养自己与专业相关的技能，考取了多个职业资格证书，包括：秘书职业资格三级证书、机器速录初级证书、会计从业资格证书、计算机二级证书、英语口语中级证书。通过学习，我不仅学到了秘书专业知识，还具备了较强的英语听说能力与计算机操作能力，达到了顶岗即用的标准。

作为新世纪的中专生，我非常注意各方面能力的培养，积极参加社会实践，曾在平安保险公司做过业务员，在肯德基做过星级训练员，还在龙腾信息有限公司做过兼职办公室秘书。各种实践经历锻炼了我，使我具备了高度的工作责任感和吃苦耐劳的革命精神。

我期盼能成为贵公司的一员,从事秘书及相关工作。也许我的知识和实践经历还有所欠缺,但我会用我的热情和勤奋来弥补,以我最大的能力来回报贵公司的赏识。

盼望您能给我一次面试的机会。随信附上简历及有关证书复印件。

此致

敬礼

×××敬上
2010年×月××日

【评析】

这篇应聘性求职信,首先提出希望能成为贵公司的一员,为贵公司服务。接着有针对性地介绍自己的学习成绩、技能及社会实践。最后,又再次提出自己的期盼,盼望能给予面试的机会,并附上相关资料、联系地址和电话。这封求职信格式规范、内容齐备,语言简明得体。

【例文2】

求职信

王×,男,1975年×月×日出生,2006年7月于××大学经济管理学院毕业,至今已有4年工作经历,曾任××部门销售部门主任。本人通晓市场营销业务,在该部门工作期间曾为单位盈利数十万元。现欲觅大中型销售部门应聘。

联系电话:××××××××××

【评析】

这篇广普性的求职信(自荐信),首先介绍自己的自然情况,接着重点介绍自己的经历及优势,最后点明自己"欲觅大中型销售部门应聘"。文末附上联系电话。通篇写得简明扼要,适可而止。

(二)必需知识

求职信(自荐信)是求职者向用人单位自荐谋求职位的书信。常见的求职信有应聘性求职信和广普性求职信两种。针对性(针对求职目标、针对用人单位的实际、针对读信人的心理)、自荐性和竞争性是求职信的三个显著特点。

(三)拟写要点

求职信一般由标题、称谓、正文、祝颂语、落款和附件六部分组成。

1. **标题** 标题居中排列,写明《求职信》或《自荐信》,上下各空一行,字体要比正文大些,以求醒目。

2. **称谓** 顶格写受信者单位名称或个人姓名。单位名称后可加"负责同志",个人姓名后可加"先生"、"女士"、"同志"等。称谓后写冒号。另起一行空两格写问候语"您好!"。

3. **正文** 简要介绍求职者的基本情况,包括姓名、年龄、毕业学校、学历、专业、经历、业绩、兴趣爱好、性格特点等。着重介绍自己应聘的有利条件或优势,最好列出一些实例或数据,以使对方信服。也可适当地写写对用人单位或工作岗位的认识。最后,适可而止地提出希望和要求。

4. **祝颂语** 另起一行空两格写"此致",然后换行顶格写"敬礼";或写祝"工作顺利"、"事业发达"等。

5. 落款 信的右下方分别写明求职者姓名和日期（年、月、日俱全），还要写上联系方式。姓名后可写上"敬上"，以示礼貌。

6. 附件 可将作为附件的复印件单独订在一起随信寄出。

（四）注意事项

（1）要有针对性和个性，突出重点，着重介绍自己的优势，展示自己的业绩和能力。

（2）态度自信、恳切，尊重对方，有礼貌，不卑不亢；不使用华丽的词汇，要让对方读来觉得亲切、自然，实实在在。

（3）篇幅简短，简明扼要。

二、简历

（一）例文评析

【例文1】表格式简历

简　历

姓名		性别		年龄		照片
地址						
邮政编码		电子邮件				
联系电话		传真				
应聘职位						
教育背景	时间		学校			
所获奖励						
兴趣爱好						
外语能力						
工作经历	时间		工作单位		职务	

133

【例文2】条文式简历

简　历

一、本人概况

姓名：　　　　　性别：　　　　年龄：　　　　民族：　　　　政治面貌：
学历（学位）：　　　　　　　　　　　　　　　专业：
联系电话：　　　　　　　　　　　　　　　　　手机：
E-mail：
联系地址：
邮政编码：

二、教育背景
1. 毕业院校：
2. 所学课程：

3. 职业资格证书：

三、工作经历（社会实践）

四、特长爱好

五、成果获奖情况

六、自我评价

【评析】

不论是表格式简历还是条文式简历，一般来说，应包括以下内容：

其一，基本情况。应列出姓名、性别、年龄、籍贯、政治面貌、毕业院校及专业、健康状况、婚姻状况、身高、爱好、特长、联系电话与地址等。

其二，教育背景。应写明何时在某校某专业或某学科学习等。

其三，外语及计算机能力。应写明语种、获得证书及应用能力等。

其四，社会实践。应列出工作单位、日期、职位、工作性质，若有工作经验，最好详细列明。

上列两种简历基本符合要求，可供参考。

（二）必需知识

简历，就是简要介绍个人学历、经历、特长、爱好及其有关情况的文书，一份完整的应聘文书，应包括求职信、简历和附件三部分。

（三）拟写要点

简历的写法一般有两种：一是按时间顺序写；一是根据需要有选择地写，以充分表现自己的人品和技能。

（四）注意事项

一是注意简历与求职信的区别。前者主要叙述求职者的客观情况，而后者则主要表述求职者的主观愿望与要求，以表现其情商。

二是注意把简历写得"薄"（一页纸包含所有重要内容）、"露"（规范大方朴素）、"透"（实话实说）。

综合训练二十

一、单选题

下列表述，正确的一项是（　　）。

A. 个人的实践经验是指在社会上的工作经历
B. 求职信只要按照事实全面介绍自己就行
C. 求职信写得越长、越具体越好，越能使用人方对你产生好感
D. 写求职信，理由越充分，推荐成功的可能性就越大。

二、作文题

假设你现在是一个文秘专业即将毕业的本科学生，请根据自己的实际情况，拟写一份求职信，并附上一份简历。

第六节　条据文书

一、凭证类条据

（一）例文评析

【例文1】

借　条

今借到学校财务科人民币壹仟元整，作回家路费之用，下月在工资中扣除。此据。

借款人：王东
××××年×月×日

【例文2】

欠　条

原借黄坚人民币壹仟伍佰元整，已还壹仟元整，还欠伍佰元整，一个月内还清。此据。

刘小良
××××年×月×日

【评析】

以上"借条"和"欠条"居中写明标题。借条正文用大写写明借款数额、用途及归还日期，欠条正文也用大写写明所欠款，写明欠款原因和归还日期。最后均写明署名和日期。

（二）必需知识

凭证类条据是用做凭证，篇幅较小、格式固定的实用文书，具有法律效力。常用的有收条（据）、领条、借条（据）、欠条、代收条等。

（三）拟写要点

凭证类条据的结构一般由标题、正文、署名和日期组成。

1. **标题**　标题居中排列，写明"借条"、"欠条"、"收条"等。

2. **正文**　空两格直接写明字据的性质、关系，如"今借到"、"今收到"、"今领到"等引语。主体写明钱物的名称、数量等。钱款数字要用汉字大写，书写要工整清楚，末尾要加上"整"字，数字不能涂改。尾语一般用"此据"收尾。

3. **署名和日期**　署名前写上"借款人"、"欠款人"、"收款人"等名称，重要字据还应加盖印章，最后写上日期。

（四）注意事项

（1）对外单位使用的条据，单位名称要写全称。

（2）款项、物件的数字必须大写，数字前不留空白，数字后写上计量单位名称，然后写上"整"字，最后写上"此据"。

（3）不可涂改。

（4）文字简明，字迹工整。

二、说明类条据

（一）例文评析

【例文1】

请假条

熊老师：

　　我因感冒发热，不能坚持到校上课，特请假一天，请予准假。

　　此致

敬礼

　　附：医生证明（略）

学生：李玲
××××年×月×日

【评析】

　　该请假条居中写明条据名称，顶格写称谓，正文写明请假原因和时间，然后写祝颂语，文末右下角署名并注明日期，格式规范，语言简洁，有礼貌。

【例文2】

留言条

黄众山：

　　6月29日上午9：00，在水库明珠山庄过组织生活，请准时到会。

曾昭乐留言
××××年×月×日

【评析】

　　该留言条居中写明条据名称，顶格写称谓，正文写明时间与内容，文末右下角署名并注明时间，语言简明。

（二）必需知识

　　说明此类条据是告知信息或说明事情的简单书信，它只起说明告知作用，不具法律效力。常用的有请假条、便条和留言条等。

（三）拟写要点

　　说明类条据的结构一般是由标题、称谓、正文、署名和日期组成。

1. 标题　便条、留言条一般不需要写标题，但请假条、托事条（委托书）、意见条等最好写上标题。

2. **称谓** 顶格写上称谓，后加冒号。

3. **正文** 空两格写上告知或说明的事项。

4. **落款** 有时写上祝颂等惯用语，并在文末右下方署名和注明日期。

（四）注意事项

说明类条据相当于"短信"，写时注意简明实用。

综合训练二十一

一、多选题

1. 条据的特点是（　　）。

A. 一文一事　　B. 时间性强　　C. 强调手续　　D. 交代明白

2. 下列属于说明类条据的是（　　）。

A. 收条　　B. 欠条　　C. 留言条　　D. 便条

二、评改题

请指出下列条据在写作方面的毛病。

1.

请　假

王老师：我因身体不适，在家休息一天，请批准。

　此致

敬礼！

××××年×月×日
赵明

2.

借　条

今借到人民币100元，用于班主题会，日后凭单据报销。

此据。

班长：梁民　即日

3.

今欠黄向东250元，一周内还清。

李小利
××××年×月×日

三、作文题

夏雨因为在台湾的叔叔回来，需要和父母同去广州，两天不能到学校上课，要向老师请假，请代夏雨写张请假条。

第七节　建议书

一、例文评析

【例文】

关于将世界第一教育家孔子的生日
确定为新教师节的建议书

全国人大、国务院：

　　我建议尽快将孔子的诞辰（阳历）9月28日确定为新的教师节，以彰显中国人民尊师重道、传承文化、提升道德的大国风范和气魄。

　　一、世界教师节——孔子感动了世界，唯独没有感动中国。联合国教科文组织将孔子的生日9月28日定为世界教师节；1971年，美国参众两院立法确定孔子的诞辰9月28日为美国的教师节；中国台湾、中国香港、新加坡、马来西亚、印度尼西亚等地均把孔子的生日定为教师节或庆祝日。可见，孔子不仅是中国教师的鼻祖，也是世界教师的荣耀。

　　二、世界上最伟大的教育家——孔子。（略）

　　三、孔子的历史地位。（略）

　　四、孔子的深远影响。（略）

　　五、确定孔子诞辰为教师节的意义。（略）

　　总之，我认为，定孔子生日为教师节具有重大的战略意义。它是迟早的事，晚做不如早做，敬请全国人大、国务院早日定夺此事。

　　此致

敬礼

胡星斗
××××年×月×日

【评析】

　　这是事由加文种的标题，异常醒目。正文从五个方面阐述建议原由，有根有据，说服力强。最后用"总之"收尾，再次强调该建议的重大意义，言简意赅。

二、必需知识

　　建议书（也称"意见书"）是指个人、单位或组织向有关单位或上级机关和领导就某个问题提出某种建议时使用的一种常用书信。它是人民群众发表意见、提供建议的一种工具，它的使用可以充分调动各方面的积极因素，集中广大群众的智慧，以更好地推进工作的顺利开展。

　　内容的具体性和操作的可行性是建议书的显著特点。

三、拟写要点

建议书一般由标题、称谓、正文、结尾和落款五部分组成。

1. **标题**　常见的标题有两种：①文种式；②事由+文种式。
2. **称谓**　注明受文单位的名称或个人姓名（后加"同志"、"女士"、"先生"等）。
3. **正文**　正文要写明建议的缘由、事项（分条列出）和期望。
4. **结尾**　一般是表示敬意或祝愿的话。
5. **落款**　写上签署和日期。

四、注意事项

撰写建议书要注意内容具体、操作可行和语言简明。

综合训练二十二

评改题

请指出下列建议书的毛病。

建议书

梁总经理：

　　您好！

　　首先请代我向公司全体员工致以崇高的敬意，感谢你们为学生朋友设计出了精致优美的××系列收音机，为全国听众朋友带去了精神上的高级享受！

　　我是一名××学生，结识××已有两年的时间，早就在《读者》杂志上目睹贵公司的精品系列，可惜经济条件所限开始并未购买一台；去年与同学刘×共同购买了一台超级短波王，可是由于体积缘故，只好在寝室里收听；暑假时放在家里，家人共同收听；新学期开始后，同学潘××买了一台九波段收音机，我们在茶余饭后收听，效果也不错，它为我们紧张的学习带来了和谐轻松的氛围；同时可以了解时事政治，学习外语，听流行金曲，交知心朋友，真可谓：一机在手，博览神州，放眼全球，万事不忧。

　　总经理，在使用九波段收音机时，我联想到了其他产品，想对产品的设计作如下建议：

1. 标度应更为准确，短波每米短波内标度间距为0.005 MHZ或0.10 MHZ为宜。
2. 频度指标窗颜色最好采用蓝底白字，这样颜色更加鲜明，款式更好。
3. 调频技术参数调配好，灵敏度提高，因其节目质量好，收听效果不错。
4. 与短波天线连接的金属线应稍精细些，收听效果不错。
5. 采用BBS技术，使收音机音质更趋优美。
6. 产品外壳采用防震材料，外壳用不锈钢材料。
7. 短波不必在意设置的电台发射频率数，能精简的便减，选择电台密集的波段。

以上建议仅供参考，如有帮助，实在欣慰，如有不足，敬请斧正，我们将会一如既往关注××的发展。
　　最后，祝愿贵公司在梁总的英明领导下，在新世纪里大展宏图，飞黄腾达！
　　此致
敬礼

公司忠诚的朋友 李××
××××年×月×日

第四章 经济文书

第一节 经济活动分析报告

一、例文评析

【例文】

日糖果食品输港急增
成功拓销有三大要素

日本糖果食品在20世纪60年代才开始进军香港市场，目前已超过英国，成为香港糖果的最大来源者。

近几年来，日本糖果食品输港急增。××××年的输港量为2054吨，到××××年已增至2554吨；同期内日本饼干输港亦由86吨增至497吨。××××年尽管日元高企，去货价提高，但据香港日本糖果食品经销商反映，市场销售未受影响，并约有15%的增长。日本糖果食品在港市场品种不断增加，其中以薯片、玩具糖和饼干最受消费者欢迎。据反映，日本薯片目前已占据香港市场同类产品的60%。

据香港经销商分析，日本糖果食品近年在香港市场迅速发展的原因是：

（一）日本糖果食品经营得法，具有竞争条件。这包括包装、品种多样化，力求创新和改良，可给予消费者广泛的选择余地。

（二）重视宣传，推广得法。在新品种上市前，必做一番详细的市场调查，以了解消费对象和竞争对手，为日后开发市场做好准备。

（三）日本糖果饼干在港拥有较广的推销网，与香港经销商沟通密切。如在港成立港日糖果饼干业促进会，会员经常和日本厂商提供信息和改进意见，起了推广日本糖果的作用。

（《深圳特区报》1987年3月2日）

【评析】

这是一篇简要的专题分析报告。

标题标明了所要分析的内容。

这篇报告没有开头和结尾。正文共三段：第一段叙述日本糖果食品的历史背景；第二段以文字说明和数字说明相结合的方法来介绍情况；第三段分析了其成功拓销的三大要素是经营得法、重视宣传和建立了较广的推销网。该报告用的是因素分析法，介绍情况时也用了对比分析法。分析中又隐含建议。一事一分析，文章短小精悍，可资借鉴。

二、必需知识

经济活动分析报告是对某一部门或单位的经济活动过程及其结果进行分析,从中总结经验,找出问题,提出改进意见,以提高经济效益的一种书面报告。

进行经济活动分析,并在分析的基础上写成报告,是社会主义经济管理的一项重要方法,有利于按照经济规律办事。它对财经工作具有很重要的作用,是制订科学经济计划的重要依据,是提高企业和管理部门的经营管理水平与经济效益的重要环节,是经济主管部门对经济活动中政策的贯彻和计划的完成情况进行监督检查的重要手段。

经济活动分析报告的种类,按内容可分为全面分析报告、简要分析报告(专业性强)和专题分析报告,按时间可分为年度分析报告、季度分析报告、月份分析报告、周旬或不定期分析报告,按管理范围可分为厂部分析报告、车间分析报告和班组分析报告。

三、拟写要点

经济活动分析报告的结构要根据分析的内容和目的而定,并没有固定的格式,一般包括标题、正文和结尾三部分。

1. **标题**

(1) 综合分析报告的标题。一般包括单位名称、时间和分析内容,如《××市××公司××××年上半年财务分析》。

(2) 专题分析报告的标题。一般是揭示分析的内容或范围,如《加强商品购销过程中的经济核算》;有的也可用分析报告的建议或意见做标题,如《关于迅速整顿成本资金的建议》。

2. **正文**

(1) 开头。一般是运用几个基本数据概括地介绍生产或销售的基本情况,或概述分析的课题、目的和意义等。有的则没有开头,而是把开头的内容安排在分析的说明中。

(2) 主体。这是分析部分。分析要根据目的要求,紧扣主题,结合具体情况,围绕重点安排内容。全面分析报告,要分析各项主要经济指标的完成情况;专题分析报告,要针对专题深入展开分析。一般的写法是:

1) 介绍情况。主要是介绍分析对象的情况,包括基本情况的文字说明和具体数字说明,如指标、百分比、有关数据等。

2) 进行分析。就是依据国家的政策和经济规律,运用对比分析法、因素分析法、动态分析法等方法,对有关数据进行数学运算推导,或对有关情况进行综合分析研究,做出评论,产生结论。

3. **结尾** 结尾部分根据前面的分析,应对取得的成绩,探讨如何进一步巩固提高;对存在的问题提出解决的具体措施或建议。

如果单位名称已写在标题中,全文结束后只在右下方写上年月日;如标题中没有写,则应先写单位名称,再写年月日。

四、注意事项

写作经济活动分析报告要注意如下四点：
（1）明确和突出主题，做好资料准备工作。
（2）坚持原则，如实反映情况。
（3）全面分析，突出重点，简明扼要。
（4）决断、推理要合乎逻辑。

综合训练二十三

一、单选题

1. 下列表述，错误的一项是（　　）。
A. 经济活动分析报告着重对"今"、"昔"经济活动资料的分析，揭示其规律
B. 写经济活动分析报告主要用对比分析法
C. 经济活动分析报告的主体部分主要是对各项经济指标的分析和评估
D. 经济活动分析报告所需要的主要材料是数据

2. 《第一季度××市国民经济计划完成情况》这份经济活动分析报告属于（　　）。
A. 专题分析报告　B. 综合分析报告　C. 部门分析报告　D. 简要分析报告

二、多选题

1. 经济活动分析方法有（　　）。
A. 比较分析法　B. 历史分析法　C. 典型分析法　D. 因素分析法

2. 经济活动分析报告的开头部分，应针对分析的问题简要地介绍基本情况，其一般写法是（　　）。
A. 只要数据和指标说明
B. 既要有文字概述，又要有数据和指标说明
C. 只概括取得的成绩
D. 既要概括取得的成绩，也要指出存在的问题

三、评改题

1. ××气矿的财务科写了一份有关医药费开支的分析报告。第一部分是开支情况，第二部分是存在问题，第三部分是改进措施。下面是第三部分原文，语病不少，请改正过来。

依据我矿今年上半年医药费用开支方面所出现的问题，建议矿领导在下半年是否采取以下措施：

（1）外购药品要根据需要严格地把握购买，以避免过期浪费药品积压。
（2）职工到非指定医院，不仅要经过指定医院批准，而且还要经过矿医院批准，方可到非指定医院看病。
（3）职工直系亲属医药费报销50%，应在指定医院就医，若到非指定医院就医，应由矿医院批准。独生子女医药费也报销50%，其余由父母任一方报销。

(4) 职工药费报销，要凭医院处方和医生的报销单上签字，财务部门才给予报销。

(5) 职工药费报销超过一定数量的由本人负责一部分；负担多少，视其具体情况而定。

2. 修改下面的文稿。

××化肥厂财务计划执行情况分析①

在市委、市政府和上级主管部门的正确领导下，在财政、税务、银行等部门的支持下，认真贯彻执行深化企业改革的方针、政策，积极开展"双增双节"运动，狠抓企业管理，促进了效益的大幅度提高。②利润、流动资金、专项基金等主要经济指标均创历史最高水平，较好地完成了1998年财务计划。现将执行情况分析如下③：

一、实现利润指标分析

利润计划总额194万元，实现利润194.6万元，比去年增加94.6万元。利润增加的主要原因：

1. 因销售量增大而增加利润7.5万元。
2. 由于化肥价格调整而增加利润36.4万元。④
3. 因销售成本增加而减少利润25.92万元。
4. 因提取技术开发费而减少利润14.5万元。
5. 因营业外支出增加而减少利润3万元。⑤
6. 因营业外收入减少而减少利润0.2万元。

二、产品成本分析

（一）可比产品成本比去年上升259.2万元，上升23%。主要原因⑥：

1. 因煤、焦、电消耗降低，减少成本55.4万元⑦。
2. 因原料、燃料、动力价格因素而增加成本232.6万元。⑧
3. 因费用增加，致增加成本104.3万元。

（二）本年生产合成氨计划11000吨，实际生产13827吨，超产2827吨，比去年12741吨增加1086吨⑨。

（三）本年产值计划890万元，实际完成890.2万元，比去年848.9万元增加4.70%⑩。

三、流动资金分析

1. 在生产能力提高、原辅材料价格上涨的不利条件下⑪，抓了流动资金管理，调整各部门流动资金使用指标，促进了资金管理水平的提高。今年定额流动资金平均金额97.1万元，比去年下降0.7万元。

2. 流动资金平均金额189万元，百元销售收入占用流动资金11.82元，比银行核定的12.98元，下降1.16元，节约资金18万元，跨进全国同行业先进水平⑫。

3. 百元产值占用定额流动资金10.91元，比去年11.52元下降0.61元。定额流动资金周转天数22天，比去年31天加快9天，节约定额资金40万元，全年未向银行贷款。

四、专用资金分析

今年提取折旧基金63.9万元，大修理基金43.6万元，职工福利基金4.1万元；企业留利108.5万元，按6:2:2的比例分成，其中生产发展基金65.1万元，职工奖励基金21.7万元，职工福利基金21.7万元。年末各项基金总额183.3万元。⑬为企业扩大再生产打下了良好的基础。

总之，今年以来，全厂职工团结奋斗，较好地完成了上级交给的各项任务。目前，我厂正进行年终总评，总结经验，吸取教训，以优质、低耗能、多产为中心，加强企业管理和民主管理为手段，促进效益为目的，为明年全面超额完成各项任务而奋斗。⑭

四、作文题

根据下面提供的材料，写一份经济活动分析报告。

(1) 2007年10月5日，东风胶辊厂财务科就第三季度胶辊成本上升问题向厂部写了一份分析报告。

(2) 工艺操作上的问题。红旗厂胶辊硫化后，刨光损耗只有1.5~2cm，而东风厂一般在3~5cm；返工损耗：红旗厂为5%，东风厂为14%；废品损耗：红旗厂为2%，而东风厂为8%。因此要制定岗位责任制和工艺操作规程，减少返工和废品损耗，并建立健全退料制度。

(3) 技术配方问题。如黑墨：红旗厂用25%，东风厂用50%；胶：红旗厂掺用35%的再生胶，东风厂全部用天然胶（天然胶每公斤6.75元，再生胶每公斤只有2元，而且质量好）。请技术科立即与红旗厂联系，学习他们行之有效的配方。

(4) 东风厂第三季度胶辊生产成本和红旗厂同期生产成本比较，超过6%，计×××元。从各季成本对比资料看，差距主要表现在工、料两个方面。为了弄清情况，东风财务科和生产科主要负责人曾去红旗厂参观、学习，并分析了有关资料，发现自己厂在生产上存在一些问题。

(5) 使用材料上的问题。红旗厂用陶土代替氧化锌，陶土每公斤只有0.37元，而氧化锌每公斤却要2.36元。用量较多的立德粉、白艳油、松香、牛油等，该厂采用价格低廉的碳酸钙、松焦油、固马龙等材料代替。因此，在不影响质量的前提下，东风厂应争取多用价格较低的代用材料。

第二节　市场预测报告

一、例文评析

【例文】

家用饰材：伴着装修热起来

今年以来，我（深圳）市家用建筑装饰材料市场发展兴旺。有关部门的抽样调查表明，我市房屋建筑装饰消费呈显著增长趋势。根据去年全年全国各大城市居民家庭的人均消费构成分析，绝大部分城市建筑装饰消费支出占总消费的比例仅为1%，而深圳市平均每户家庭建筑装饰费用占家庭总消费支出的比重高达1.84%，几乎高出全国平均水平的一倍，与之相应的建筑装饰材料市场自然呈现蓬勃兴旺的好势头。

今年我市家用建筑材料市场的特点是：产品更新换代周期缩短、品种更新快、花色新、质量优、配套性强。如涂料，一些无毒、耐擦洗、能消音、装饰性强的涂料和具有防火、隔音等特殊功能的涂料销路越来越好。在我市专门经销家用饰材的金星田贝建材专业市场，一位店主告诉笔者，今年春节以后，仅壁纸一项，他就进了30多个花色品种，有台湾的"天丽"、澳洲的"幻影"等。在一家经销地板的店中，据店主管说，木地板中除中档的柚木、红木等产品外，还进了金象牙、白象牙等高档木料。在田贝四路的建材一条街上，店主经销的花色品种也越来越多，还出现了防燃、防震、防霉变的塑料地板产品。在壁纸和墙布中，也出现了许多防霉、透气、阻燃、附有力强等多功能的产品。这些新产品花色多、装饰效果好，在色彩上更加注重运用天然颜色，因而在市场上很受欢迎。

行内人士分析，今年，我市投入使用的微利房是历年来最多的一年。松坪山、石厦南等微利房住宅区已陆续投入使用，仅松坪山一处，就有3000多套，这些住户大部分在六七月份将入住，因此预计在五六月份将会有一次装修高潮来到。为此，金星田贝市场的业主们早已开始做了准备，以满足我市市场的需求。

(《深圳特区报》1995年4月30日)

【评析】

这是一篇有理有据、分析中肯、条理分明、观点鲜明的市场预测报告。

标题是一个主谓句，主语与谓语之间用了一个冒号，简明、准确地概括了预测的内容和范围，非常醒目，引人入胜。

前言开门见山，第一段仅用一句话，就点出"今年以来，我市家用建筑装饰材料市场发展兴旺"。第二段则用具体材料加以说明。

主体分为两个部分：首先，揭示了"今年我市家用建筑材料市场的特点"；其次，对家用建筑材料市场在分析的基础上进行了预测并提出了相应的对策。写得有情况、有分析、有对策，叙述简明，概括合理，议论画龙点睛，恰到好处。

二、必需知识

市场预测报告是对市场供求变化及趋势进行科学分析和预测之后写成的一种推断性的报告。

市场预测是为了使用商品供应适应需求而有计划进行的重要环节，是组织好市场商品供求关系的一项重要的基础工作。做好这项工作，可以使生产部门和商业部门掌握市场需求的变化趋势，增强对市场的适应性，取得生产经营的主动权；可以促进生产的发展，满足人们消费的需要；可以提高企业的管理水平，做到高瞻远瞩，有预见性，加强经营管理的现代化。总之，市场预测对实现生产的计划化、对加快社会主义现代化建设步伐都有着十分重要的意义。

市场预测是商品经济发展的一定历史阶段的产物。它是现代化生产和流通不可缺少的手段。随着现代科技的发展，市场预测已达到了科学化和现代化的水平。当前，日、美等先进工业国家为市场预测建立了庞大的专门机构,以极其先进的设备,随时预测市场的各种信息,以此作为发展商品生产的重要参考依据。在我国,随着商品经济的不断发展,市场预测也必将越来越显示出经济参考作用,从而受到人们的重视。

市场预测的种类,按地域范围分,有全国性预测、地区性预测;按时限分,有长期预测(5年以上)、中期预测(2~3年)和短期预测(1年左右)。

每个企业进行哪一种预测,取决于对象(可以是一种产品,也可以是相同的一类产品)的特点、预测的要求以及掌握的材料、数据。根据各种不同的情况,恰如其分地选择预测的方式,确定预测的内容(市场需求的预测、生产情况的预测、市场行情的预测),有利于确定投资方向、安排基建规模和加强产销计划性。

三、拟写要点

市场预测报告的格式,一般分为标题、正文和结尾三个部分。

1. 标题 应当根据预测的对象、内容和范围来概括。例如《××××年国内鞋类市场预测》。

2. 正文 一般要写清楚以下三方面的内容:

(1)根据调查,说明市场的现状。预测,就是从现状来判断未来。要了解现状,就要根据企业的经营范围,对市场进行广泛、深入的调查,找出某企业的某种商品的经营销售情况及存在问题,并索取必要的资料。这是预测(判断未来趋势)的依据。一般的写法是:文字、图表并用。

(2)分析资料,预测市场未来。要搞好市场预测,就要在充分掌握现实资料的基础上,进行深入细致的分析,以找出本质的东西,判断未来的趋势,特别是它的数量估计。这部分说的是预测值。

(3)根据分析,提出改进生产经营的意见,即依据预测的情况,提出改革本企业经营管理的意见、建议和措施。这部分说的是对策及其方案,它可能不是一种,而是几种,以为决策人下决心提供较可靠的依据。

3. 结尾 凡有前言的预测报告,结尾都应照应开头:或归纳全文,以深化主题;或重申观点,以加深认识。如无前言的,在结尾处只写上预测单位或个人姓名,并注明时间即可。

四、注意事项

市场预测报告的写作要注意以下四点:

(1)要进行深入调查。
(2)要选择预测方法。
(3)要进行综合分析。
(4)要建立预测队伍和积累资料。

综合训练二十四

一、单选题

1. 市场预测报告的标题虽然多种多样，但是，都不能没有"预测目标"——预测的基本点。下列标题正确的是（　　）。
   A.《二〇一〇年全国电冰箱需求预测》
   B.《兴旺发达继续前进》
   C.《纯棉织布市场前景预测》
   D.《不愁销售》

2. 市场预测报告的情况部分要（　　）。
   A. 介绍预测对象的基本情况　　B. 说明历史和现状
   C. 提出设想建议　　D. 提出全文的主旨或主要内容

3. 市场预测报告的主体一般分为情况、预测和建议三个部分。这三个部分的关系是（　　）。
   A. 环环相扣、互为因果、有机统一
   B. 以预测为主，建议可有可无
   C. 建议部分是整个预测的根本目的
   D. 预测是报告的核心

二、多选题

1. 市场预测报告的写作要求有（　　）。
   A. 要进行深入调查
   B. 要选择预测方法
   C. 要进行综合分析
   D. 要建立预测队伍和积累资料

2. 市场预测报告的正文部分包括（　　）。
   A. 情况部分　　B. 预测部分　　C. 计划部分　　D. 建议部分

3. 下列表述，正确的是（　　）。
   A. 市场预测报告的情况部分要说明预测的时间、地点、目的、范围、经过和方法。
   B. 市场预测报告是对市场前景的预测预报。其特点是瞄准未来，探测市场的发展趋势，是取得经济效益的"马前卒"，而不是"马后炮"。
   C. 从全局和整体上对一个国家或一个经济区域的预测写成的报告，叫微观预测报告
   D. 市场预测报告中，情况是预测的基础；预测是发展趋势的预见；建议是预测结论的延伸，是预测的根本目的。

三、评改题

下面一份市场预测报告有毛病，应加些材料（附后）。这些材料应加在何处合适？为什么？

冰箱工业的隐忧

近几年，中国冰箱工业通过全面引进生产线而迅速发展起来。但是，冰箱工业的迅速发展却潜伏了不少隐忧。

一、市场趋于饱和。目前中国冰箱的生产能力已超过本世纪的市场需求量。根据发展均势，两年后市场将出现供求平衡，四年后必将饱和。冰箱生产投资庞大，专用设备多，一旦市场饱和，对整个冰箱工业的打击将难以估计。

二、机型庞杂，难以国产化。中国现在组装的冰箱几乎包罗了世界各国的主要机型。这种"万国牌"状况给零件国产化、通用化造成了极大困难，并使维修服务成为严重的社会问题。

三、偏重引进生产装配线，背上沉重外汇负担。由于整个引进基本是从引进"后工序"开始，即从引进装配开始，并且忽视了对引进技术的消化、吸收，忽视了引进冰箱工业方面的基础工业，因而整个冰箱工业实际上是一种加工装置工业，大多数冰箱厂的零部件仍须年复一年地从国外进口。在中国外汇短缺的情况下造成了沉重的外汇负担。据统计，上海经济特区五省一市的16个定点厂已花费外汇8000万美元。而要使这些生产线达到批量生产，每年还将耗费外汇2亿美元。

同时，由于引进的生产线基本上属同一代产品，多为国内20世纪70年代中期水平，整个冰箱工业的技术老化将异常迅速。届时又需从国外大规模引进新的生产线，形成恶性循环。

材料：

1. 目前中国已有一定的工业基础及素质良好的技术队伍，应把引进的重点移向对国外技术的消化、吸收，使中国冰箱工业最后走上一条国产化的道路。

2. 仅上海经济区16家冰箱定点厂就引进了日本、意大利、法国、德国、匈牙利、罗马尼亚、新加坡、新西兰等20多家公司的产品。

3. 冰箱工业的错误引进方针偏离了预期目的。技术引进应以实现进口替代出口导向为目标，应把重点移向对国外技术的消化与吸收。

4. 据统计，近几年引进的冰箱生产流水线达40多条，年生产能力从×××年50多万台猛增至3年后的1500万台。

第三节　经济合同

一、例文评析

【例文】

购销合同

立合同人：××市肉类联合加工厂（以下简称甲方）
　　　　　××市食品公司（以下简称乙方）

为了繁荣市场，保证食用猪油供应，经双方协商，签订本合同，以资共同遵守。

一、由甲方向乙方订购食用猪油贰佰吨，按每吨叁仟伍佰元计算，由甲方付给乙方货款共柒拾万元。

二、乙方于20××年4月至5月分四次在××火车站上向甲方交付完所订购的食用猪油。

三、付款办法采取银行托收承付。甲方在验收第一批货物后五日内先付款50%，在验收全部货物后五日内付清余下货款。

四、采用铁桶包装，铁桶回空，回空后由甲方运至××站，运杂费由乙方负担。货物发运后的铁路运费及卸车费由甲方负担。

五、质量标准。按食用油规格，水分不超过1%为合格，不符合质量标准，甲方拒收。

六、双方按规定日期交付货物或货款，逾期不履行合同的，违约方按每天1%的尾款或货物折价款付给对方违约金。

七、本合同一式四份，双方各执正副本各一份存查。

××市肉类联合加工厂（盖章）

代表人：×××（签名）

地址：（略）

电话号码：（略）

电报挂号：（略）

开户银行：（略）

账号：（略）

××市食品公司（盖章）

代表人：×××（签名）

地址：（略）

电话号码：（略）

电报挂号：（略）

开户银行：（略）

账号：（略）

20××年×月×日

【评析】

这是一份条文式合同，写得简明、具体、完备、规范。第一条确定了购销的标的物、单价及总货款，第二条说明了货物支付的时间、方式和地点，第三条注明了结算付款方式和有关要求，第四条规定了包装方式和包装物处理的要求，第五条规定了质量标准，第六条明确了双方的违约责任和处罚方法。这样就做到了平等互利，合理合法，执行起来可以避免不必要的纠纷和损失。

美中不足之处是未写明鉴证机关。

二、必需知识

(一) 经济合同概述

经济合同是法人、其他经济组织、个体工商户、农村承包经营户相互之间为实现一定的经济目的,明确相互权利义务关系而签订的协议。

合同也叫协议书。不过,合同和协议书在实际运用中有时略有区别,一般地说,协议书的内容不如合同具体。对外贸易的合同,也称"成交确认书"。

经济合同的当事人,一般是具有法人资格的社会组织,包括企业法人和机关、事业单位、社会团体法人。个体工商户和农村承包经营户也同样具有与法人签订经济合同的法律地位。

签订经济合同是一种法律行为。其主要作用是:有利于保证国家经济计划的完成;有利于专业化和大协作;有利于促进企业的经济核算,提高经济效益;有利于发展对外贸易和经济、技术交流;有利于保护经济合同当事人的合法权益和经济秩序的稳定。总之,经济合同的作用是广泛的。随着《中华人民共和国经济合同法》的实施及经济合同的普遍采用,经济合同必将在经济体制改革和市场经济发展中发挥更大的作用。

经济合同的种类很多。按性质分,有供销合同、基建工程承包合同、加工订货合同、货物运输合同、借贷合同、财产保险合同、科技协作合同、补偿贸易合同、仓储保管合同、财产租赁合同等;按形式分,有条款合同、表格式合同等;按时间分,有长期合同、中期合同、短期合同等。

(二) 经济合同的基本内容

各类经济合同一般都要具备以下几项基本内容:

1. **标的** 是合同中权利和义务的所指对象,为法律用语,指法律行为想要达到的目的。有时指物,有时指行为。如购销合同的标的是商品,承揽合同的标的是劳务,等等。

任何经济合同,不仅都要有明确的标的,而且要对标的提出具体的标准。如购销合同,要把购销产品的名称、品种、型号、牌号、规格等质量标准,数额,单价,总价,验收方法等具体写明,否则合同就无法执行。

2. **数量和质量** 数量和质量都是确定经济合同的具体条件之一,必须规定得明确、具体。如工业产品的质量,必须具体订出何年何月的国家或部颁标准,并写明标准的编号。如果是协商标准,还必须另附协议书或提交样品。

3. **价款或酬金** 指取得对方产品或接受对方劳务所支付的代价。凡国家规定了价格(包括国家定价、浮动价)的产品,必须遵守国家价格;国家未规定的价格,政策上允许议价的,价格由当事人双方(或多方)协商议定。

4. **履行的期限、地点和方式** 合同中必须明确规定交货或提交科技成果,或履行合同义务的时间以及交付的地点和方式。

5. **违约责任** 除不可抗拒的意外事故(指合同当事人不能预见的人力不可避免的强制力量造成的事故,如,自然现象:地震、台风、水灾、旱灾等自然原因;社会现象:战争或其他类似军事的行动等)外,违约一方应支付违约金或赔偿金。

6. 结算办法 经济合同用货币履行义务时，除法律另有规定外，必须用人民币计算和支付；除国家允许使用现金履行义务外，必须通过银行转账结算：同城以支票结算，异地以信用证、汇票承兑、托收承付等方式结算。允许预付货款的商品，订合同时，必须注明是先付款后交货，还是先交货后付款，不能笼统地写"电汇"或"邮汇"。要注意写清开户银行、账号和户头，以及结算日期和结算方式。

其他如标的包装方法、运输责任等也应写清楚，以免责任不清，引起纠纷。

三、拟写要点

经济合同的格式，一般都包括以下四个部分。

1. 标题 一般要注意写明合同的性质。如《供销合同》等。

2. 双方单位名称（当事人） 单位名称应写全称。为行文方便，可在双方单位名称后用括号分别注明"甲方"、"乙方"或"供方"、"需方"。

3. 正文 正文的内容主要有以下两个方面：

（1）签订合同的依据和目的。如"经双方协商，签订本合同，以资共同遵守"。

（2）协议的主要条款。主要包括四项：①双方协议的内容。②经济责任和法律责任。③合同的有效期限。④合同的份数和保存。如果有表格、图纸、实样等附件，也应注明。

4. 结尾 结尾写明单位的全称及代表姓名，并签名盖章。最后写明签订合同的日期。有的合同还要写明保证单位和鉴证机关，并加盖印章，方为有效。如果双方相距较远，为方便联系，还要写上单位地址、邮政编码、电话号码、电报挂号以及开户银行、账号等。

四、注意事项

要写好经济合同，必须注意掌握好以下五个要素：

一要合法。订立经济合同，必须依法办事。当前存在的突出问题是：当事人不具备法人资格，却以法人身份签订合同；合同的内容违反国家的法律和政策。这种合同，不仅不受法律保护，有的甚至还要依法追究责任。

二要合理。合同必须贯彻平等互利、协商一致、等价有偿的原则，任何一方都不得把自己的意见强加给对方。

三要合格。即合乎合同特定的写作格式和必备的主要条款。

四要完善。不仅格式和主要条款要完善，每一条款的内容也要尽量严谨周密，避免发生漏洞。如标的物不仅要写明数量和质量，而且要写明计算单位、质量的技术要求和标准等等。有的合同就是因为质量标准和检验手段不明确而发生纠纷。

五要具体明确。如供货方负责维修商品，而人员的旅费、工资该谁负责等相关事项都要明确具体地加以规定。

综合训练二十五

一、单选题

1. 下列表述，错误的一项是（　　）。
   A. 经济合同的标题必须写明合同的内容和性质，不能只写"经济合同"或"合同"
   B. 为了正文说明方便，立约双方在各自单位名称后面的括号里可用简称"我方"、"你方"
   C. 标的是一切经济合同必须具备的首要条款，必须准确标明
   D. 协议书确定名称关系的内容比合同广泛，其内容往往比较原则、概括，约束力没有合同强

2. 下列表述，正确的一项是（　　）。
   A. 价款和酬金是一回事，都以货币数量来表示
   B. 意向书与合同都具有法律效力和约束力
   C. 因为我国出现了经济成分多元化的现象，所以需要合同来规范
   D. 随着市场经济的深入发展，作为一种经济手段的合同必将越来越受到重视

3. 下列表述，正确的一项是（　　）。
   A. 对于生产企业来说，签订合同就能提高经济效益
   B. 合同一经签订就是合法的，受法律的保护
   C. 无民事行为能力人、限制民事行为能力人的监护人是其法定代理人
   D. 《合同法》规定：当事人订立合同，有书面形式和口头形式两种

4. 一个工厂的法定代表人是（　　）。
   A. 车间主任   B. ××处长或科长
   C. 厂长   D. 厂长秘书

5. 我国《合同法》按内容性质区分，规定了（　　）种合同基本类型。
   A. 16   B. 15   C. 13   D. 10

6. 下列不符合签订合同原则的一项是（　　）。
   A. 等价有偿的原则   B. 友谊情感的原则
   C. 协商一致的原则   D. 诚实信用的原则

7. 假如有人暂时把一些物品放在朋友的厂房里，按规定支付少量的费用，应该签订的合同是（　　）。
   A. 友好协商   B. 找新闻媒介   C. 申请仲裁   D. 诉诸法律

8. 下列不属于解决争议的方法是（　　）。
   A. 保管合同   B. 仓储合同   C. 委托合同   D. 租赁合同

二、多选题

1. 下列表述，正确的是（　　）。
   A. 如需要变更或解除合同，必须按照法律规定的条件和程序，经当事人各方协

商，达成新的协议；反之，将承担违约责任
B. 一般来说，签订合同时应以经济实力较强的一方为主
C. 标的指合同当事人双方权利和义务的共同指向的对象
D. 在签订对外贸易合同时，特别要注意，一定要写明用何种货币支付价款或酬金
2. 我国《经济合同法》对违约有明确规定，其违约责任主要有（　　）。
A. 支付违约金　　　　　　　B. 支付赔偿金
C. 承担包修、包退、包换　　D. 罚金

三、评改题

指出下面这份合同存在的问题并加以修改。

经济合同

立合同单位：××局基建办公室（甲方）
　　　　　　××县建筑公司办公室（乙方）

为扩大商品储存量，促进商品购销，××局决定新建一座大型仓库。经双方协商，订立以下条款，以资恪守。

一、甲方委托乙方建造××大型仓库。
二、乙方包工包料，全部建造费为陆拾陆万叁仟元。
三、甲方负责场地的三通一平工作。
四、乙方争取在6月上旬开工，明年夏季收购前完工。
五、甲方分期交付建造费，到完工后全部付清。
六、本合同一式两份，双方各执一份。

××局基建办公室（公章）
主任×××　（私章）
××县建筑公司办公室（公章）
主任×××　（私章）
××××年×月×日

第四节　招标书　投标书

一、例文评析

【例文1】

××大学修建图书馆楼的招标通知

××大学经上级主管部门批准，拟修建一座图书馆楼，从××××年×月×日起建筑招标。现将具体事宜告知如下：

1. 工程名称：××大学图书馆楼。

2. 建筑面积：××××平方米。

3. 施工地址：××市××路××号。

4. 设计及要求：见附件。（略）

5. 材料中钢材、木材、水泥由招标单位供应，其余由投标人自行解决。所需材料见附表。（略）

6. 交工日期：××××年×月。

7. 凡愿投标的国有、集体建筑企业，只要有主管部门和开户行认可，具有相应建筑施工能力者均可投标。

8. 投标人可来函或来人索取招标文件。

9. 投标人请将报价单、施工能力说明书、原材料来源说明书以及上级主管部门的有关签证等密封投寄或派人直接送到我校基建处招标办公室。

10. 招标至××××年×月×日止（信件以邮戳为准）。4月10日于我校办公楼会议室在××市公证处公证下启封开标。

××大学基建处（印章）
××××年×月××日

【评析】

这篇例文标题由招标单位名称、招标项目名称和文种三部分组成。正文将建设单位名称、工程项目、建筑地点、建筑面积、建设工期、设计和质量要求等事项和要求逐条列出，简明扼要，符合一般工程项目招标书的要求。

【例文2】

投标书

日期：　　年　　月　　日

一、项目名称：_____　数量：_____　图纸编号：_____。

二、本工程要求_____年___月___日开工，于_____年___月___日竣工。

三、乙方人工费单价_____元，单件、套小计人工_____、工费_____元，工程人工费合计_____元。

四、单件、套、材料核算（单价、合价由甲方核算）

编号	材料名称	单价	数量	件数	合计	材料单价	合计	备注
							材料总价	

五、此标定于＿＿＿年＿＿月＿＿日送达甲方，于＿＿＿年＿＿月＿＿日开标，规定日期不送达、开标日期不出席均作弃标处理。

六、投标单位全称：＿＿＿＿＿＿＿＿＿＿＿＿＿＿（印章）

  地址：＿＿＿＿＿＿＿＿＿ 邮编：＿＿＿＿＿＿ 联系人：＿＿＿＿＿＿

  电话：＿＿＿＿＿＿＿＿＿ 传真：＿＿＿＿＿＿ 电报挂号：＿＿＿＿＿

【评析】

这是一篇工程项目招标书。正文说明了项目名称、计划、开竣工日期、工程人工费和材料的种类、数量和价格等，对招标书作出了明确的回答。这可以说是投标单位的正式报价单，是评标决标的主要依据。

工程项目投标书的内容一般还包括工程质量达到的等级、主要工程施工方法以及要求建设单位提供的配合条件等。

二、必需知识

招标与投标，是国内外经济活动中广泛采用的一种竞争性交易方式，它们使用的文书分别称为招标书与投标书。

招标书也叫招标公告（通告、启事），它是招标人在利用投标者之间的竞争达到优选买主或承包目的的交易行为中所形成的书面文件。

投标书是对招标书的应答，是投标人依照招标书提出的条件和要求，向招标单位提出自己的意向、价格、时间、认可程度等所填写的文件报表。

招标与投标的主要程序如下：

（1）招标单位成立招标、评标组织。

（2）招标单位发表招标公告，确定标底。

（3）投标者购买或领取招标文件。

（4）招标单位组织投标咨询，组织投标者进行企业考察。

（5）投标者填写、递交投标书。

（6）招标单位对投标者进行资格审查。

（7）招标单位召开揭标会议，当众开标，公布标底、标价，确定中标者。

（8）招标单位与中标者签订经济合同。

三、拟写要点

（一）招标书的结构和写法

招标书的作用是邀请投标人参加投标。其写法比较概括，不必写得很详尽。具体条件另用招标文件说明，发送或出售给投标人。招标书的内容主要包括：招标单位和招标的项目名称，招标项目内容简介，投标资格与方法，技术、质量、时间等要求，投标开标的日期、地点和应缴费用，等等。

招标书的结构一般由标题、正文与结尾三部分组成。

1. 标题 通常由招标单位名称、招标项目名称和文种三部分构成。如《××大学修建图书馆楼的招标通告》。也有省略招标项目或只写文种的。

2. 正文 一般用条文式，有的也可用表格式。对于招标的条件和要求、投标开标的日期等投标人应知事项，都应简要概括，分条列出。商品招标书要求标明商品的名称、数量规格、价格等。科技项目招标书则要求写清楚招标原则、项目名称、任务由来、研究开发目标、研究开发内容、经济技术指标，以及研究开发的进度要求、成果要求、经费要求、承包单位的条件及要求，等等。

3. 结尾 结尾要写清招标单位名称并加盖印章，成文时间，联系人姓名，招标单位的地址、邮政编码、电话号码、电报挂号等；必要时还可写上开户银行及账号。

（二）投标书的结构和写法

多数投标采用表格式，内容与招标书相对应，对招标的条件和要求作出明确的回答和说明。

投标书的结构一般由标题与时间、正文、署名三部分组成。

1. 标题与时间 标题一般写上文种"投标书"即可。也可包括投标形式、投标内容和文种。如《租赁××市印刷厂的投标书》。投标的时间可写在标题的右下角，也可写在文末投标人的单位名称下面。

2. 正文 一般可分条列项（也可用表格式）写明投标的项目名称、数量、技术要求、商品价格和规格、交货日期等。承包经营项目的投标书，其正文一般要阐述对投标项目基本状况的分析，找出优势和存在问题；提出经营方针；说明承包目标、考核指标以及达到目标的可行性分析和拟采取的措施；对招标者提出的要求、条件的认可程度；等等。

正文部分引用的数据要准确、完整；论述要条理清楚，说理透彻；目标要明确可信；措施要切实可行。

3. 署名 要写清投标人的单位名称以及邮政编码、地址、电话号码、传真号码、电报挂号等，以便联系。

四、注意事项

要写好招标书、投标书，必须注意以下四点：
（1）充分做好调查研究工作。
（2）依照国家的有关法律、法规和政策规定。
（3）内容明确具体、重点突出。
（4）格式规范、词语准确。

综合训练二十六

一、单选题

1. 下列表述，错误的一项是（　　）。
A. 广义的招标书泛指在整个招标过程中所涉及的一系列文件
B. 投标书介绍己方的优势时可以适当拔高
C. 制作投标书要注意实事求是，但更要有竞争性地明确表达竞争意愿

D. 招标可以完全杜绝诸如"权钱交易"、"暗算操作"等腐败现象的产生。
2. 下列表述,错误的一项是（　　）。
A. 结尾的招标书的一个必要组成部分,一般会比较详细地写清楚招标单位（或承办招标事项的单位）的名称、地址、电话、传真、邮箱、联系人等,以便于外界与之联系
B. 邀请招标是直接特邀其中一个符合条件者来承担招标项目
C. 招标书与招标文种是同一个概念两个语词
D. 在整个招标投标过程中涉及的各种文本较多,统称为招标投标文书

二、多选题
1. 下列表述,正确的一项是（　　）。
A. 由于招标的特点是公开、公平和公正,将采购置于透明的环境之中,这就能从根本上杜绝腐败行为
B. 中标就是接到了压力和动力
C. 标底在开标之前不得泄露,要严格保密。如有泄露,对责任要严肃处理,直至追究法律责任
D. 投标人在招标、投标活动中享有平等的权利,有同等的机会,招标人对投标人不应当存在任何歧视行为
2. 下列表述,错误的一项是（　　）。
A. 招标人和中标人应当在中标通知书发出之日起 20 日内,按照招标文件和中标人的投标文件订立书面合同
B. 投标人一旦中标,表示招投标工作结束
C. 招标通告和招标书是一样的文书
D. 落款的单位不一定和标题中的招标单位相一致,它可以是招标单位的上级主管部门,也可以是某一承办单位

三、作文题
根据下列材料,以××市轻工业商品贸易大厦筹备处的名义写一份工程设计招标通告（可以充实、丰富材料）。
经上级批准,准备新建轻工业商品贸易中心大厦。建筑面积 30000m^2,楼高 20 层,建筑地点在××区××路中段。要求甲级设计单位并具有必要的设计条件和成功地设计过类似项目的设计单位投标设计。有意设计者请于 2004 年 10 月 20 日前到××市轻工业商品贸易大厦筹备处面洽。联系办法:请与轻工招待所 105 房××同志联系。联系电话:××××××××。

第五节　产品说明书

一、例文评析

【例文】

香雪牌抗病毒口服液
（纯中药新药）
使用说明书

　　本品系以板蓝根、藿香、连翘、芦根、生地、郁金等中药为原料，用科学方法精心研制而成，是实施新药审批法以来通过的、第一个用于治疗病毒性疾患的纯中药新药。

　　本品经中山医科大学附属第一医院、第一军医大学南方医院和广州市第二人民医院等单位的严格的临床验证，证明对治疗上呼吸道炎、支气管炎、流行性出血性结膜炎（红眼病）、腮腺炎等病毒性疾患有显著疗效，总有效率达91.27%。其中对流行性出血性结膜炎（红眼病）和经病毒分离阳性的上呼吸道炎的疗效均为100%，并有明显缩短病程的作用。

　　本品疗效确切，服用安全、方便，尤其适用于儿童患者，是治疗病毒性疾病的理想药物。

　　［性状］本品为棕红色液体，味辛、微苦。

　　［功能与主治］抗病毒药。功效清热祛湿，凉血解毒，用于治疗风热感冒、瘟病发热及上呼吸道感染、流感、腮腺炎等病毒感染疾患。

　　［用法与用量］口服，一次10ml，一日2～3次，宜饭后服用，小儿酌减。

　　［注意事项］临床症状较重、病程较长或合并有细菌感染的患者应加服其他治疗药物。

　　［规格］每支10ml。

　　［贮藏］置阴凉处保存。

【评析】

　　这是一份写得很有特色的产品说明书。最突出的优点，就是对消费者的需要和利益考虑得比较周到，表现为：它较全面地实事求是地介绍了药品的属性，使消费者对该药品的生产者有较好的印象。

二、必需知识

　　为了帮助消费者正确认识产品并学会使用该产品，用文字形式简明扼要地介绍产品的特点、性能、用途、保养、使用方法以及注意事项等的说明书，就是产品说明书，也叫商品说明书。

三、拟写要点

根据内容的多少和表达的难易，产品说明书一般采用概述式和条款式两种写法。

1. 概述式　扼要地概括介绍产品的性能、用途和使用方法。顾主容易理解、掌握的产品，常采用这种方式来说明。

2. 条款式　有些产品（如科技产品）的结构、安装、使用方法及注意事项都比较复杂，就用条款式分条列项加以介绍。其一般写法如下：

（1）封面。要有实物照片。标题（往往是产品名称）要写得醒目。要注明生产单位、厂址、电报挂号、电话号码等，以便用户和厂家联系。

（2）目录。要标明各章节及页码。

（3）概括介绍产品的规格、性能、用途、特点等。

（4）主要技术指标。要列出产品的各项性能指标、工作条件、数据范围，如温度范围、压力范围、电压的变化范围等。对于较精密的仪表，还应列出仪表的精度、误差范围，产品的体积和重量等。

（5）工作原理。简略叙述产品是根据什么原理设计的。对于特殊的机构和特殊的电路要作较详细的介绍。原理部分的说明应起三个作用：一是让用户对产品有较深入的认识；二是使用户对操作程序有较深入的理解；三是帮助用户维修产品。

（6）使用方法。按照操作程序分别逐条列出每项操作的要领，说明应注意的事项，对易损部位尤应加以强调和说明。

（7）维修方法。要强调产品的保养方法。对于较复杂的产品还要指出其常见的故障及其简单的修理方法。

（8）零件表。列出所有零件的型号和规格。

（9）原理图。包括结构图、电路图等。

四、注意事项

要写好产品说明书，必须注意如下四点：

（1）要了解产品的特点。

（2）要实事求是。

（3）注意事项一定要交代清楚。

（4）条理清楚，语言简明。

综合训练二十七

一、评改题

请指出下列《产品说明书》的主要毛病，并加以修改。

消咳喘

对气管炎、咳喘病，医者患者都大伤脑筋，至今尚无奇特良方益药。经多年反复临床实验，采用我国东北特产"满山红"为主要原料，通过精心加工，提炼有效成分，制成本品——"消咳喘"，对治疗急、慢性气管炎和感冒咳嗽确有显著疗效。本品出厂后，博得男女老幼患者赞美和好评，患者一致认为对支气管炎止咳、平喘特有奇效。患者纷纷来函寻求本品，因而亦称止咳平喘之要药。

成分：满山红。

功能主治：止咳、祛痰、平喘。适用急、慢性支气管炎，感冒咳嗽。

用法与用量：每日三次7～10ml，用温开水送服。小儿酌减。本品有少许沉淀，服时振摇。

储藏：密闭阴凉处保存。

二、作文题

根据下面材料，为四川名酒——"文君酒"写份说明书。

文君酒历史悠久，酒质具有窖香浓郁、柔绵醇净、甘甜爽口、香味协调、回味悠长的独特风格。以稻谷为原料，大小麦配方制曲，堪称浓香型大曲酒之佳品。采用传统生产工艺，老窖发酵，蒸馏陈酿出厂，酿造用水系西汉卓文君古井水脉佳泉。1985年荣获中华人民共和国商业部"金爵奖"；1963年被评为省名酒；1981年、1984年两届蝉联中华人民共和国商业部优质产品称号；1989年荣获中国出口名特产品金奖。

第六节 可行性研究报告

一、例文评析

【例文】

缝纫设备补偿贸易可行性研究报告

一、总论

我厂是初具规模专业化服装生产厂。在改革开放的总方针指导下，1986年开始了外贸生产，1987年领取了外贸生产许可证，1988年落实外贸生产任务200多万元。随着外向型经济的发展，现在生产规模和设备已不适应外贸生产高质量、高速度的需要，进行技术与设备改造已势在必行。为此，厂长×××在香港考察期间与香港××行×××先生就补偿引进关键设备事宜进行了友好的洽谈，双方初步达成了一致的协议，并因此进行可行性研究。

二、项目名 缝纫设备补偿贸易

主办单位　　××青春服装厂

法定代表人　×××

企业地址　　××市××路××号

项目负责人　×××

三、合作双方简况

甲方　××青春服装厂是初具规模的专业化服装厂，现有职工670人，专业技术人员25人，服装设计师2人；年产衬衫160万件，毛呢服装8万件，产值2400万元。

乙方　香港××行是一个既有企业又有商店的综合性经济组织，有一定的资金和实力，信誉良好。

四、补偿金额

19.2万美元。

五、补偿方式

利用本厂生产的衬衫直接补偿。

六、补偿期限

××××年9月开始分期进行，至××××年年底之前全部补偿完成。

七、项目申请理由

1. 本项目引进的关键缝纫设备均为日本制造，具有性能好、生产效率高、操作简便等优点，是适合外贸生产的先进设备。

2. 引进项目后，每年可多为国家创汇100万美元。

3. 因该项目主要是利用本厂的衬衫做直接补偿，因此，可以扩大我厂产品在国际市场的销路，有利于我厂发展外贸生产。

八、市场需求分析

随着企业改革的不断深化，我厂的产品质量越来越高。"北仑港"牌男女衬衫和拷花呢长大衣相继被评为省优、部优产品，畅销上海、南京、西安等20多个大中城市，现有销售网点300多个。今年已落实销售计划200多万件，产品供不应求。今年1—6月份，生产衬衫90多万件，销售130多万件，预计明年可销售衬衫250万件。外贸产品销售趋势良好，今年预计可完成外贸收购额200万元。

九、原辅材料及水、电供应安排

我厂在上海、常州、无锡、宁波等地已有固定的原辅料供应网点，因此，原辅料供应能保证满足生产。

水、电可利用本厂现有供电设备及水塔，能满足生产需要。

十、项目内容

本项目共引进缝纫设备160台，新增衬衫流水线一条，改造老衬衫流水线四条。（详见附表二）（附表略）

十一、项目实施进度安排

8月份进行立项审批与签订购货合同，10月份设备进厂进行验收，11月份进行设备安装与调试，12月份进入正常生产。

十二、经济效益分析

该项目建成后，预计每年可增产衬衫50万件，产值425万元。创汇100万美元，创利税102万元，一年内可收回全部设备投资总额，经济效益显著。（详见附表一、二）（附表略）

××青春服装厂

××××年×月×日

【评析】

这是一份简明的可行性研究报告，对象是一项工程项目：缝纫设备补偿贸易。它有以下三个特点：

（1）内容全面，文面规范。一项补偿贸易活动能否顺利进行，所涉及的因素很多。报告从补偿贸易双方的情况、补偿贸易的规范、期限到经济效益、发展前景，全面地作了分析说明。

（2）科学性较强。这份报告有效地采用确切的数据来说明问题，既使报告要言不烦，简明有力，又使报告置于可靠的科学的基础之上。

（3）结构完整，条理分明，先总后分，可读性强。

当然，这份报告也有不足之处：

（1）对于合作的另一方香港××行的情况没有具体说明，这会影响对项目的最后审批。

（2）对市场需求的分析缺乏全面性。报告对市场销售的乐观估计，主要是根据该厂产品优质、目前比较畅销而做出的。但对市场的预测，还应考虑到产品式样的更新、顾客需求的变化以及同行业的竞争机制等诸多因素，报告忽略了这些方面的情况。

二、必需知识

可行性研究报告是在建设前对拟议中的工程项目进行全面的技术经济调查研究，论证其可行性和有效性，为投资决策提供依据的一种书面报告。

可行性研究报告，从写作上说，它既要综合前人的成果，又要预测未来，还要有充分的科学性；从经济活动过程来说，它是该项目关键的一步，它的好坏直接关系到项目的成败。

撰写可行性报告，对提高投资的经济效益、发展国民经济具有十分重要的作用。首先，它可为决策者提供决策依据和决策选择，提高决策的科学性。其次，它可为保证资金来源，申报引进技术、设备，申请外汇额度提供条件。提交项目的可行性研究报告后，有关单位或部门从中获知项目投产之后确有经济效益，才愿意投资；有关主管部门才会准予引进技术、设备，并同意所申请的外汇额度。

三、拟写要点

可行性研究报告的结构与研究项目的大小和复杂程度直接相关，其基本结构由标题、正文、署名和日期三部分组成。

1. 标题 一般可用公文式标题。如《关于铁路公寓拨款制转为租赁经营制的可行性探讨》。

2. 正文 正文是可行性研究报告的基本内容，要求以系统分析为主要方法，以经济效益为核心，围绕影响工程项目的各种因素，运用大量的数据资料论证其可行性。一般包括以下四个方面的内容：

（1）总论。一般用简要的文字，交代实施某工程项目或某项方案的背景情况。可简要分析该项目的历史和现状，提出实施该项目或方案的依据和意义。

(2) 项目的技术论证与经济评价。可以利用各种资料和数据，从以下九个方面论证拟建项目的可行性，为决策提供科学依据：①需求预测和拟建规模；②资源、原材料、燃料及公用设施情况；③建厂条件和厂址方案；④设计方案；⑤环境保护、劳动保护与安全防护；⑥企业组织、劳动定员和人员培训；⑦工程实施进度；⑧投资估算和资金筹措；⑨经济效益与社会效益。

(3) 各种方案的比较。按照一定公式，对各种方案进行计算和比较，从中选出最佳方案。

(4) 结论。提出投资少、建设快、成本低、利润大、效益好的建设方案，并以科学的数据表明结论意见。

在不同项目的可行性研究报告中，以上各项内容应有所侧重或增减。

3．署名和日期 注明报告人和单位名称及日期。

四、注意事项

要写好可行性研究报告必须注意以下三点：
(1) 论点要鲜明，论据要可靠。
(2) 论证要有比较，要实事求是，要公正评价。
(3) 结构要严谨，行文要清晰，语言要简练。

综合训练二十八

单选题

下列表述，错误的一项是（   ）。

A. 可行性研究报告可以提高投资的经济效益
B. 按不同的标准分，可行性研究报告可以分出许多不同的种类。大多数可行性研究报告属于肯定型的可行性研究报告
C. 有的可行性研究报告，为了一开篇就增强说服力，把概述变成概论或总论，着重从理论上说明项目的必要性和可行性
D. 附件是可行性研究报告分析论证的必要依据，必不可少

第七节　审计报告

一、例文评析

【例文】

关于××化学品厂的审计报告

××××公司：

今年三季度，我们对××化学品厂上半年的财务状况进行了检查。通过查账，初步

发现少结算利润856735.40元，应补交所得税471204.47元、调节税257020.62元；在财务管理方面也存在不少问题。归纳起来主要有以下三个方面：

（一）包装材料管理不严，生产耗用糊涂。在化妆品生产中，包装材料所占的比重很大。但该厂对包装材料没有严格的进厂验收和保管制度，生产耗用倒轧计算，忽高忽低，心中无数。如今年2月份生产的一批高档银耳珍珠蜜，实际完成产量9900多瓶，但耗用瓶子竟达20000多只，耗用瓶盖亦达14000多只，在材料明细账上经常出现红字。如一笔包装大众雪花的盒子，生产实际耗用是13450只，由于材料支出账上多写了一个"0"字，不仅账面出现红字，而且虚增生产成本23116.04元。据今年1—6月统计，该厂包装材料原因不明的虚亏和报废，未经领导批准就自行转账列入成本的金额共有32万元之多。

（二）外发加工制度不严，损失浪费严重。该厂目前外加工协作单位80多个。委外加工材料有的比较贵重，如把珍珠加工成珍珠粉、人参加工成人参露等。据自算，一年委外加工的材料价值和费用合计约1000万元，在无加工合同、无消耗定额、无质量标准、无工缴审核和无对账制度的"五无"情况。不少加工单位任意浪费加工材料而不承担经济责任。如委托外地某制盒厂加工高级化妆品礼盒，发出丝缎1500公尺，回厂产品实际上用料不到500公尺，损耗率高达689%。但由于没有制度，无法追究。还有一些单位，把多余的加工材料出售，作为自己的收入。我们检查一家工厂，发现××化学品厂委托他们加工洗发精塑料瓶的材料下脚就有这种情况。后经我们提出，追回1万余元。

（三）会计核算不符规章，成本计算不实。该厂的账册设置没有正式总账，采取以表代账；核算成本的表格和转账凭证填写草率马虎，难以审核检查；材料核算尤为混乱，收料单上数量金额可以随便涂改。另外，该厂又不按照国家会计制度的核算规定计算材料成本差异。仅此一项，我们检查就发现少算利润605300.22元。同时，该厂的销售成本计算也存在问题。如质量不好的产品退货，用红字发票冲减了销售收入，却不同时冲减销售成本，造成一些退货变成了账外物资。这次检查中就有58300.10元。

以上检查中发现的问题，我们已向企业领导汇报，并与有关科室交换意见，提出加强财务管理的建议。企业领导比较重视，表示要把我们的建议列入企业整顿的内容。希你公司督促该厂及时纠正结算错误，落实改进措施。

××市审计局
××××年×月×日

【评析】

这是一篇写得很有特色的审计报告。

（1）重点突出，抓住关键。该文所列的三个问题，都是财务管理上的关键所在，影响利润结算合计占总额的81%以上；在数字表达上，凡影响利润结算的都列确数，以示精确和郑重，而对一般的就只用概数，以示突出重点。

（2）事例典型，有说服力。该文所列的事例都较典型。如银耳珍珠蜜的瓶耗数与实际产量的差异，相差竟超过一倍以上；价值1000多万元的外加工贵重材料，竟然管理混乱，任人浪费侵吞；国家财产30余万元，未经领导批准就大笔一挥，全部报损！

……件件桩桩，无不使人触目惊心。

（3）有情有理，分析清楚。该文把揭露问题、分析原因、提出建议三者糅合在一起来写。每列举一方面问题，都能分析其产生原因。如包装材料问题是没有严格的验收和保管制度，耗用倒轧计算；外加工损失问题是存在不同程度的"五无"情况；核算不实问题是不遵照国家会计制度核算规定；等等。阅者可由此寻根问源，寻求相应的改进办法。

二、必需知识

（一）审计报告的含义

审计报告也称审计报告书或查账报告书。它是审计组（审计工作人员）对某一个审计事项进行审计后向政府、上级审计机关、有关主管部门、被审计单位提出的有关审计活动情况及其结果的书面报告。

（二）审计报告的作用

审计报告是审计工作最后也是最重要的一个环节，其作用可概括为以下五个方面：①是汇总审计任务完成情况及其结果的总结；②是递交给交办或委办单位的关于审计结果的答复；③是审计机关或上级主管部门对被审单位做出处理的依据；④是被审各方（交办或委办单位）持有的公证书；⑤审计报告中所做出的决定，是对被审单位财经工作好坏的裁定书，是对企业和单位实施经济监督的有力工具。简言之，它具有总结、答复、凭据、公证、裁定五大作用。

（三）审计报告的分类

按照不同的标准，审计报告有不同的分类。①按审计的范围分，有综合审计报告和专项审计报告；②按审计机构分，有国家审计机关的审计报告、部门和单位的内部审计报告和社会审计组织的审计报告；③按审计的目的和对象分，有财政财务审计报告、财经法纪审计报告和经济效益审计报告；④按审计行业分，有工业审计报告、农业审计报告和商业审计报告；⑤按审计报告的形式分，有审计报告书、审计证明书和审计决定书。

三、拟写要点

审计报告包括文字部分、报表部分和其他部分三项内容。一般来说，文字部分是审计报告的主干，报表和其他部分则是文字部分的佐证。但是在对资产负债表、财务报表或财务状况等审计时，报表往往比文字部分更重要。其他部分则多数是关于违法案件的账目、笔录和证件的影印件，主要是作为文字说明部分的佐证。

文字部分的结构大体如下：

（1）标题。一般包括审计单位（或被审单位）、审计内容和文种。如《××审计局关于××××厂张三贪污挪用问题的审计报告》、《关于××食品厂违反财经纪律情况的审计报告》（省略了审计单位）、《××局审计报告》（省略了审计内容）。也有只写文种的。

（2）报送单位的名称。即交办或委办单位的名称。

（3）正文。一般包括以下四方面内容：

1）说明审计任务。说明被审单位的基本情况、业务性质、审计的目的依据和范围（查账的范围和审计时间的范围）。有时也可以把审计结果所作的总评价置于这部分。根据需要，这部分还可以印成一定的表格，写报告时，照表格填写即可。

2）说明审计中发现的问题。这是审计报告的主体。写好这部分是审计报告具有说服力的关键。

3）分析原因并做出评价与结论。正面评语要写得简明；反面评语则要抓住重点，写得具体明确。

4）针对审计出来的问题，提出如何处理的参考性意见和建设性建议。

四、注意事项

要写好审计报告，必须注意如下五点：

（1）遵循审计报告的编制程序。即按照整理记录、对证落实、分析研究、做出结论、提出建议、写出报告、复核报送的程序编制审计报告。

（2）要明确写审计报告的任务，把握材料，重视检查中发现的问题或弊端。

（3）运用材料要尊重客观实际，分析问题要全面公正。

（4）提出处理意见要合情合理合法，切实可行。

（5）语言要朴素、简练、确切，格式要规范。

综合训练二十九

评改题

1. 仔细阅读下面这份审计报告，并回答两个问题：

（1）本文开头有哪些毛病？对审计对象的评语是否恰当？为什么？

（2）情况说明部分是否符合事项交代清楚、语言严密准确的要求？具体表现在哪里？

关于××金属制品厂的审计报告

随着城市经济体制改革的深入，对外开放、对内搞活政策的贯彻，大多数企业通过整顿，改善了经营管理，不断提高经济效益。但是，少数企业还存在管理混乱、违反财经纪律的状况。我们通过检查该厂1985年1—6月的纳税情况，发现该厂漠视财经纪律，偷税漏税严重。具体情况如下：

一、预提费用重复列入成本。1984年预提1985年的季度广告费。1985年仍按实际支付数列入成本，未予冲转原来预提的费用，影响利润40000元。

二、原材料计划价格与实际价格的差异计算错误。实际差异率应为2.3%，应分摊差异89024.97元。但该厂却按2.59%的差异率分摊了100636.93元，计虚列成本11611.96元。

三、专项工程支出挤入生产成本。1985年4月25日支出专项工程设备运输费一笔850元，挤入生产成本。

四、固定资产折旧未留残值。经查有12项固定资产在计算折旧时未留残值，多提了折旧资金和大修理基金，影响了利润13283.20元。（详见附表一，附表略）

五、期末产品成本过低。产成品结转销售成本，该厂没有固定的计算办法，有时用先进先出法，有时用加权平均法，而大多数情况下不加计算而随意按一个整数转账。经查1985年6月底止产成品成本少算22000元。

六、长年无法支付的应付款销账。5年以上长期未付的应付账款三笔，经多次联系核对，确系无法偿付，应予注销，增加企业利润34600元。（详见附表二，附表略）

七、少交调节税。上交预交调节税时，因计算税率舍去后面小数，造成少交调节税225.46元。

八、漏交产品税。出售已经加工过的回料17938.55元，误作残料未纳税，应按10%补交产品税1793.86元。

以上共查补增加利润金额122345.16元，应补所得税61172.58元；应补交产品税1793.86元；应补交调节税225.46元。

以上查明的问题已向企业提出，要求及时转账纳库并防止今后再次发生类似情况。补交产品税部分拟免收滞纳金，请领导审示。

审计人员　×××
××××年×月×日

2. 下面句子有什么毛病？试指出并加以改正。

（1）该厂经过民主讨论，先后建立了财务开支审批制度，财务公开、日清月结制度，物质保管制度，差旅费开支标准等。

（2）现已详细查核张××所有的在此期间的原始凭证和记录凭证。

（3）经过这次审计，对大家触动很大。

（4）局领导同意我们转产，望立即制订并抓紧此项计划。

（5）今年我们厂一定要把连年亏损的帽子摘掉，这是最丢人的事。

（6）建议你们要减少不必要的报表，少开又空又长的会议。

第八节　商务信函

公司企业经常要拟写大量的商务信函，以实现公司企业与合作伙伴的联络和沟通，并积极有效地构建、维系和记录彼此的友谊，争取供应商，吸引客户，为企业树立良好的形象。

商务信函的撰制虽说不如通用的行政公文那样严格，但也有其约定俗成的格式和特定的语言文字表达要求。以语言为例，有的趋于典雅，有的崇尚朴实，撰写时要按照特定的格式与要求行文，不宜随意标"新"立"异"。

商务信函种类繁多，常用的有以下几种：

一是用于邀约、聘用的邀请类，如邀请函、请柬、招聘函等。

二是用于迎送、答谢的迎送类，如欢迎词、欢送词、答谢词等。

三是用于喜庆、祝贺的喜庆类，如贺信（电）、感谢信等。

四是用于联系业务的业务类，如联系信、推销信、询问信、报价信、还价信、索赔信、理赔信、催款信、婉拒信等。

以上商务信函均为专用信函，是应用在商务场合、有专门作用的信函，均具备标题、称谓、正文、署名和日期等基本要素，撰写时要注意规范性。

一、邀请类

（一）邀请函

1. 例文评析

【例文】

邀请函

尊敬的×××先生：

　　您好！

　　我们很荣幸地邀请您参加将于今年12月15日下午4：30在深圳市电子技术学校16楼报告厅举办的深圳市秘书学会成立大会。届时敬请光临（会后在人才大厦2楼"联城酒家"就餐）。

　　真诚期待您的积极支持和参与！

联系人：余金凤

电话：83328652　　13544003838

地址：深圳市皇岗路3009号

深圳市秘书学会（筹）
××××年×月×日

【评析】

该函要素完备，结构完整，语言简要，表意清晰，格调典雅，写得规范。

2. 必需知识　邀请函（书）是用于邀约的一种商务文书，包括邀请对方参与有关会议、典礼、晚会、仪式、展览、宴会、婚礼、喜庆纪念等活动及讲学等具体内容，以示庄重。有时它还可作为入场的凭证。

3. 拟写要点　邀请函的结构约定俗成，通常包括：①标题（也可省略）。②称谓。③正文。主要写明邀请的事由，活动的内容、时间、地址、注意事项、联系方式，等等。④结尾。使用期盼敬语，如"敬请光临"、"恭候光临"、"敬请莅临指导"。如果希望对方回复，还需注意"敬候赐复"等。⑤署名和日期。邀请函要写得文字简练，语气恳切，以示对被邀请者的热烈期望。写时一般宜用红纸，以示喜庆、祝贺与对被邀请者的尊重。

4. 注意事项 要注意文字简练，语气恳切。

（二）请柬

1. 例文评析

【例文】

请　柬

尊敬的×××先生：

　　兹定于××××年×月×日在省体育馆举行××师范大学建校八十周年庆祝大会。敬请光临

××师范大学（印章）
××××年×月×日

【评析】

该文是会议请柬。全文结构完整，语言简明，表意周全，文雅庄重。

2. 必需知识 请柬（也称请帖）是为请客而发出的一种凭证式的商务信函。机关单位举行较隆重的庆典，企业开张及其他重要活动，婚宴、寿庆等喜事，使用请柬，以示比普通信函更加庄重。

邀请函与请柬的异同：功能相同，但前者的使用范围更广，内容更具体，信息量更大。

3. 拟写要点 请柬的结构和写法，与邀请函大同小异。正文是写明事由、时间、地点（有的需写明席位）、人名等。最后写"恭候光临"或"顺致敬意"之类的祝愿语。落款写明主办单位或个人名称以及发出请柬的时间。

4. 注意事项 要注意请柬的庄重性。

二、招聘函

（一）例文评析

【例文】

招聘函

尊敬的×××先生：

　　您好！

　　为了拓展企业经营范围，扩大企业规模，我集团公司准备进入精密仪器制造领域。经向国家有关部门咨询，了解到您是全国精密仪器制造行业及其质量控制方面卓有成就的知名专家。

　　为有利于我集团公司的建设和发展，经研究，拟特聘您担任我集团公司精密仪器生产与质量控制高级技术顾问，薪酬50万元/年，聘期5年。如蒙慨允，不胜感激。敬请您收到招聘函20天内，拨冗告知，以期就其余事宜进一步面谈。

　　我们恭候您的回音。

此致

敬礼!

××集团公司（印章）
××××年×月××日

【评析】

该函主旨明确，层次清楚，委婉诚恳，恭候有礼，措辞恰切，与应聘者身份地位对应得体。

（二）必需知识

招聘函是机关、企事业单位向拟定人员发出的希望对方至本单位任职的征询意见的文书。

它与聘书相似，但不是同一种文书。聘书是经过双方商定之后发出的文书，而招聘函则是旨在表达聘用单位意向的文书。

（三）拟写要点

招聘函的结构一般由标题、称谓、正文、敬语、落款与时间五部分组成，其中重点是要写好正文。首先，要说明招聘的理由和目的。其次，要概括介绍拟招聘职位的基本情况，并诚恳地询问对方是否有意担任该职位。再次，以欣赏的口吻，赞赏对方的工作业绩，说明职位非他莫属，望其接受招聘。最后，请求对方予以答复，约定面谈事宜。

（四）注意事项

要注意写出单位的聘用意向。

三、迎送类

迎送类主要有欢迎词、欢送词和答谢词等。

（一）例文评析

【例文1】

欢迎词

尊敬的女士们、先生们：

值此×××××有限公司成立20周年庆典之际，请允许我代表×××××有限公司并以我个人的名义，向远道而来的贵宾们表示热烈的欢迎。

朋友们不顾路途遥远专程前来贺喜并洽谈贸易合作事宜，为我公司20周年庆典增添了一份热烈和兴旺，我由衷地对各位表示诚挚的谢意！

今天的各位来宾中有许多是我们有着良好合作关系的老朋友。公司成立至今能取得如此业绩，离不开老朋友的真诚合作和鼎力支持，对此，我表示衷心的敬佩和万分的感激。同时，我们也为能有幸结识来自全国各地的新朋友感到无比高兴。在此，我再次向新老朋友表示热情欢迎。我相信，今后我公司一定会与新老朋友密切协作，推动相互间的友好关系进一步发展。

"有朋自远方来，不亦乐乎？"真诚祝愿各位朋友在短短的几日来访中愉快幸福！

××××有限公司
×××总经理
××××年×月×日

【评析】

该篇欢迎词抓住欢迎、感谢和祝愿三个含意来展开全文，分别对老友和新朋表示了情谊。全文主题突出，层次分明，语言流畅，短小精悍。

【例文2】

欢送词

尊敬的××博士，尊敬的朋友们：

××博士结束了在我校为期三年的执教生活，近期就要回国了。今天，我们备此薄餐，为××博士送行。

三年来，××博士以出众的才智和辛勤的工作，赢得了我校师生的信赖与尊敬。他所作的几次学术报告，开阔了我们视野，对我校师生了解美国教学管理情况，并从中汲取经验、推动学校教学改革是大有裨益的。对此，请允许我代表全体师生对××博士再次表示感谢！

在三年的教学工作和日常交往中，××博士与外语系的师生诚挚交流，以友相待，结下了较为深厚的友谊，这是中美两国人民友好关系的具体体现，我们为此而感到高兴。

中国有句古语："海内存知己，天涯若比邻。"千山万水无阻于我们友谊的发展，隔不断彼此间的联系。我们期望××博士在适当的时候再回来做客、讲学。

××博士将踏上归程，请带上我们全体师生的深情厚谊，也请给我们留下宝贵的意见和建议。

最后，祝××博士一路平安，万事如意！

××大学校长　××
××××年×月×日

【评析】

该欢送词感情浓厚，层次分明，语言朴实，很有感染力。

【例文3】

答谢词

尊敬的××校长先生，尊敬的中国朋友们：

我结束了贵校的美好生活，即将离开你们这所美丽的学校回国了。几年来，我在工作、生活等许多方面受到了热情关照。今天贵校又备此盛宴为我送行，刚才校长先生还发表了热情洋溢的讲话，这些令我十分感激。在此，请允许我向校长先生和贵校全体师生表示衷心的感谢!

三年的生活,我目睹了贵国、贵校所发生的巨大变化,深切感受到了中国人民的勤劳、聪颖、好学和热诚,每一位教师和学生都给我留下了美好的印象,我为能在贵校执教三年而感到终生荣幸。

正如校长先生所言,我与贵校师生结下了深厚的友谊,我为之而自豪!今天我是怀着眷恋之情与朋友们惜别的。回国之后,我要向亲友介绍自己在贵国的见闻,介绍你们美好的一切,让他们进一步了解中国,热爱中国,为中美两国人民的友好尽微薄的力量。

我也非常希望与贵校保持联系,恭候着你们的佳音!

最后,请让我向校长先生、向在座的各位朋友及贵校全体师生再次表示感谢!

美国××博士
××××年×月×日

【评析】

这篇答谢词内容切题,语言得体,感谢真挚,表达流畅。

(二)必需知识

欢迎词、欢送词和答谢词是应用在特定的和较隆重的礼仪场合的致词,由致词人当场宣读。

(三)拟写要点

欢迎词与欢送词的结构一般由标题、称谓、正文和落款等四部分组成。

拟写欢迎词时,正文要说明以下四点:①态度真诚、语言热情地说明代表谁对客人表示热烈的欢迎;②向来访客户或供应商简要介绍情况,并诚恳地请对方多提指导意见;③概括赞颂双方过去交往、合作过程中的成绩或友谊;④预祝活动圆满成功。

拟写欢送词时,正文要说明以下三点:①概括回顾评价来访、聚会、活动,赞美友情;②展望未来,提出希望,表示祝愿,增进友谊;③真诚地表达依依惜别之情,并对被欢送者寄予美好的祝福。总之,与欢迎词相比,欢送词应更富有文采,更具备真情实感。写法可因人因事制宜,灵活多样。而答谢词则应在"谢"字上做文章。

(四)注意事项

拟写欢迎词、欢送词和答谢词要注意分别在"迎"、"送"和"谢"字上做文章。

四、喜庆类

常用的主要有贺信(贺电、贺词)和感谢信等。

(一)贺信(贺电、贺词)

1. 例文评析

【例文】

致深圳市秘书学会的贺词

深圳市秘书学会:

正值硕果累累的20××年即将过去、更加光辉灿烂的20××年即将到来之际，深圳市秘书学会宣告成立。恰似春雪报信，令人鼓舞！在此，我谨代表广东省写作学会和广州市秘书学研究会表示热烈的祝贺！并通过到会的代表，向全市的秘书工作者致以亲切的问候和崇高的敬意！

　　深圳经济特区，是总设计师邓小平圈定的。深圳市广大秘书工作者，在深圳市委、市政府的领导下，为改革开放和经济建设作出了重要的贡献。秘书学会的成立，秘书工作将建立起一个新机制。相信你们一定会坚持与时俱进，注重开拓创新，团结、组织、依靠广大秘书工作者，深入研究秘书工作，特别是经济特区秘书工作的规律，当好各级领导的参谋和助手。你们一定会在深圳市委、市政府关于和谐深圳、效益深圳等一系列重大部署中，勇于探索，勇于实践，开创秘书工作新局面。

　　祝各位
　　身体健康，万事胜意！

广东省写作学会
广州市秘书学研究会　会长
陈子典
20××年×月×日

【评析】

　　该祝贺词结构严谨，格式规范，语言得体。

　　2. **必需知识**　贺信（贺电）用于企业开业、庆典仪式、会议召开、工程竣工、商店开张营业等喜庆之事，为了密切双方关系，增进彼此友谊，向某一组织或团体发出的以表祝贺之意的郑重的礼仪文书。若由专人送达、当着被贺者的面宣读或悬挂的则称为贺词。

　　3. **拟写要点**　贺信（贺电）的结构一般包括标题、称谓、正文、结尾、署名和日期等五个部分。正文要主题集中，说明祝贺之由、祝贺之情和祝贺的意义。

　　4. **注意事项**　拟写贺信要注意在"贺"字上做文章。

（二）感谢信

1. 例文评析

【例文】

感谢信

尊敬的××职业技术学院领导、全体师生：

　　我是贵校电子系电子技术应用专业2004级（2）班学生魏×的家长，在此，我代表魏×、代表我们全家，向你们致以诚挚的感谢！

　　今年5月份，魏×被确诊患了白血病，急需治疗费20多万元，我们焦急万分。我们夫妻都是普通工人，家里积蓄有限，虽经我方筹集资金，但仍满足不了治疗的需求。

　　得知这一消息以后，贵校领导、师生纷纷主动捐款。连John等外籍教师也都慷慨解囊。前天,贵校的金××校长代表全院师生将6.85万元交给了我们。你们的捐款,解了我们的燃眉之急,使魏×得到了及时的治疗,更使我们深切地感受到了你们的深情厚谊。你们的无私之举,给了魏×第二次生命;你们崇高的思想境界,深深地感动了我们;你们的高尚品格,永远是我们的学习的榜样。

在今后的学习、工作中,魏×将以更加刻苦的学习、优异的成绩,用实际行动回报母校的救命之恩。

再次感谢你们,我们全家的恩人!向你们致以最诚挚的敬礼!祝你们好人一生平安!

魏×× 敬上
××××年×月×日

【评析】

这封感谢信结构完整,层次分明,语言得体。其正文首先以简洁的文字交代感谢事由;接着简述自己遇到的困难和对方的帮助,评价对方的精神,强调帮助的效果,表达感激之情和好好学习的决心。全文热情洋溢,非常感人。

2. 必需知识 感谢信是机关、企事业单位、社会团体和个人对帮助者表示感谢的信函。真实性和感召性是其特点。

3. 拟写要点 感谢信的结构一般包括标题、称谓、正文、落款和日期五个部分。写法与写贺信大同小异。

4. 注意事项 写作感谢信,要注意情真意切,文字简练。

五、业务类

商务业务书信是企业之间办理相关业务的重要纽带,其种类繁多,常见的有联系信、推销信、询问信、报价信、还价信、索赔信、理赔信、催款信和婉拒信等。

(一)首次联系信(函)

1. 例文评析

【例文】

商务联系函

尊敬的高××先生:

经李××先生介绍,我公司获悉贵公司商号和地址,特此致函。真诚希望能够与贵公司建立和发展商务关系。

本公司成立12年来,主营丝绸服装和鞋类进出口生意。目前有意拓展业务范围。特请惠寄贵公司产品目录与报价单。如产品价格合理,我公司必定向你方下订单。

恭候佳音。

通讯地址:(略)　　　　　　　邮政编码:(略)

联系电话:(略)　　　　　　　传真:(略)

联系人：（略）

×× 公司采购部经理 兰××
××××年×月×日

【评析】 这份首次联系函意图清晰明确，语言委婉得体，读后给人留下了办事严谨、诚实守信、注重礼节、素质优良的印象，为建立商务关系打下了良好基础。

2. **必需知识** 首次联系信（函）是为了与潜在商务伙伴建立商务关系的文书。

3. **拟写要点** 其结构与写法主要是写好标题、称谓、正文、信尾客套用语、联系方式、署名与日期等部分。

4. **注意事项** 写作首次联系信（函），要注意意图清晰明确，语言委婉得体，读后给人留下好印象，为建立商务关系打下良好基础。

（二）推销信

1. 例文评析

推销函

尊敬的家庭主妇们：

您想节省食物开支吗？

当今社会的大部分人，都要处理各种各样的账单，包括您在内的很多人都在想办法节省开支，但我们必须填饱肚子。事实上，大部分人爱好吃东西，想象一个在既享受美味可口食品的同时又节省开支的情况吧！

如果您想低价获得色香味俱全的肉、水果和蔬菜，您的家庭想享受到五颜六色、赏心悦目、富含维生素和身体所需要成分的食物，只要您加入节餐食物俱乐部，您就能获得这些好处。该组织是一群与您一样既想吃好又想省钱的人组成的。

您作为俱乐部的成员，对您和您的家庭有何作用——享受美味佳肴和银行账户中存有更多的钱。我们将知道您的口味如何。

如想知道更多有关节餐食物俱乐部的情况，只需填写随信所附的明信片并寄回。一星期内，我们将派代表告知您开始享受更好、更经济的食物。

此致

敬礼！

节餐食物俱乐部
××××年××月××日

（摘自《商务函电》经济出版社）

【评析】 这是一封很有说服力的推销函。作者利用提问、感叹、陈述等技巧来吸引注意。然后详细地指出参加该俱乐部将对阅信人带来的利益，进而充分引起其兴趣和欲望。最后，告知阅信人应采取的行动，较好地完成了推销的任务。

2. **必需知识** 推销信（函）是针对客户发出的推销产品或提供服务的商务函件。

3. **拟写要点** 其结构和写法，主要是写好标题、称谓、导言、正文、结尾、署名等部分。

4. **注意事项** 写作推销信（函）要注意写得内容完整，条理清晰，语言简明，热情友好，给客户留下一个好印象。

（三）询问（询价）信

1. 例文评析

【例文】

尊敬的先生/女士：

　　您好！

　　多位同行向我推荐贵公司生产的××治疗仪，深知它为国内知名产品。贵公司能否将××治疗仪的产品性能、配套装置等有关细节资料、价格目录、结算方式寄给我公司，供我们参考。

　　若贵公司能在5月18日前告知，我们将不胜感激。

　　再次感谢，盼望回复。

　　顺颂

商祺！

通讯地址：（略）　　　　　邮政编码：（略）

联系电话：（略）　　　　　传真：（略）

联系人：（略）

××宏发公司业务部
××××年4月18日

【评析】

该文结构完备，信息明确，语言得体。

2. 必需知识 询问（询价）信是潜在客户向卖方咨询有关产品信息或询问商品价格的文书，也可能是卖方向客户和收信人征询对某产品价格或其他意见的文书。

3. 拟写要点 可不写标题，其结构一般包括称谓、正文、结语、联系方式、署名和日期等部分。拟写询问（询价）信均希望能得到复音，故要注意礼貌，尊重对方。

4. 注意事项 询问（询价）信正文写作要注意以下四点：

（1）开头要将自己如何获得对方的信息作一交代。

（2）询问事项要表明。

（3）所提问题要集中，以便回复，并有逻辑性。

（4）写清联系方式和联系人。

（四）报价信

1. 例文评析

【例文】

　　××箱包公司2003年6月9日收到××购物中心6月6日发出的询问最大号旅行

拉杆箱有关信息的询价信后,于次日即发出了如下报价信。

报价信

尊敬的章经理:

您好!

由衷感谢贵公司来函询价。现将我公司最大号皮质旅行拉杆箱的有关信息提供如下:

产品编号:NP－F35　52/32

产品质量:一级牛皮

产品规格:80cm×50cm×30cm

产品包装:标准硬纸箱

产品价格:2200元/只

产品结算方式:商业汇票

交货方式:送货上门

送货日期:本市收到订单3日内送货

优惠价格:订单达20只皮箱按9折计算

如有问题,欢迎再询。期待着为您服务。

恭祝

商安!

××箱包公司销售部
××××年×月×日

【评析】

该文回复及时,先感谢询问,再具体报价,内容周全,语言得体,态度友好。

2. **必需知识**　报价信是卖方答复询价信的商务信函。

3. **拟写要点**　其结构和写法主要是写好标题、称谓、导语、正文、祝颂语、签署和日期等部分。

4. **注意事项**　要写好报价信,要注意掌握以下四点要领:

(1)要及时回复。

(2)要真实诚信。

(3)要周到答复。

(4)要礼貌待人,要说明"如有问题,欢迎再询"。

(五)还价信

1. **例文评析**

【例文】

　　××购物中心收到××箱包公司报价信后,对旅行箱的品质、规格都很满意,只是觉得价格过高,于是于6月15日给××箱包公司发出还价信,希望单价降低9%。××箱包公司销售部收到对方还价信后,根据本公司商品特色,又于6月18日向××购物中心发出以下还价信。

还价信

尊敬的章经理：

感谢贵公司6月15日发来的还价函，明悉贵方难以接受我公司的报价，非常遗憾。

我公司是生产皮质箱包的专业公司，产品质量一向优良，价格合理。尤其是大号牛皮旅行拉杆箱，对皮质和工艺要求都非常严格，采用的是欧美流行款式，轻量化设计；外型稳重高贵，内装简洁大方；滑轮系最新型静音轮组，行走时无任何噪音，我方所做报价已经是最低价。贵方要求将单价降低9%的还价，我方经慎重考虑，确实难以接受。

考虑贵公司在××地区的信誉和销售量，我公司最多只能将原报价单降低3%。

恭候佳音。

顺颂

商祺！

×××箱包公司销售部
××××年×月×日

【评析】

该信意图清楚，态度友好，语言合情合理，语气礼貌温和。

2. **必需知识**　还价信是买卖双方对商品价格、规格、包装、运输等进行磋商的文书。

3. **拟写要点**　其结构和写法，主要是写好标题、称谓、导语、正文、祝颂语、签署和日期等。

4. **注意事项**　要写好还价信，要注意掌握好两点要领：

（1）只针对不同认识的问题而阐述理由。

（2）语言要婉转友好，以求得到对方的理解和谅解。

（六）索赔信

1. 例文评析

【例文】

索赔信

尊敬的销售部经理：

您好！

我方3月25日订购贵公司的玻璃器皿已送达。但是我们很遗憾地告知贵方，拆箱后，发现其中有三箱玻璃器皿的质量与订货样品不符，标号也不同，达不到合同的要求。

为此，我方不得不向贵方提出索赔。要求贵公司立即补送三箱符合要求的玻璃器皿，将这批不符合要求的货取回；或是将不符合要求的三箱产品按照降低原成交价

30%的折扣价来处理。

  特此函达，望速回复。

  附件：《三箱玻璃器皿标号》（复印件）

××公司业务部
××××年×月×日

【评析】

  该信首先提出索赔事件的事由、时间、原因及证据，然后提出两种索赔意见供对方选择，最后附上相关的证据。全文事实清楚，有理有据，并给予对方处理方法的选择，所用词语礼貌而有分寸。

  2. **必需知识**　索赔信是在出现商务争议和贸易纠纷后，受损一方为了维护自身权益而向违约一方提出索赔要求的文书。

  索赔信除发给违约的公司外，也可酌情发给新闻、消费者协会等监督部门。

  3. **拟写要点**　索赔信的结构和写法，主要是写好标题、称谓、导语、正文和结语、附件、签署和日期等部分。

  4. **注意事项**　拟写索赔信，要注意掌握的要领有以下三点：

  （1）说明索赔事件的事由、时间、原因和证据。

  （2）提出索赔的具体意见和要求。

  （3）附上相关的证据。

（七）理赔信

1. 例文评析

【例文】

  ××玻璃器皿公司收到索赔信后，立即责成销售部对相关环节进行调查。经查明，确实是由于本公司出库时装货出现差错，故立即给对方发出如下理赔信。

理赔信

尊敬的业务部经理：

  您好！

  贵公司4月5日来函及复印件收悉，十分感激。

  信中提到我公司发出的玻璃器皿质量与订货样品不符一事，我公司立即进行了调查，发现装箱时误装了三箱二等品。这确实是我方工作的差错。对于给贵方带来的困扰和不便，我们深表歉意。为此，我公司愿意接受贵公司提出的要求，将三箱质量不符要求的产品按照降低原成交价30%的折扣价来处理。

  若对此事的处理还有疑义，欢迎继续来函商洽。产品的质量和客户的满意，是我公司努力追求的目标。请相信今后不会出现类似失误。

  希望继续与贵公司友好合作，并得到贵公司的指点帮助。

  特此函复，谢谢！

  恭祝

财源亨通！

××玻璃器皿公司销售部
副经理×××敬上
××××年×月×日

【评析】 该公司认真阅读索赔信后，立即进行了调查。发现差错，勇于承担，并以友好的态度处理问题。语言得体，注意使用道歉语，做到了礼貌待人。

2. **必需知识** 理赔信是企业收到对方的索赔信后发出的愿意进行理赔的回复信。

3. **拟写要点** 其结构和写法，主要是写好标题、称谓、导语、正文、结语、签署和日期等部分。

4. **注意事项** 拟写理赔信要注意三点：首先，引述对方来函及事由，表示感激；其次，提出事赔的意见和方法；最后，真诚地感谢对方的友好合作态度，并表示进一步加强合作，促进友谊的愿望。

（八）催款信

【例文】

以下是××公司销售部为××公司研发部欠付打印机款额而先后发出的三封不同语言、语气和态度的催款信。

催款信（一）

尊敬的××公司研发部：

在此向贵公司问好！

自我们两公司合作以来，双方信赖，关系一直良好，希望这种互利友好的关系永远保持下去。热切盼望上批打印机款额尽快寄来，为我们今后的合作关系奠定更坚实的基础。

即颂

生意兴隆！

附件：票据复印件

××公司销售部
××××年×月×日

【评析】 口气随和友好，称赞双方以往的良好合作关系，同时又提醒对方，也相信对方能付清结算等，希望双方不要伤了和气。

催款信（二）

尊敬的××公司研发部：

贵公司从我公司购买的一批打印机，双方协议于 5 月 14 日付款，现已过期 1 个半月，请尽快付清款额。良好的信誉是我们双方应共同遵守的。如果贵公司有什么困难，可来人来函商议付款事宜。(略)。联系人：张××，联系电话：×××××××××。

  望速回音。

  恭祝

生意兴隆！

××公司销售部
××××年×月×日

【评析】

  该函中还设身处地为对方着想，强调诚信的重要性，要求对方注重信誉，并直接要求对方付款，口气坚决，直截了当，提出有什么困难可商议，但仍催促对方回音，不能不予理睬。

催款信（三）

尊敬的××公司负责人：

  贵公司应于5月14日付款一事迟迟未兑现。现已过付款期2月有余，此间多次去函催问，未见回音。我公司投入再生产急需该笔款额，请务必于8月5日前付清全部货款，以免发生向法院提出诉讼等不愉快事宜。

  致

礼！

××公司
××××年×月×日

【评析】

  该函以公司名义发出，措词果断，语气紧迫坚定，毫不含糊。表示己方已做到仁至义尽，明确限定对方付款期限，并提出否则诉诸法律予以解决。

  2. **必需知识** 催款信是提醒、催促对方付款结账的文书，既要催款，又要继续保持双方的友好关系而不要断交。正因为如此，催款信较难写；而且，由于种种原因，催款信又要一写再写才有利于问题的解决。

  3. **拟写要点** 催款信的基本内容有三点：①双方单位的全称和账号，催款单位的地址、电话和经办人姓名；②说明对方欠款的原因、时间、金额、发票号码等具体信息；③说明催款单位的处理意见，需要时要强调最后期限。

  4. **注意事项** 拟写催款信切记讲究时机、策略和语言分寸。

  （九）婉拒信

1. 例文评析

【例文】

  ××医疗机械经销商一直经销××公司的产品，合作关系良好。但近期发现产品存在质量问题，引起用户不满，故未向××公司付款。在收到××公司的催款信后，××医疗机械经销商制发了以下一封婉拒信。

婉拒信

尊敬的业务部经理：

来函收悉，勿念！

自我公司经销贵公司产品以来，双方合作关系一直很好。希望这种互利友好关系永远保持下去。

至于上批货款未及时付给这事，首先表示真诚的歉意。原因是这样的：……在经销中，发现贵公司产品确实存在质量问题，许多用户不满意，不少用户要求退货。

为了使用户不至于退货，我们正积极组织力量维修，想方设法将损失降到最小。待问题解决之后，我们再据实付款。如现在付款，必然造成我公司经济上的损失和声誉上的影响。这完全是从双方利益出发而不得已做出的决定。

我公司多次慎重商议，认为这是目前解决问题的最佳方案。望贵公司理解。

顺祝

商祺！

××医疗机械经销分公司业务部

张××敬上

××××年×月×日

【评析】

该信首先强调双方的友谊，接着委婉地说明未付款的原因，并指出这是不得已做出的决定。全文冷静、礼貌、理由充分，易被对方理解。

2. **必需知识**　婉拒信是以委婉语言否定对方信函的文书。

3. **拟写要点**　其结构和基本写法与其他商务信函大同小异。其正文要写好以下三点基本内容：①开头以友好、礼貌、谦恭的语言和缓和的语气说明双方的友好关系；②主说明婉拒理由；③结尾适当提出建议性意见，以示善解人意，乐于助人。

4. **注意事项**　要注意在"婉拒"二字做文章。

综合训练三十

一、单选题

1. 邀请信的结构是（　　）。

A. 标题＋导语＋正文＋落款＋成文日期　B. 标题＋称谓＋正文＋落款＋成文日期

C. 标题＋导语＋开头＋落款＋成文日期　D. 标题＋称谓＋开头＋正文＋成文日期

2. 感谢信的最显著特点是（　　）。

A. 感召性　　　　B. 真实性　　　　C 诚挚性　　　　D. 精练性

3. 请柬的措辞应避免（　　）。

A. 华丽　　　　B. 文雅　　　　C. 庄重　　　　D. 简洁
4. 下列贺信标题的写法，不正确的一项是（　　）。
A. 只写文种　　　　　　　　　B. 不写标题
C. "给××公司的贺信"　　　　D. "宏远公司致贺××公司"
5. 正式宴会都采用（　　）的方式邀请宾客。
A. 当面口头约定　B. 电话通知　C. 发放请柬　D. 专人上门

二、多选题
1. 开业典礼的请柬应（　　）。
A. 印制精美　　B. 内容完整　　C. 文字简洁　　D. 措辞热情
2. 开业典礼常邀请（　　）等人士出席。
A. 同行业代表　B. 上级领导　　C. 员工家属　　D. 社会名流

三、评改题
请指出下列请柬和聘书的毛病，并加以改正。

请　柬

××先生/女士：

　　兹定于×月×日上午10时整在文化宫礼堂举行××市教育工作者迎春茶话会。此项活动十分重要，切不可迟到，更不能缺席。

　　此致

敬礼！

××市教育局
××××年×月×日

聘　书

编号：×××

×××先生：

　　近来工作忙吗？身体好吗？为了加强技术研究与产品开发，我厂准备成立××技术研究所。您搞技术工作多年，又先后在四个厂工作过，经验丰富。现经厂领导研究，决定聘您为我厂××技术研究所兼职研究员，酬金每月××××元。盼望应聘。

×××厂（印章）
××××年×月×日

四、作文题
1. 母校举行建校××周年庆祝活动，你不能亲自参加庆祝活动，请你撰写一封《庆祝××母校建立××周年的贺信》。
2. ××职业技术学校经济管理系聘请×××先生为该系文秘专业指导委员会副主任委员，聘期为××××年×月至××××年×月，请你代该系撰写一份聘书。

第五章 传播文书

"新闻是卫星,传播是火箭。"这是新闻学的新概念。新闻学与传播学是既有联系又有区别的集合关系。

传播文书包括新闻报道(消息与通讯)和新闻评论。网络新闻是随传统的报刊、广播、电视之后出现的新媒体"计算机网络",被称为"第四媒体"。

常用的传播文书有消息、通讯、新闻评论和网络新闻等。

第一节 消 息

一、例文评析

【例文】

中共中央政治局决定
十七届五中全会 10 月召开

[据新华社北京 7 月 22 日电] 中共中央政治局今天召开会议,决定今年 10 月在北京召开中国共产党第十七届中央委员会第五次全体会议,主要议程是,中共中央政治局向中央委员会报告工作,研究关于制定国民经济和社会发展第十二个五年规划的建议。会议还研究了当前经济形势和经济工作。中共中央总书记胡锦涛主持会议。

会议指出,"十二五"时期是全面建设小康社会的关键时期,是深化改革开放、加快转变经济发展方式的攻坚时期。深刻认识并全面把握国内外形势新变化新特点,研究和提出关于制定国民经济和社会发展"十二五"规划的建议,对科学编制"十二五"规划,对继续抓住和用好我国发展的重要战略机遇期、保持经济平稳较快发展,对夺取全面建设小康社会新胜利、开创中国特色社会主义事业新局面,具有十分重要的意义。

会议强调,制定"十二五"规划,必须高举中国特色社会主义伟大旗帜,以邓小平理论和"三个代表"重要思想为指导,深入贯彻落实科学发展观,适应国内外形势新变化,坚持科学发展观,加快转变经济发展方式,不断深化改革开放,切实保障和改善民生,巩固和扩大应对国际金融危机冲击成果,促进经济长期平稳较快发展,为全面建成小康社会打下具有决定性意义的基础。

会议强调,做好下半年工作,对巩固应对国际金融危机冲击取得成效、保持经济平稳较快发展、全面完成"十一五"规划目标任务、为"十二五"时期发展奠定较好基础,都具有重要意义。要坚持把处理好保持经济平稳较快发展、调整经济结构和管理通胀预期的关系作为宏观调控的核心,继续实施积极的财政政策和适度宽松的货币政策,保持宏观经济政策的连续性和稳定性,提高宏观经济政策的连续性和稳定性,提高宏观调控的针对性和灵活性，努力促进经济平稳较快发展，着力转变经济发展方式，着力调整经济结构，着力推进自主创新，着力抓好节能减排，着力深化改革开放，着力保障改善民生，增强经济回升向好势头，提高经济增长质量和效益，确保全面完成今年经济社会发展各项任务。

(《深圳商报》2010年7月23日)

【评析】

以上消息的标题由引题和正题组成。引题交代背景，正题揭示中心思想，合二而一，是一个主谓宾齐全的完整句子：浑然一体，引人注目。正文由导语和主体两部分组成。导语概要介绍中共中央政治局会议召开的时间、决议和主持者。主体共三段。前两段阐述研究制定国民经济和社会发展第十二个五年规划的重要意义和指导思想；末段强调必须做好下半年工作，确保全面完成今年经济社会发展各项任务。全文简明扼要，逻辑性强。

二、必需知识

消息就是新近发生的事实的报道。广义的新闻包括多种体裁，狭义的新闻就是指消息，因而新闻和消息两个名称常常一起使用。

按写作特点分，消息可分为动态消息（含会议消息）、综合消息、典型消息（经验消息）、述评消息、人物消息、特写消息、新闻公报等。近几年，新闻写作中又出现解释消息、预测消息等。但最常用的是前四种消息。

三、拟写要点

一条完整的消息，其结构大致由标题、导语、主体（含背景）与结尾四部分组成。

1. **标题**　标题不仅是消息的眼睛，而且还是消息的广告，作者务必精心拟题，在"实"、"精"、"巧"三个字上做文章，以集中反映消息精华，吸引读者注意。

一般消息，用单行标题即可，内容较丰富的可用双行标题，虚实相间、互为补充，分量较重，需要突出宣传报道的，常用多行标题。例如：

(1) 单行标题。

中间阶层"脆弱性"值得关注

(《南方都市报》2010年7月19日)

(2) 双行标题。

四成北京人已是中产阶层　　　　　　　　［正题］

相关《报告》称中产分三个层次，收入相差9倍多，平均收入近6000元为门槛　［副题］

(《南方都市报》2010年7月18日)

全国人才工作会议7年后再度举行，中央政治局九常委集体出席　　［引题］

胡锦涛：十年建成"世界人才强国"　　　　　　　　　　　　　　　［正题］

(《南方都市报》2010年5月27日)

(3) 多行标题。

"文化+科技"铸就领军企业　　　　　　　　　　　[正题]
本报今日配发评论员文章《"龙头大市"需要龙头企业支撑》　[副题]
（《深圳商报》2010年7月23日）

2. 导语　导语是用简洁生动的语言，引出全篇精华和主题的具有可受性的句子或段落。其特点是：位置在前，突出重点，句式简洁，富于表现力，以内在的美征服人，以外在的美吸引人，可谓"一眼便知"、"一见钟情"。写好了导语，便完成了"第一使命"。

例如《十七届五中全会10月召开》这篇例文的首段即为导语，三言两语就把全文的精华和主题全盘托出了，深深地吸引了读者，不得不把全文一口气读完。

3. 主体（含背景）　消息主体就是导语之后，全篇末尾之前的主干部分，也是消息的展开（对导语加以补充、解释和深化）部分，阐明新闻内容的主要部分，它对主题思想的表现有着非常重要的作用，有时可能还要交代一下新闻背景。

例文的后三段：一个"会议指出"和两个"会议强调"，就是全篇的主体部分。

4. 结尾　消息的结尾指消息的收束部分，意尽言止。本篇例文即是。

四、注意事项

要写好消息，就要掌握新闻写作的"真、新、深、导、实、短、活、近"的八个字的要求，即真实、新鲜、深入、导向、事实说话、短小精悍、生动活泼、贴近受众。

第二节　通　讯

一、例文评析

【例文】人物通讯

朱清时：最牛大学校长再出山
昨日得知获深圳年度人物提名时称，南方科技大学在压力最大时刻

在网上，他被称为"中国最牛大学校长"、第一个吃螃蟹的人；有人期望他成为蔡元培第二，有人盛赞他是英雄，但也有人担心他将成为"烈士"，更有人指责他是"不称职的校长"。无论如何，他是今年深圳乃至全国最红的新闻人物之一。他就是朱清时。

63岁老校长执掌南科大

今年6月份，王荣赴深任深圳市代市长。9月10日教师节，王荣将聘书颁发给更新的"新人"朱清时。在耀眼的镁光灯下，这位中国科学院院士、中科大前校长，在63岁时成为南科大的创校校长。

在颁发聘书的时候，王荣对朱清时说，深圳是一个创造奇迹、实现梦想的地方。昨天，在获任南科大校长三个多月后，朱清时感慨地说，他过去从事科教工作30多年，都是在为今天的工作做准备。

1968年12月,朱清时从中科大毕业,被分配到青海西宁的山川机床铸造厂当工人。1978年,他被选为中科院首批出国进修人员。1988年6月,朱清时在剑桥大学成功证明长寿命的局域模振动态,由此成为选键化学领域的主要科学家之一。1998年,赴中科大任教不到4年的朱清时,成为该校校长。连任两届后,朱清时于2008年退休。

朱清时喜书嗜茶,虽然幼时家贫也不改其志。他小时候读书涉猎甚广,从天文地理到诗词歌赋无所不包。朱清时也喜欢喝茶,并懂得品茶。某年天降大雪,他学《红楼梦》里的妙玉请宝玉喝用雪水沏的茶,把家里所有的锅盆集中起来储存雪来烧茶喝。

2008年从中科大校长任上退休,朱清时原本打算在家中含饴弄孙,享天伦之乐。今年6月份他在南开大学演讲时还说,退休后他终于有时间重读学校杂志了。但他终究不是壮志未酬就愿意隐匿江湖的人。深圳市政府一纸任命,将这位曾经叱咤风云、敢言敢行又备受争议的老校长再一次推到改革开放前沿阵地的深圳。

敢做敢言 声名鹊起

朱清时声名鹊起,源于他在中科大校长任上的敢做敢言。他痛批我国高校行政化、官僚化,而他亲身躬行的,则是逆大潮而动,坚决不扩招,以及用校园原生态迎接教育部的教学评估,以示对该评比的不屑。

当时,全国高校的扩招之风鼎盛,但朱清时从一开始就坚持精办大学理念。与其他高校大兴土木、大鱼吃小鱼的大肆扩张不同,20世纪90年代初,中科大每年本科招生约900人,到了2001年招收的学生也只有1860人。

朱清时的言行在国内引起热烈讨论,赞同他的人将他誉为中国最牛大学校长,或者高校改革的旗手,但也有人认为,他之所以敢公开批评教育部的做法,是因为中科大的人事权和财政权在中科院。

而中科大校园内也有不同声音。有人批评他不扩招的政策,使中科大错过了发展良机。有人指责他重理科不重工科,导致学校发展不均衡。还有人认为他的学者气,注定其不能成为优秀甚至是称职的校长。

朱清时本人也觉得他在中科大的工作存在遗憾,但不是因为他走错了路,而是步伐迈得还不够远。他说自己虽然抵挡住了扩招的大潮,但在高校"去行政化"方面他无力回天。他在中科大力推的高校后勤社会化也因阻力太大而夭折。

最终票选 全票通过

朱清时坦言,在今年初接到猎头公司的电话时,他并没有足够的思想准备和意愿。后来,校长遴选委员会几个委员都私下给他电话,说这可能是他一生中最重要的事业。朱清时说,他就被这句话打动了。

事实上,在遴选过程中,朱清时也差点与南科大失之交臂。因为深圳方面最初让猎头公司寻找的目标须在55岁以下,后来放宽到60岁。最后确定交给校长遴选委员会的5人名单中,可有2人超过60岁,但须是两院院士。而去年身为院士的朱清时已62岁,恰好符合条件。在5人名单中,朱清时的排名并不太靠前。但校长遴选委员会一致认为他是最佳人选,最终以全票16票通过。

昨天,记者向他介绍其入选本报2009深圳年度人物候选人时,朱清时并没显得很轻松。他说,目前南科大的工作正处在最关键也是压力最大的时刻,他希望能够少说多

做。但他留下的感言说:"我过去从事三十多年的科教工作,都是为今年的工作(筹备南方科大)做准备。"

教育界人士熊丙奇先生认为,朱清时面临着不少问题。虽然新建的南方科技大学不存在已有行政级别人员的安排问题,没有阻力,但是政府部门如果仍旧用行政级别去套大学,则"去官化"、"去行政化"就可能成为一句空话。另外,南科大一方面向政府要钱,另一方面如何保证独立?公办大学能否顺利过渡到"公立大学"?大学校内能否真正实现学术与行政分权?这些都亟待朱清时破题。

被香港科技大学校长盛赞

南科大校长遴选委员会委员、香港科技大学创校校长吴家玮在获悉朱清时入选本报2009深圳年度人物候选人时说,他和朱清时相识,"没有20年也有十几年了"。

作为南方科技大学的校长遴选委员,又是大力支持聘请朱清时的人,吴家玮对朱清时评价颇高。但他指出,群众要求高等教育改革的呼声很高,把南方科技大学看做改革的试验田,对南科大和朱清时的期望极高。但改革需要全民的大力支持,不能单靠一位英雄人物。

吴家玮认为,朱清时目前面临的最大困难是:究竟社会与政府是否真正理解他与他的同事们的办学理念?会不会给他们充分的资源、时间、学术自主,与他们同心同力接受挑战、克服障碍、寻求突破?

"呼声固然重要,可是办不了实事。祝愿固然重要,可是也办不了实事。南方科技大学将是深圳、珠江三角洲,甚至全国的一件大事,需要社会与政府群策群力同创大业,才能办好。"吴家玮说。

(《南方都市报》2009年12月23日)

【评析】

这篇人物通讯题目就点明了全文的中心思想——《朱清时:最牛大学校长再出山》。一看题目,如雷贯耳,振奋人心。

2009年9月10日,中国科学院院士、中国科技大学前校长朱清时,从深圳代市长王荣手中接过聘书,成为南方科技大学创校校长,真是令人期待,大快人心。

朱清时在担任中国科技大学校长期间,因高调反对"高校扩招"、"高校教学评估"和"高校行政化"而出名,他就任南方科技大学校长,更掀起新一轮关于我国高等教育改革的热论。

文章写出了人物的事迹和经历。一个"叱咤风云、敢言敢行又备受争议的老校长"跃然纸上,映入眼帘,真是快哉快哉!

二、必需知识

通讯是具体、形象地报道新闻人物、新闻事件、工作经验或地方风貌的一种新闻体裁。

其主要特点是:生动性、完整性和评论性。

按报道内容分,有人物通讯、事件通讯、工作通讯和风貌通讯。按报道形式分,有访问记、专访、特写、大特写、新闻小故事、巡礼、侧记、记者来信等。

三、拟写要点

一篇完整的通讯一般由标题、开头、正文和结尾四部分组成。

（一）标题

通讯的标题多为单行式和正题与副题组合式，副题前面一般加破折号。如：
（1）一流大学必须追求学术卓越
（2）大学筑城 关注满园春
————深圳大学城的过去、现状和出路

（二）开头

通讯开头的写法较灵活，可采用顺叙、倒叙、悬念、抒情、议论等多种形式，与一般记叙文的写法相似。

（三）正文

通讯的正文是对报道对象全面、深入、细致、完整的阐述，可根据报道的需要，采取纵式结构、横式结构（或空间并列、或性质并列、或群像并列、或对比并列）和纵横结合等结构。

（四）结尾

通讯的结尾可随着情节的发展自然收束，也可对全篇进行总结，将事件提升到一定的高度或揭示事件的典型意义。

四、注意事项

要写好通讯，必须注意如下四点：
（1）要选好典型。
（2）要广泛收集材料。
（3）要力求把读者带到现场。
（4）要适当穿插议论和抒情。

第三节 新闻评论

一、例文评析

【例文】
建筑评论

城市，让生活更美好了吗？

这次上海世博会的主题是"城市，让生活更美好"，据说这是世博会史上第一次以城市为主题。此处所言的城市应该是现代城市，与古都长安那个城市概念完全不同，与西方人历史上的城市也不同。现代城市是欧洲大工业革命催生出的,是大工业导致劳动力大规模集中的结果,其建设速度和规模是古城所没有的。进一步说,现代都市是人口、资本、物资、信息、权力等的集中之地。驱动城市发展的动力是金钱和权力,不是为了让个体生活更美好的善良愿望。

现代城市的初衷不是为了让生活更美好,但是不能让生活更美好的城市也难以长久:人口膨胀、环境恶化、交通拥堵等,最终也会导致大城市的衰败。所以当今的城市已经从现代城市那种单纯追求效率和效益转向注重生活品质,所以我们也经常能听到"以人为本"、"可持续发展"、"绿色生态"……但是醉翁之意不在酒,全球大都市仍身陷激烈的经济、政治和文化厮杀之中,追求城市生活品质的提升只是这场残酷竞赛的新标准。尽管如此,世博会的主题还是很有时代特征的。

但是,我们的主办方的思维是不是真的跟上时代了呢?在这么美好的主题下我们的世博会追求的是什么?不必被展览的内容迷惑,世博会展场空间本身就是答案。占地5.28平方公里的上海世博会是历史上最大的,前两届世博会占地都不过1.7平方公里左右。上海世博会投资450亿美元也是史上最奢华的一次,上一届日本爱知县世博会投资还不到120亿美元,再上一届德国汉诺威世博会投资更少,只有77亿美元。很明显这里有好大喜功的成分在。中国人要搞排场就不能是只比别人高一点点,而是一次性地让前辈深度自卑,让后辈彻底绝望。这么大的场地考虑的是人双脚行走的尺度吗?不,这考虑的是泱泱大国的气度。据说整个展览马不停蹄地走也要三天才能转完,显然主办方也没准备让你逛遍整个世博会,而是要你为这史无前例的人工景观所震撼。要知道世博会之后这里又要拆掉另作他用,此等奢华胜景仅存半年只为博君一笑,你是不是更加佩服中国人的气派?什么叫让生活更美好?世博会告诉你那就是让刘姥姥进一趟大观园,然后趁姥姥完全看傻眼的时候,再当着姥姥的面把大观园拆了。

在大观园里,我们这些刘姥姥们恐怕只能走马观花了,内容顾不上深究,光是表面感官刺激就已经应接不暇了。也许这本来就是一个形式大于内容的展览,形式和场面才是展览的本质,才是问题的答案。说到看表面形式,最该看的就是中国馆了。这名为"东方之冠"的中国馆可谓实至名归——大而无当的巨构、极具压迫感的造型、取自故宫外墙的红色,非常真诚地坦白了我们这个民族心底那阴暗的梦。这个建筑太中国了,太精彩了,对此笔者另有专文详解。本文只是把这个巨大的血色帝冠拿来为我们进一步理解中国式的"美好生活"做了一个心照不宣的注脚。

当我们以为城市会让生活更美好的时候,应该去参观世博会,切身体会一下,世博会是怎么让你生活更美好的。如果你对美好定义就是更大更贵更疯狂,你也许会满意;如果你希望的是更贴心的服务、更舒适的环境、更方便的生活,那么繁华空旷的世博会将让你深刻体会梦想与现实的严酷距离。上海世博会史无前例地选址在大都市的中心,硬生生拆出5.28平方公里的空地,拆迁居民18400多户、企业270个。据说这么大的拆迁量还是贯彻了不要大拆大建、尽可能减少对当地居民影响的人性规划理念的结果,不然还要多拆10000户,可见我们的气势和气度之大。据说由市中心"棚户区"迁到"乡下"的居民们都住进了环境优美的高楼,美中不足的只是2005年年底入住的时候通往外界的公交线路只有一条。若等了多年之后交通问题似乎已经解决,他们终于能出来把那里的"美好生活"告诉更多的人。

冯果川　筑博设计执行总建筑师
（《南方都市报》2010年5月21日）

【评析】

这是一篇写得非常好的新闻评论。它是驳论，标题就提出了文章的中心思想。标题打的问号问得多么好呀！它说出了千千万万人的心里话。作者又自问自答，在第一段就开宗明义提出论点："驱动城市发展的动力是金钱和权力，不是为了让个体生活更美好的善良愿望。"论点提出后，又反复加以论证，正面说完又反面说，反面说完又正面说，文章以中国馆作为例子，说明主办方就是追求好大喜功，搞排场，不是为了"让生活更美好"。全文首尾呼应，逻辑性强，言之有理，评出新意，论出深度。美中不足之处是"这个建筑太中国了"这种说法报章上时有出现，的确要引起注意，不能把副词放在名词前面。诸如"很营养"等说法希望以后再也不要出现了，因为这样太丢中国人的脸了！怎么文法不通到这种地步呢？

二、必需知识

新闻评论是各种新闻媒体对新闻事实进行评论的评论性文字，是与消息、通讯并列的三大新闻体裁之一。它是媒体的思想旗帜，是媒体评判事物、声明观点、表达态度的一种主要形式，是媒体意志的集中表现，也是媒体价值判断和取向的体现。其基本特点是：①新闻性；②评论性；③针对性与目的性；④政治性与政策性；⑤倾向性与情感性。

新闻评论从不同的角度有不同的分类方法。以说理的方式分，有立论式和驳论式两大类。以署名与否分，有署名评论和非署名评论。从评论主体分，有媒体评论、受众评论、主持人式论谈。从规格分，有社论、评论员文章、专论、短论、编者按或编后述评、新闻点评等。

三、拟写要点

新闻评论与其他政论文一样，论点、论据和论证是其三大构成要素。

拟写新闻评论与拟写其他政治论文一样，必须过好选题、取材和构思三大关，力求见解新颖独特、论证科学严密、语言简明生动。

四、注意事项

要写好新闻评论，必须注意如下四点：
（1）问题抓准，旗帜鲜明。
（2）寓理于事，事近旨远。
（3）评出新意，论出深度。
（4）晓之以理，动之以情。

第四节 网络新闻

一、例文评析

【例文】

耿军发展网络媒体，做资讯的引导者参与者

"60后"，聚橙网 CEO，美国得克萨斯州立大学医学博士后

动作不疾不徐，谈吐慢条斯理——这样的写照仿佛跟"冲劲"没有什么关联，然而，温文尔雅的耿军却偏偏缔造了一份"海归创业者、弃医从媒者"的胆大履历。深圳究竟有何魅力，让这个美国医学博士宁可放弃海外优厚待遇，也要义无反顾地投奔？互联网媒体究竟有何魅力，让这个高才生宁可偏离前半辈子所学，也要把创业的热血和激情全盘倾注其中？隔行如隔山，从一个科学人到一个媒体人的跨越更是有如崇山峻岭，而在以"没有什么不可能"为宗旨的深圳，耿军做到了。

然而，初次创业"试水"却以失败告终——1999年，刚回国的耿军在深圳创办了一个医学健康网，可惜畅饮互联网"头啖汤"的时机已经不在，初期的高调和强势未能化作网站盈利的持久运力。网站倒闭后，耿军一边打工，一边观望新的创业时机。2001—2005年间，尽管"香江集团副总裁"的头衔在手，尽管上海等其他大都市的橄榄枝在召唤，耿军却不为所动，因为他始终难忘初抵深圳时地王大厦一带的灯火通明和活力四射。他已悄然顿悟出创业新方向——"原来发展新生代媒体，才是关键突破口！"

"其实深圳人并非没有文化情调，只是，演出资讯很难通过专业、便捷的渠道全面发布。此外，深圳也很少有人组织专门的户外活动，其实愿意投身户外活动的人数并不少，只是过于零散，所以要把他们集中为小组和群落……"基于这样的判断，2007年，应运而生的聚橙网，又再次点燃了耿军的创业激情。

于是，涵盖演出预告、体育运动、交友休闲、活动小组、讲座培训等方面的"活动资讯"成为聚橙网的招牌卖点。这一崭新的平台和渠道，使演出、文化资讯得以从报章、网络、电视等传统媒体的边缘化角落中转移到显眼位置，得到重新整合、放大和强化。"新生代媒体的使命，就是要把演出、文化消息立体化，通过网络资讯牵引现实社交，不光要做时效信息的发布者，更要做参与者、互动者和引导者。"耿军对本报记者说。

个人梦狂想

期待新老媒体共生的完美形态

以高科技性、社交性、趣味性为显著特征的新媒体，亦成为打造成熟文化消费阶层的"推手"。新媒体使得投身文化活动、消费文化市场的人群得到了聚拢，得到了活动平台，我隐隐觉得，也许在不久的将来，深圳会形成一股"消费文化"的氛围、一批热衷文化生活的团队和阶层，一个新老媒体共荣共生的完美生态将有望形成。

【评析】

你看，聚橙网CEO耿军这批网媒创办者——新媒体人观念前卫，激情勃发，利用微博、iPhone、3G等新兴MINI媒体传播资讯、分享趣闻，配合传统媒体，打造出了一台令人耳目一新的信息文化盛宴，给投身文化活动、消费文化市场的人群提供了活动平台，以利形成新老媒体共荣共生的完美生态。

二、必需知识

（一）网络新闻的含义与优势

1. **网络新闻的含义**　随着人类社会的进步和经济的发展，新闻的表现形式也在发生飞速的变化。1998年5月，联合国新闻委员会正式提出"第四媒体"概念，认为在传统的报刊、广播、电视之后，计算机网络开始加入大众传播行列，被称为大众传播的新媒体。网络新闻就是通过因特网（正在兴建的信息高速公路的主要组成部分）传送文字、声音和图像的新闻传播工具。

2. **网络新闻的优势**　同报刊、广播、电视等传媒比较，网络新闻的显著优势有以下四点：

（1）无时间、空间限制，它通过光纤和网络传输信息，其信息容量之大是任何传统媒介均无法企及的。

（2）因特网具有连接网上任何用户，共享网上资源的基本性能，因此，可以实现传播者与受传播者之间充分的交互性双向交流。

（3）计算机网络的信息传播，由于不受播出时段和频道的限制，其信息传播速度具有更明显的快捷性。

（4）进入互联网，受众就有机会查阅一切上网的报刊、电台、电视台的新闻和其他信息，无可视信息量的限制，从而实现信息收阅的个人化。

（二）网络新闻的传播特点

（1）传播时间的自由性。网民可以自由地根据自己的时间来收阅新闻。

（2）传播空间的无限性。网民不但可以看到一条新闻本身，还可以看到相关的报道、网页、网站，可以达到"随心所欲"的地步。

（3）传播方式的多样化。主要有多媒体传播、交互性传播和小众化传播等。

（三）网络新闻的类型

1. **复制新闻**

2. **原创新闻**　原创新闻，即具有独创性、原创性和独立性的新闻报道，其对传统媒体的新闻有两大突破：

（1）内容上的突破。它使用"综合"手法，重组新闻资源，进行网络新闻原创。

（2）形式上的突破。网络原创新闻写作与传统媒体写作在形式上有三点不同，它更强调即时滚动式写作、超文本写作和互动写作。它是一种以"现在进行时"的方式进行连续不间断的动态报道；是一种集文字、图片、图像、照片、影像以及三维动画为一体，而实现有声有色、声情并茂、静动结合的全方位报道；是一种与受众之间平等的双向传播。

三、拟写要点与注意事项

网络新闻在基本的新闻观念和新闻写作技巧等方面与传统新闻是一致的，但二者的传播手段不同，这就对网络新闻的写作提出了新的要求，必须引起我们注意。

1. 遭遇挑战的网络新闻真实性　互联网的无限开放性，信息传播者身份的多元化和模糊性，使网络新闻信息的真实性受到了挑战。目前，网络新闻的真实性只能主要依靠新闻来源的可靠以及网络记者、编辑和发布人的职业素质来保证。同时，也借助网络新闻的检查制度，并靠市场方式加以解决。

2. 获得提升的网络新闻时效性

3. 需要引导的网络新闻互动性　要求网络新闻的制作者有更强的沟通能力、综合能力和引导能力。

综合训练三十一

一、单选题

1. 把不同地区、不同单位发生的具有同类事实汇集在一起进行报道的新闻是（　　）。
   A. 动态新闻　　　B. 综合新闻　　　C. 评述新闻　　　D. 通讯
2. 对新近出现的典型人物、典型事件进行具体形象的报道的新闻是（　　）。
   A. 新闻　　　　　B. 消息　　　　　C. 通讯　　　　　D. 通告
3. 新闻体裁中使用频率最高的是（　　）。
   A. 特写　　　　　B. 公告　　　　　C. 消息　　　　　D. 报告
4. 经验消息还可以叫做（　　）。
   A. 事实报道　　　B. 主观报道　　　C. 客观报道　　　D. 典型报道
5. 一则消息的标题不可缺少的是（　　）。
   A. 引题　　　　　B. 肩题　　　　　C. 正题　　　　　D. 子题
6. 下列表述，错误的一项是（　　）。
   A. 背景材料在动态消息中是必不可少的
   B. 重大新闻一般采用完全式标题，即由正题、引题、副题组成
   C. 消息的结构由标题、导语、主体、背景、结尾组成
   D. 事件通讯以叙事为主，以写人为辅
7. 下列表述，正确的一项是（　　）。
   A. 通讯具有一定的文学性，因此允许适当的虚构
   B. 通讯的标题在写法上可实不可虚、可真不可曲
   C. 反面人物是不能写进通讯中的
   D. 通讯写人要有一定的完整性，写事要写出事件发生与发展的过程；而特写不管写人或写事，都只截取一个片断、一个横断面，不求完整

二、多选题

1. 消息的特点是（　　）。
   A. 叙述为概述　　B. 文字简明扼要　　C. 报道及时迅速　　D. 篇幅短小
2. 通讯比消息（　　）。
   A. 内容更为详尽　　B. 生动形象　　C. 篇幅长　　D. 形式规范
3. 就写作角度来说，消息可分为（　　）。
   A. 动态消息　　B. 经验消息　　C. 分散消息　　D. 说明消息
4. 下列属于动态消息的一项是（　　）。
   A. 国际短波　　B. 要闻简报　　C. 体育简讯　　D. 友好往来
5. 述评消息是兼有（　　）作用的新闻体裁。
   A. 新闻　　B. 广告　　C. 推销　　D. 评论
6. 消息的写作要求是（　　）。
   A. 真实新鲜　　B. 迅速及时　　C. 短小精悍　　D. 长篇说明
7. 美国新闻学者希伯特说："我们常说没有比昨天的报纸更老的东西了。"这句话指的是消息的（　　）。
   A. 真实性　　B. 迅速及时性　　C. 新鲜性　　D. 创造性
8. 下列属于消息的结构形式的有（　　）。
   A. 金字塔结构　　B. 倒金字塔结构　　C. 内部结构　　D. 外部结构
9. 消息的导语有（　　）。
   A. 叙述式　　B. 描写式　　C. 提问式　　D. 评论式

三、作文题

以 2010 年 7 月 31 日下午 3—5 时该年第五期"四方沙龙"在深圳关山月美术馆报告厅开讲的尹昌龙先生与市民畅谈《深圳特区文化 30 年》为内容，写一篇 500 字左右的动态消息，谈文化自觉和文化突破，通过文化重新设计我们的未来。要求结构完整，内容充实，文字简明。

第六章 科技文书

第一节 学术论文

一、例文评析

【例文】

中国崛起：必须从富强走向文明

许纪霖　华东师范大学历史系教授

去年欧美有一本非常有影响的书在中国出版了中译本，是马丁·雅克写的《当中国统治世界》。马丁·雅克是一个中国问题专家，他认为，到了2050年，中国将主宰世界、统治世界，那个时候全世界代替美元的全球货币，是人民币。上海将替代纽约成为全世界的金融中心，汉语将像英语一样风靡全世界，孔子就像柏拉图一样，全世界的人都要学习他的经典。他说，过去英国是海上霸主，美国是空中和经济霸主，中国到了2050年将成为文化霸主，中国将以文明统治全世界。

真的有这么好的美景吗？中国真的崛起了吗？是一种什么意义上的崛起？它会走到哪里？中国今天已经走向了世界舞台的中心，成为与美国一样重要的世界大国。但这是一个什么样的大国？马丁·雅克说中国将会以文明大国崛起，然而，中国又是一个什么样的文明呢？

社会达尔文主义怎么改变了中国

富强是一种追求，这追求背后要有精神动力，就是一种强烈的致富欲望，通过竞争和努力，改变自己的命运，获得更多的物质财富，满足永无止境的内心欲望。这是近代人所特有的歌德所描绘的浮士德精神。

这个变化，是从晚清开始的。甲午战争输给日本，中国的士大夫开始觉悟，发现原来的学生小日本之所以可以打败老师大清帝国，原来是脱亚入欧，不再说和谐，而是转变讲竞争，讲优胜劣败。于是到19世纪末进化论由严复引进了中国，顷刻之间风靡神州，成为中国人新的世界观和价值观。达尔文的进化论研究的是自然界的进化，他有很多信徒，像赫胥黎就认为人类的进化与自然界的进行不同，有人类社会独特的伦理规则，但另外一位信徒斯宾塞，却发展出了一套"社会达尔文主义"，鼓吹物竞天择、适者生存的进化规律，不仅适用于自然界，而且人类社会也是这么进化的。有趣的是，严复的《天演论》翻译的是赫胥黎的书，介绍的却是斯宾塞的社会达尔文思想。进化论进入中国以后，整个中国上上下下为之沸腾，大家都信奉竞争是世界的公理，只有竞争，中国才能复兴，个人才能进步。

社会达尔文主义是一套新的宇宙观，它与过去儒家所讲的宇宙观有什么区别呢？儒家讲的宇宙观，主要核心是伦理道德，天是有德性的，所以，人类社会也应该遵循和谐和伦理德性。但进化论不一样，它的基础是牛顿的机械宇宙论，世界的核心不再是德，而是力，不再是和谐，而是竞争，看谁有力量、有物质实力、有超越他人的生存能力，只要有了这些各种各样的力，你就会成为竞争的优胜者。甲午海战之后，整个中国开始讲工商富国。晚清的知识分子杨度，鼓吹金铁主义，金就是黄金，经济富民，发展工商业，铁代表的就是军事，要走富国强兵的道路。他学的是当时德国的铁血宰相俾斯麦。

从晚清一直到今天，这个追求没有断过，从大清朝到中华民国，一直到中华人民共和国，虽然追求的文明理想在改变，但即使在"文革"时代，有一个东西还是没有放弃，就是富强，要建设一个社会主义的强国。富强梦的后面有一个动力，这就是竞争。在这个强权的世界里我们要能够有一席之地，就是要有实力、就要有竞争。

晚清的梁启超写过一篇文章《论强权》，他说世界要有强权别无他力，强者压制弱者，这是世界之公理也，世界只认强者不认弱者。这套观念从晚清到今天，还在继续弥漫。

在洋务运动时期，重心还是物质救国，船坚炮利，看重的是物。到了康有为、梁启超搞维新运动，重点便转向了人。梁启超、严复他们发现，西方之所以强大，除了有无与伦比的物质力之外，更重要的是人民有能力，有竞争力。过去的儒家传统重视的是人的德性，但现在转为强调人的能力，所谓核心竞争力。什么是核心竞争力？有三种：德力、智力和体力。体力还可以理解，连德性和知识都成为了一种竞争力！德智体全面发展的三好学生，最后都归结为有竞争能力的人。因此，今天中国的大学不再像古典的大学和书院那样着重培养自由的人格，具有博雅的知识，而是蜕变为一个实用的、功利的目的：让学生拥有更多在社会上竞争的能力。

斯宾塞的社会达尔文主义千言万语，归结到最后就是八个字："赶快干活，否则完蛋"。从晚清到今天，社会弥漫的是这样一种空前绝后的竞争氛围，它整个改变了中国人，支撑起强大的精神动力，这个竞争动力的背后，就是对落后的恐惧，对被淘汰的恐惧，并进而要富强，要成为人上人。

为什么富强压倒了文明

中国的强国梦，除了富强，另外一个就是文明。晚清之后严复、梁启超这些启蒙先知也讲文明，他们发现西方为什么强盛，日本为什么可以打败中华帝国，除了富强之外，另外一个秘密就是文明。西方有比传统的中华文明更高的现代文明，文明也因此成为他们的一个理想。

那么为什么最后的结局会是富强压倒了文明呢？我们先来看这二者的不同。富强包含着三个内容，每一个层次是洋务运动所追求的物质竞争力，第二个内容是刚才讲的国民的竞争能力。富强还有第三种含义，这就是制度的合理化或理性化。从晚清宪政到改革开放30年，都不断在变革制度。制度的改革到底属于富强还是文明呢？这要看改革深入到什么层次。假如改革不改变制度背后的核心价值，不改变制度的基本结构，而仅仅使之更完善，更有效，运转更良好，提高制度的行政能力，那么这种改革就与文明无涉。

与富强相比较，文明指的是一套价值观。现代文明的秘密，严复在19世纪末就看得一清二楚，这就是"自由为体、民主为用"。自由也好，民主也好，都是一种文明，是一套现代的价值观。之所以说它们是一套价值观，意思是自由与民主是人类生活最值得追求的目标，具有不可替代的内在价值，因为唯有生活在自由和民主的社会，人才有可能活得比较有尊严，过比较符合人性的生活。这就是文明的生活。

富强当然也是一种可欲的价值，但富强与文明这两种价值，何种更有价值？到晚清，严复、梁启超知道，西方之所以能够打败中国，乃是它们既富强，又有文明。文明虽然很重要，但中国的亡国危机太急迫了，国家太衰落了，文明可以治本，但救不了急；富强只能治标，却可以挽救国运。两权相衡，还是富强更重要。

富强之所以会压倒文明，当时还有第二个原因，就是西方的两张面孔问题。戊戌变法之后，中国拜西方为师。但这个老师老是欺负学生，第二次鸦片战争一把大火烧了圆明园，西方文明所到之处，到处都是血与火。这使中国知识分子的内心非常困惑。杨度是晚清头脑最深刻的士大夫之一，他发现，今天这个世界有文明的国家而没有文明的世界，世界各国对内都讲文明，对外都行野蛮。杨度的观察是准确的，在西方政治学里面有一个公开的秘密，就是对内是洛克主义，讲自由平等，对外是霍布斯主义，生存至上，弱肉强食，丛林法则。面对西方的两面，杨度认为既然西方有两手，我们也要有两手来对付它们，因此富强比文明更为紧迫。

整个民初社会，上上下下所崇拜的都是力，社会达尔文主义所崇尚的那个东西。传统中华文明所偏重的伦理、道德、价值无人问津。当时对这种"力的政治"观察最敏锐、批判最深刻的，当属《东方》杂志的主编杜亚泉先生，这位文化保守主义者在1910年代，在《东方》杂志上写了十几篇的文章，集中批评民国以来中国已经成为一个丛林世界，像动物一样，不讲精神，不讲文明，只讲竞争，弱肉强食。杜亚泉先生还进一步分析产生这一现象的历史原因，从欧美流传到中国的唯物论，只讲物质，物质至上，最先表现为洋务运动中的富强论，进而是天演论，即斯宾塞的社会达尔文主义。自从物质主义深入人心以来，宇宙无天神、人间无灵魂，一切唯物质为万能，再加上残酷无情的竞争淘汰说。在这样的情况下，人生的目的是什么、宇宙美不美，都没有人关心，所有人关心的唯一问题就是如何自我保存、怎样免于被淘汰。这样的世界只讲优劣，不问善恶教育是竞争的练习场，激烈竞争的结果最后都成为杀人主义。将近一百年之后，当我们重读杜亚泉先生的话，依然触目惊心！

从民国初年开始，由于力的政治的主宰，物质主义大流行，精神的价值、伦理的价值越来越不重要，最重要的是穿衣、吃饭；食色，性也。国家要强大、人民要富裕，成为流行至今的主流意识形态，在国家意识形态层面，它表现为GDP为中心的发展主义，而在日常生活层面，则是物欲至上的消费主义。国家与日常生活，具有深刻的共谋关系。消费主义不仅是一种享乐的人生，而且是一种价值观。人生的意义无非是满足欲望，成为人上之人。有钱才能过上好日子，才有个人的体面、身份和尊严。在这个世俗化时代，什么样的人才属于成功人士？不是看你有没有德性、有没有知识，是不是精神高尚，而是看你拥有的外在象征：你穿什么品牌的衣服，开不开车，开什么牌子的车，有没有房，住什么档次的房，这些都是你在社会上是否被尊重、被看得起的身份象征。

你消费得越多,过的生活越是高碳,便越有身份、令人羡慕,活得有尊严。这套消费主义价值观与国家的发展主义意识形态恰为互补,其共同的立场都是唯物的、物欲的。从上到下,整个社会很少有人去思考伦理和精神的位置在哪里?中国需要什么样的核心价值?富强之后,中国将展现什么样的文明?一个五千年的文明大国,一个曾经与古希腊、古罗马、古印度、古伊斯兰世界同样辉煌的轴心文明,如今不要说文明,连文化都岌岌可危。

中国要的是什么样的文明

民国初年乱成这样,当然激发起知识分子的反思。先是杜亚泉,然后是章士钊、陈独秀、张东荪等,开始注意到民国之所以共和失败,问题不在政治,而是政治背后的文化。他们意识到光追求富强不行,还要重建文明。于是,到五四新文化运动期间,知识分子争论的核心问题与清末民初相比,就改变了,从富强转向了文明。用陈独秀的话来说,在器物的觉悟、制度的觉悟之后,最后的觉悟应该是伦理的觉悟,解决整个民族的文明大方向。是全盘引进西方文明呢,还是建立将中国与西方调和起来的第三种文明?五四时期的东西文明大讨论,虽然文化激进主义与保守主义的立场不同,但他们关怀是共通的:文明代替富强,成为时代的主旋律。

差不多一个世纪之前,有一位在美国留学的中国留学生,在日记里这样写道,拿破仑大帝当初曾经以睡狮比喻中国,睡狮醒了之后世界要为之震惊。这位年轻人就是胡适。他在年轻的时候是一个狂热的社会达尔文主义者,将自己的名字都按照物竞天择适者生存的自然法则,改为了胡适之。他到了美国之后,恰巧欧洲打了第一次世界大战,这一打把胡适打醒了,他发现迷信生存竞争的富强梦最后会给人类带来毁灭。胡适说,我们今天都引用拿破仑的话,以睡狮来比喻中国,这是不妥当的,中国应该称为睡美人,中国之强,贡献给世界的不应是武力,而应该是文物风教,这就是中国的文明。

进入21世纪之后,作为世界大国所凭藉的力,主要不是军事力,而是经济力、金融力。今天"中国制造"这面旗帜插遍了全世界七大洲,包括南极洲,企鹅都可以看得到。中国以世界工厂征服了全世界。但是,经济力这个东西真的能够让人家心服口服吗?即使到了2050年,中国成为头号GDP大国,你真的能够成为世界头号真正的强国吗?还是仅仅是一种虚胖?20世纪初的时候,德国曾经也想成为世界第一,做过一次强国梦,最后以发动战争而自取灭亡。日本在70年代经济起飞时,也梦想"日本世界第一"。但是到了90年代初,日本开始长期的经济衰退,到今天还没有从阴影中走出来。当年的德国和日本,只有GDP,只有军事力、经济力和金融力,但是缺乏普世的文明,缺乏征服人心的文明价值。西方从17世纪开始称霸全球,最初的葡萄牙、西班牙,徒有海上贸易的实力,背后没有文明精神的支撑,最终只能昙花一现。英国和美国之所以能够在19—20世纪分别称霸长达一个世纪,除了其军事和物质的实力,更重要的是其有现代文明的凭藉。

那么,崛起的中国可以拿什么文明贡献给世界?去年国庆60周年之际,过去的新"左派"如今都集体右转,成为坚定的国家主义者纷纷站出来总结中国崛起的经验,试图为世界提供一种不同于西方的另类现代性,所谓的中国模式。日内瓦大学的研究员张维卫在《纽约日报》发表文章,概况中国崛起的八条经验。其他有几条值得一提:一条是"民生为大",相信最重要的人权是生存权,这是中国独特的人权传统。另一条是"政府是必要的善",西方的民主经验证明政府是必要的恶,但在中国政府却是必要的善,经济的繁荣离不开开明的强势政府。与此相关的还有一条是"良政比民主更重要",西方人讲民主,而中国人要的是良政,也就是儒家的民本政治,为民执政。重要的不是让民众参与政治,而是政府代表民众整体利益来执政,这就是中国式的代表性民主。最后一条是"政绩合法性",政治统治的正当性不看权力的来源,也不看是否符合更高的伦理和文明法则,而是以功利主义的方式看政府的政绩,只要拿出漂亮的成绩单,统治就具有合法性。北京大学教授潘维也总结了三条中国模式:第一,官民一体的"社稷"社会模式,第二,一党代表民众执政的"民本"政治模式,第三,国企主导的"国民"经济模式。这些出身各异的国家主义者开始总结中国独特的中国模式,并且要把它提炼到文明的高度,向全世界特别的非西方世界推广。

问题在于:这些国家主义者拿出的"中国模式"距离中国的现实有多么遥远?中国能够离开世界主流的文明价值另搞一套另类的现代性吗?毛泽东当年搞过"反现代的现代性",现在谁还愿意回到毛泽东时代?中国改革开放30多年的成功经验,在于坚定地融入世界主流文明,承认普适文明价值,同时探索中国特殊的现代性道路。如何将中国的特殊道路与全人类公认的普适文明相结合,如何在中国的特殊性之中体现出文明的普世性,并且进一步将中国的特殊性提升为符合普遍人性的普世性,这是一个比实现富强更复杂、时间更漫长的文明转型工程。

金融危机的发生,使得中国提前"被推上"世界舞台,文明已经替代富强,成为中国不得不面对的大问题。中国准备好成为文明大国了吗?我们已经足够文明了吗?这不仅关系到中国人的命运,也将决定未来世界的命运。

(《南方都市报》2010年3月14日)

【评析】

这篇社会学类的学术论文中心突出,论据充足,结构严谨,逻辑性强,语言简洁,具有很强的现实意义。文章标题就揭示了全文的中心思想。全文采用递进式结构,说明中国要崛起,必须从富强走向文明。首先要富强,接着是要文明,然后进一步阐明中国要的是什么样的文明。一环扣一环,环环相扣。结论是:中国要的是普世的文明,也是征服人心的文明,说白了,就是要将中国的特殊性提升为符合普遍人性的普世性。这是一个全中国甚至全世界都普遍关注的大问题。须指出的是,文中第三部分第四段"概况"应是"概括"一词的误写。

二、必需知识

学术论文就是在各种科学领域内专门探讨学术问题、反映研究成果的论文,其显著特点是学术性、科学性、创新性和理论性。

学术论文的类型按论文内容性质分,可分为社会科学论文和自然科学论文两大类。按论文表述论证方式的特点分,可分为论说型论文、述评型论文、说明型论文、调研型论文等类型。按论文的写作目的及其作用分,可分为交流性论文和考核性论文。而考核性论文又可分为学年论文、毕业论文和学位论文等几种类型。学位论文又分为学士论文、硕士论文和博士论文。

三、拟写要点

根据国家标准的规定，论文全篇主要由前置部分和主体部分构成，有的论文还有附录部分。论文的前置部分主要包含题目、署名、摘要、关键词等项目，论文的主体部分主要包含引言、正文、结论、参考文献等项目。

要写出一篇高水平的学术论文是要具备很多条件的。除了格式要规范以外，最重要的就是要在理论与实践相结合上面下工夫，做到理论性与实用性的紧密结合，充分显示论题的针对性、内容的探讨性、表述的议论性和对策的可行性。

学术论文的写作过程是：提出问题—分析原因—提供对策。这种表达方式决定了其正文结构一般分为引言、正文、结论三个部分。

1. 引言——提出问题　要有针对性，要有现实意义。如例文《中国崛起：必须从富强走向文明》。论题鲜明，引人注意。全文分三部分。在第一部分"社会达尔文主义怎么改变了中国"里面，开宗明义提出"富强是一种追求"。第一句话就把"富强"端出来了。而且，紧接着又说："这追求背后要有精神动力。""富强"是物质。讲完物质别忘了精神啊！物质变精神，精神变物质嘛！这就是辩证法。

2. 正文——分析原因　这是论文的重点。写作时要分析现状，发掘问题，析因探原，寻找出路。要求叙议结合，逐层剖析，对比论证，提出设想。第一个问题解决了，说明中国首先要富强以后，接着就要提出第二个问题，即分析原因，进入文章第二部分"为什么富强压倒了文明"。不是"文明"不重要，而是根据"战略"需要，暂时退居二线，以"退"为"进"。

3. 结论——提供对策　顺应正文提出第三部分"中国要的是什么样的文明"，真是顺理成章，水到渠成，合情合理，一气呵成，既有针对性，又有必要的论证。例文首尾呼应地提出"崛起的中国可以拿什么文明贡献给世界"，"总结中国崛起的经验，试图为世界提供一种不同于西方的另类现代性，所谓的中国模式"。如官民一体的"社稷"社会模式；一党代表民众执政的"民本"政治模式；国企主导的"国民"经济模式；等等，以求"将中国的特殊道路与全人类公认的普世文明相结合"，并指出"这是一个比实现富强更复杂、时间更漫长的文明转型工程"。最后还说："文明已经替代富强，成为中国不得不面对的大问题。中国准备好成为文明大国了吗？我们已经足够文明了吗？这不仅关系到中国人的命运，也将决定未来世界的命运。"这个结论难道不值得我们每个中国人深思吗？

四、注意事项

学术论文在一定程度上反映了作者的专业水准、知识厚度、研究能力及写作水平等。作者要写出高水平、有价值的学术论文，必须注意以下四点：

（1）论点要明确新颖。

（2）论据要真实可靠。

(3) 论证要科学严密。
(4) 语言要准确庄重。

第二节　毕业论文

一、例文评析

【例文】

建立具有中国特色的国家公务员制度

中共中央党校函授学院广东分院××××级本科班学员吉珺

建立国家公务员制度,是我们研究借鉴国外人事行政管理经验的一种探索。如何认真分析国外管理方法,结合我国的实际情况,建立具有中国特色的国家公务员制度,是一个必须深入研究、慎重处置的重大课题。同时,如何完善公务员法,使国家公务员管理制度化、法制化,是直接影响政府行政管理效率和效益,甚至关系到国家兴衰的重要问题。

一、公务员的概念和特征

所谓公务员,简单地讲,就是行使国家行政权力、从事国家公务的人员。

(一) 公务员的名称(略)

(二) 公务员的范围

当前各国对公务员范围宽窄的界定不一,大致有以下几种类型:

1. 范围最小的类型

此类型是把公务员界定为政府系统内常务次官以下所有工作人员,一般叫常任文官。常任文官不包括政府机关选举产生和政府任命的大臣、国务大臣、政务次官等政府官员;更不包括法官、地方自治人员、国有企事业单位的文职人员。英国是这种类型的代表。

2. 中等范围的类型

此类型是把政府行政机关中的所有工作人员界定为公务员。包括内阁总理、部长等政治任命的官员和其他法律任命的官员,不包括立法部门的参议员、众议员和国会的雇员;也不包括司法部门的法官。属于这种类型的代表是美国、德国。

3. 介于中范围与最大范围之间的类型

这是把一部分事业单位的文职人员包括在内。这是公务员范围比较广泛的一种类型。新加坡公务员范围包括政府各部的工作人员、独立机构的工作人员、中小学教师。

4. 范围最大的类型

此类型是把从中央到地方的政府系统的工作人员、立法、司法、检察机关、军职人员和在公共企事业单位工作人员均界定为公务员。法国、日本是这种类型的代表。

综观以上国家公务员范围,有宽有窄,其典型范围还有各国政府系统。

(三) 我国公务员的范围和特征

根据我国政治、经济和社会情况，依据目前我国拟定的《国家公务员暂行条例》，我国公务员的范围，是指中央和地方各级行政机关中行使国家行政权力，执行国家公务的中国公民，具有以下特征：

(1) 必须是在行政机关中任职的在编人员。

(2) 必须是行使国家行政权力，执行国家公务的文职人员。

(3) 必须是依照法定程序选举或任命的，受宪法、政府组织法或公务员法管理的人员。

(4) 具有中国国籍的中国公民。

二、国家公务员制度的含义及建立国家公务员制度的意义

(一) 国家公务员制度的含义

国家公务员制度，是指对国家公务员依法进行科学管理的制度，它既是一种法律制度，又是一种管理制度。公务员制度把公务员的权利和义务、职能和职责、福利和待遇等用法律的形式固定下来，成为公务员的活动准则，所以，它是一种法律制度。同时，公务员制度是国家人事管理制度中的一个组成部分，它通过对公务员的一些法的规定对公务员实施一种有效的管理，因此，它又是一种管理制度。

(二) 建立国家公务员制度的意义

公务员制度是国家人事管理制度中的一个组成部分，因此，人事行为管理制度的改革关键的一个环节在于逐步建立和推进国家公务员制度。

研究国家公务员制度的建立，对于探索国家行政机关人事制度乃至整个干部人事制度的系统改革，对于实现政治体制和经济体制改革的目标，都具有十分重要的意义。

1. 有利于实现国家行政机关工作的高效能

科技的发展，社会的进步，社会主义现代化的建设，都需要行政机关的高效能，而行政机关高效能的先决条件是：①要有科学设置的行政机构和明确的职责权限的划分。②要有一批德才兼备的政治活动家和行政管理家。③要保持行政管理的相对稳定性。④要有一大批业务素质较高的工作人员。⑤要能充分调动和发挥国家行政机关工作人员的积极性和主动性。可以通过对公务员制度的实施来逐步完善这些条件。

2. 有利于加强干部人事工作的法制化

现代人事制度的一个重要特点是法制化，只有依法管人才能依法治事。建立健全人事制度的体系，既要有基本法，又要有具体法规和细则，才能有效地保证人事管理的法律地位，并使这些制度在实际中不断得到充实、完善。在研究建立公务员制度的过程中，可以寻求加快干部人事工作法制化的具体步骤。

3. 结合公务员制度研究干部的分类管理，有利于加强改善党对人事工作的领导

长期以来，我国干部人事制度存在着"国家干部"概念过于笼统、缺乏科学分类的现象。进行干部人事制度的改革，研究建立公务员制度，就要对"国家干部"进行合理分解，建立科学的分类管理制度。根据目前各类干部的不同情况和形势发展的迫切需要，首先研究如何把国家行政机关的工作人员从干部队伍中分离出来，形成国家公务员管理体系。把这一部分人管好了，不仅具有本身的意义，而且对其他各类人员的科学管理也将会产生很大的示范作用，并将使党对干部人事工作的领导得以改善和加强。

因此，必须建立国家公务员制度。

三、建立国家公务员制度必须是建立具有中国特色的国家公务员制度

建立国家公务员制度，是一项艰巨、复杂的工作，不能搞简单的"引进"，照搬照抄别国经验，只能是在汲取世界各国人事管理的成功经验的基础上，结合我国实际情况建立起具有中国特色的国家公务员制度。

让我们先从历史的角度看待问题吧。新民主主义革命时期，毛泽东当年运用马列主义普遍真理与中国革命实践相结合，深入考虑当时国情，选择了走"农村包围城市的道路"，从而取得了革命的胜利。新中国成立以后，我们在学习苏联的过程中，虽然在起初一段时间内曾经取得了积极成果，但是仍有不少深刻的教训，走了不少弯路，这都是照搬照抄的结果。历史证明，学习成功经验必须与本国具体国情结合起来才能取得成功；照搬照抄别国模式或不考虑本国实际情况，都是注定要失败的。邓小平同志在总结我国社会主义革命和建设胜利和挫折的历史经验并借鉴其他国家社会主义兴衰成败历史经验的基础上形成的《建设有中国特色的社会主义理论》，是指导我们现代化建设的指路明灯。十几年改革开放取得了令全世界瞩目的成就也说明了邓小平同志所说的"中国搞社会主义，强调要有中国的特色"这一观点的正确性。

接着，让我们从影响国家公务员制度的因素来看问题吧。

（1）经济基础。公务员制度是国家行政管理体制的组成部分，属于上层建筑范畴。因此，它必须受到经济基础的影响。正如恩格斯所说："每一时代的社会经济结构形成现实基础，每一历史时期由法律设施和政治设施以及宗教的、哲学的和其他的观点所构成的全部上层建筑，归根到底都是应由这个基础来说明的。"

在经济基础中，影响公务员制度最主要的因素，就是所有制形式。因此，在不同社会制度的国家里，公务员制度本质是不同的。在公有制条件下，公务员制度的宗旨是为广大劳动人民服务的；在私有制条件下，它的宗旨则是为少数剥削阶级服务的。

（2）国家的基本政治制度。一个国家的基本政治制度，主要包括国家政权的阶级性质、组织形式及管理形式等，它与经济基础、经济制度一起对行政管理制度产生重大影响。行政管理体制是一个国家政治体制的有机组成部分，所以，公务员制度作为行政管理体制的一部分就不能不受政治制度的影响。同时，在阶级社会中，一个国家的政治制度是该国一定阶段关系和阶级利益的体现，因此，公务员制度也就不能不打上阶级的烙印，具有一定的阶级属性。

（3）民族文化传统。一个国家或民族，在长期的历史发展中形成一定的政治观念、思想观念和价值观念，对一个国家的行政管理体制的建立和特征产生着不可估量的影响，并且这种影响往往是长久的、潜在的、无形的。正确地汲取本民族优秀文化的措施，结合时代发展的要求，取其精华，弃其糟粕，对于建立具有中国特色的社会主义国家公务员制度具有重要意义。

此外公务员制度也要受到外国思想文化的影响。对于外国的人事行政管理经验，我们必须以辩证唯物主义和历史唯物主义的思想观点去进行具体分析。列宁曾经指出："马克思主义这一革命无产阶级的思想体系赢得世界性的意义，是因为它并没有抛弃资产阶级时代最宝贵的成就，相反却吸收和改造了两千年来人类思想和文化发展中一切有

价值的东西。"毛泽东也曾说过:"学外国不等于一切照搬。向古人学习是为了现在的治人,向外国人学习是为了今天的中国人。"

总之,我国公务员制度的建立和发展是同我国的政治制度、经济和文化发展相联系的。因此,针对当今我们搞改革开放,研究借鉴国外管理经验的时候,我们除了应当批判地继承并经过改造使其为我所用之外,必须从自己的实际出发,必须建立起具有中国特色的国家公务员制度。

由于受上述因素影响,我国公务员制度具有以下中国特色的特点:

(1) 坚持四项基本原则。坚持社会主义道路是中国人民实现现代化,建设幸福生活,使国家繁荣昌盛的必由之路;人民民主专政是中国的根本政治制度,是社会主义的坚强柱石;共产党是全国人民的忠实代表和坚强的领导核心;马克思列宁主义、毛泽东思想是中国共产党指导思想的理论基础。这四项基本原则是我们党领导我国各族人民建设社会主义的基本经验总结,它充分反映了我国建设社会主义的客观规律,体现了我国工人阶级和人民群众的意志和要求。四项基本原则是我们的立国之本、富国之路。因此,我国公务员制度要求国家公务员必须坚持四项基本原则,必须将它贯穿于公务员的各种政府活动中。

(2) 坚持全心全意为人民服务的宗旨。我国的国家公务员制度是建立在社会主义制度性质基础上的制度,作为这种社会制度的公务员,必须体现社会主义性质,必须为社会主义服务。在经济上,我国是以生产资料公有制为主体的,公务员制度必须反映其要求并为其服务。在政治上,我国是人民民主专政的社会主义国家,人民是国家的主人,国家的权力属于人民。因此,我国的国家公务员的一切活动都必须体现人民的意志,人民群众有权参与国家管理、监督国家事务活动。

(3) 坚持党管干部的原则。我国的国家公务员制度是党的干部人事制度中的一个组成部分,它体现党的干部标准和干部路线,体现党的干部队伍建设的方针政策,公务员制度服从于和服务于党的政治路线和党的总任务。因此,公务员制度的建立有利于加强和改善党对人事工作的领导,坚持了党管干部的原则。

(4) 坚持"德才兼备"的用人标准。国家公务员是行使国家行政权力、执行国家公务的人员。每个公务员的行为,直接关系着能否正确行使国家权力,完成担负的国家公务,以及国家在公民中的形象,因此,对公务员的素质要求标准高,强调"德才兼备"。德,包括政治立场、社会主义觉悟、个人品性行为;才,包括专业技术、文化水平和知识面、办事能力、经验阅历,德和才要综合考虑。

四、逐步建立具有中国特色的国家公务员制度

(一) 建立我国公务员制度的总原则和总要求

要建立具有中国特色的国家公务员制度,除了坚定不移地坚持四项基本原则、坚持改革开放的基本路线、坚持为人民服务的宗旨和德才兼备的用人标准之外,主要是严格依法行政、廉洁高效,这是建立我国公务员制度的总原则和总要求。依据这个总的原则,结合我国的实际,主要应遵循以下原则:

1. 高素质原则。①公开竞争的录用制度。录用要真正贯彻公开、平等、竞争和择优的原则。②严格的晋升制度。晋升必须在严格考核的基础上,按照法定程序进行,德

才兼备、任人唯贤、注重实绩。③规范化的培训制度。坚持"先培训、后上岗"的原则，逐步使公务员培训工作法制化、制度化。

2. 严格考核原则。①制定客观的、易于衡量的考核标准。②依照决定程序，对公务员的德、能、勤、绩进行全面考核。③考核结果要同本人见面，存入档案，作为公务员职务升降、奖惩、任免和培训的客观依据。

3. 激励原则。①建立科学合理的工资保险福利制度。②建立严格的奖惩制度。

4. 监控制度。①应将防止腐败、保持廉洁作为国家公务员必须履行的义务。②建立回避制度。③建立严格的监督制度。

（二）建立我国公务员制度的方法和步骤

（1）加强公务员管理法规研究队伍的建设。大力加强专门法规研究队伍建设，使具有专门法学知识、熟悉专门业务情况、热爱法制建设的研究人员尽快成长起来，不断健全和完善我国拟定的《国家公务员暂行条例》，尽早制定《国家公务员法》。

（2）加强公务员管理法规的宣传教育工作。使广大公务员明白自己有什么权利、义务等，使广大群众加强对国家公务员的监督，逐步使公务员管理工作走向法制化。

（3）建立必要的、专门的国家公务员管理机构，使其依据国家公务员法规，加强对国家公务员的管理。

（4）逐步实施公务员制度。首先，搞好总体设想，并制定切实可行的长远规划和实施步骤，对各项具体方案，在实施前要进行认真充分的可行性论证。其次，搞好试点，从事物的整体性出发，重视区域性（和整个城市、区、镇）、系统、公安系统等的综合和整体改革的试点。再次，要有一个强有力的权威机构，统一规划、协调和具体管理试行公务员制度工作，建立强有力的组织保证。

总之，建立国家公务员制度必须在借鉴国外先进经验的基础上，从我国实际情况出发，建立具有中国特色的国家公务员制度，使其科学化、法制化、现代化，为现代化建设服务。

（有删节）

【评析】

作者综合运用所学的理论知识，正确体现党和国家的方针政策，密切联系工作实际，对平时积累的材料能运用科学的方法进行加工整理，写成了《建立具有中国特色的国家公务员制度》一文。论文在简明扼要地说明了公务员的概念和特征、国家公务员制度的含义及建立具有中国特色的国家公务员制度；分析问题正确、全面，具有一定深度，对指导实际工作有一定的意义；中心突出，论据充足，结构严谨，层次分明，文笔流畅，表达能力较强，是一篇写得较好的毕业论文。

二、必需知识

毕业论文是高等院校应届毕业生所写的一种学术性论文。毕业论文的写作是学术论文写作规范的基本训练；是对学生进行的一次综合性考试（总体性考查）；是对学生从事科学研究的初步训练；是发现人才的好办法；是高等院校总体教学中的一个重要环节。

毕业论文的特点（必备条件）

1. 见解的新颖与独特（创造性） 毕业论文能否出新，是衡量毕业论文价值的根本标准。因此，一篇好的毕业论文要求作者有创造性，即能提出新问题，解决新问题。正如黑格尔指出的："我们要能看出异中之同或同中之异。"

怎样才能使毕业论文具备创造性呢？怎样才能使我们在已掌握知识技能中去发展自己的学习能力，做到"同中求异，异中求同"呢？必须做到如下几点：

（1）要对研究的对象进行周密的观察、调查、分析、研究，从中发现别人没有发现或没有涉及的问题。

（2）在综合别人认识的基础上进行创新。写毕业论文，很重要的一点是要合理地吸收已有的科学研究成果，并应提出新思想、新理论、新内容，为增加人类科学文化知识作出新贡献。具体来说，一则可集中别人正确的观点，从自己的角度加以发挥，分析论述，有所发现；二则发现错误或不足，可加以补充修正，有所创造，形成自己的论点；三则披露重要新材料、新事实；四则善于归纳，富于总结性，以囊括全面，条理清晰，使文章有新貌。

2. 论证的科学与严密（科学性） 一篇好的毕业论文，总是先鲜明地提出自己的新颖而独特的见解，紧接着就以科学而严密的论证来把道理讲清说透，以形成自己的理论体系，做到正确地反映客观事物，并揭示其规律。

科学性的具体要求是：①立论必须从客观实际出发，从而引出符合实际的结论。②要经过周密的调查研究，充分占有材料，以确实有力的论据作为立论的依据。③思考周密，论证严谨而富有逻辑，应做到：抓住问题的本质，把论题提到应有的高度；观点统帅材料，材料说明观点，观点与材料统一；努力揭示出论点和论据间的内在的逻辑关系；论证问题应力求层次分明，条理清晰。

3. 语言的简明与平易（平易性） 毕业论文应写得深入浅出。平易性，是毕业论文表达上的要求。毕业论文写的是复杂的科学理论问题，只有表达得容易为人们所理解，才能达到叙述科研成果、交流信息的目的。

三、拟写要点

（一）毕业论文的写作

毕业论文的写作，要过好选题、取材、构思、起草、修订"五关"。

1. 选题——选定论题，拟好标题 毕业论文的选题是关系论文成败的第一关。这里所说的选题，主要是指选来论证的问题，也就是论题。选题要坚持两条原则：既看客观需要，也看主观条件。好的毕业论文的选题，既要有科学价值的社会意义，同时又要适宜作者本身的主观条件，以有利于论文的写作。所谓科学价值，是指：①学术价值。解决理论上（学术上）某个重要问题，或在某些方面有所发明、突破。②实用价值或应用价值。用理论来分析、解决现实问题。是否有利于论文写作，要考虑以下五个因素：①以专业课的内容为主；②发挥业务专长；③大小、难易要适中；④具备占有资料的条件；⑤限定的时间和篇幅。

标题，是给文章所标的题目。标题要具有表现力——要表现内容、吸引读者和帮助理解全文，应做到：确切适宜（能确切表现内容，最好带点理论色彩），简洁明白（深入浅出，一看就懂），醒目引人（要有吸引人的内容和标法，使人看了题目就想看文章）。

常用的拟题方法是：①直接揭示或概括主题。如《论廉洁生威》，新鲜有神。②吸引人注意主题。如《当前物价问题的症结何在？》。③形象化地暗示主题，有时要加副标题。如《大地超载——论我国的人口形势》。④指明主题所属范围。如《市场经济条件下思想政治工作的哲学思考》。

2. 取材——搜集、鉴别和使用材料　　观点和材料，是构成毕业论文的两个基本要素。材料，是形成观点的基础，是证明论点的论据，因而材料是决定毕业论文成败的第二关，确定论题之后，要立即着手积极广泛地搜集材料。毕业论文所需要的材料有理论材料和事实材料。

（1）搜集理论材料。理论材料，指和自己的论题、论点有关的原理原则或理论观点与论述，它是毕业论文正反面的理论根据。理论材料包括：①马克思主义经典作家的基本理论观点和党的路线方针政策；②有关专著、教材和文章；③有关动态和消息。理论材料主要来自图书、报刊、会议、广播、课堂等渠道，既能提供理论材料及线索，又能开阔眼界，拓展思路，启发理论思考和创造力。但对理论材料不能照搬照抄，而要融入自己的体系之中，为我所用。

（2）搜集事实材料。事实材料是指建立论点、证明论题的事例、数据等各种客观实际材料。论文不能只靠理论材料来支撑或论证，而主要应靠事实材料来证明。事实材料有历史材料和现实材料。历史材料主要来自书籍文件，当然也有亲身调查得来的。现实材料更富活力，更受重视，其主要来源有：①工作中接触或利用工作之便搜集的；②为写毕业论文搜集的；③从别人的文章中搜集的。

搜集材料要注意几点：①广泛搜集和掌握方向、限度；②正确对待第一手材料和第二手材料；③对材料要不断分类和研究。

3. 构思——理论思考、设计框架、编写提纲　　确定题目之后，在明确的目标下搜集材料；边搜集边研究，逐渐进入以研究为主的理论思考阶段。从写作角度看，它是构思的决定性的基础阶段，其目的是求得论题的最佳解决方案。这是出成果出思想的研究阶段，也是关于如何表述研究成果、设计框架、写出提纲的构思阶段。这是艰苦复杂的思维活动，是写作的中心环节，是毕业论文写作的第三关。

毕业论文的主要表达方式是议论，是由一组完整的"议论"方式构成的。议论是通过材料和逻辑推理来证明观点、借以说服人的表达方式，它的三要素是：论点、论据、论证。毕业论文的构思所要解决的是确立论点，确定论据，并确定怎样用论据去证明论点。其步骤是：首先确定论点体系，其次确定论证体系，最后写成提纲。

（1）确定论点体系。论点，是在论题范围内和明确的写作目标下，对搜集的材料进行研究所形成的观点。一篇文章的论点是一系列的看法和主张，是一个体系。确定论点体系，首先要确定总论点（中心论点、基本论点），因为论点不是主题，总论点才是主题。然而，光有总论点还形不成体系，正如光有主题还不是文章一样，还要确定分论点，即支撑或从属总论点的分论点，并按逻辑顺序安排好。总论点和分论点以特定关系构成论点体系。

（2）确定论证体系。论证，就是用论据证明论点的过程。确定论据体系，就是在确定论点体系的基础上，确定如何用论据来证明论点。首先要安排材料（事实材料和理论材料）的归属和使用，找到发挥材料作用最有效的方法。其次要考虑使用各种论证形式（用得最多的是归纳推理和演绎推理）。论证的实质是找出并剖析论点和论据之间的内在联系，并以合乎逻辑的方式来说服读者。

（3）拟写和修改提纲。提纲是将论点体系、论证体系具体化为文字形式的文章蓝图或框架，它是在观点、材料的基础上设计总体结构的，要求做到有中心、有层次。有中心，即以总论点为中心来组织分论点并组织论据进行论证，以使文章有条不紊，完整统一；有层次，就是按顺序、分层次论证总论点，以使文章严密顺畅。与一般文章的开头、主体、结尾相对应，论文是由导论、正论、结论三部分构成的，即提出问题、分析问题、解决问题。但不应把文章的结构形式刻板化，而应把文章写得多种多样。

4. 起草——集中精力，注意方法　根据提纲用文字写成篇章形式的初稿，就是起草。这是毕业论文写作的第四关。这时要集中精力，注意方法。

（1）按照提纲写，又要有创造。起草就是要用具体的材料、科学的论述和连贯的语言去展开提纲上的要点，以顺理成章，这时千万不要游移，而要按照提纲拟定的结构顺序展开：①导论。又称"引论"，主要是提出问题，用以统领全文，引出正论。可以直接提出问题，也可以从实际事务、工作中引出问题；可以用疑问句、设问句提出问题，也可以用一种有代表性的说法或谚语、俗语引出问题；还可以从当前形势、写作动因等导出问题。导论的任务是导入正论，目的是导人入门，引人入胜，因而要简洁明了，不落俗套，不要落笔太远，写得过多。②正论。写完导论，就要逐点分析，进行论证。正论是论文的主体，要合乎逻辑地展开，主要有以下几种形式：一是以总论点（主题）为中心形成一条主线，围绕主线安排层次和部分（各部门应大体匀称）；各部分要以逻辑关系排列。二是一层一层地分析下去，各部分随主题发展（纵式结构）。三是一方面一方面地分析开来，各方面围绕主题安排（横式结构），做到中心突出，层次清楚。③结论。主要是解决问题，它是正论的自然延伸。

从论文整体看，导论、正论、结论三者的关系是：导论导出正论；正论必须紧紧跟上，提出什么问题就分析论证什么问题，不能岔开；结论就是分析论证的结果，它的出现是水到渠成。

起草是一个创造过程。这一阶段精神高度紧张，它要对理论思考和构思的成果进一步检验、修订、升华，使之有新的突破。

（2）快写莫间断，大改小不改。要集中精力和时间，快写莫间断。如果能脱产几天，就找个僻静之处，一气呵成；如果不能脱产，至少要用一段时间集中写完一部分。要立定格局一直写下去，先不管文字，甚至找不到好字眼就先空着，用酣畅的笔墨把文章写下来，然后再改。

5. 修定——精心修改、抄清定稿　修改，是毕业论文写作的第五关。修改对提高毕业论文的质量和提高写作能力都非常重要。一般是初稿写成后马上改一遍，然后放一放；稍事休整并再翻翻资料又改一遍；打印后呈送导师，根据导师提的意见再改一遍。这三遍一般必不可少。时间充裕还可以多改几遍；时间不够，送导师前改一遍亦可。论文的修改包括以下几点：

（1）论点的斟酌。论点是论文的灵魂，修改时要再次斟酌论点。一看总论点是否站得住，正确与否，有无新意，表达得是否清楚。二看分论点与总论点配合如何，分论点是否有力地支撑了总论点，是否每个分论点都表达清楚了。三看其中的重要提法是否妥当，有无片面的、不实事求是的提法。

（2）论证的检查。一看作为论据的材料是否都确凿有力，是否都能互相配合而说明观点，安放、详略是否得当，材料是否发挥了论证的力量。二看论证是否合乎逻辑。三看是否有说服力。

（3）结构的调整。一看中心是否突出；二看层次是否清楚；三看段落划分是否符合单一性、完整性（一段一个中心意思，一个意思集中在一段写完）的要求；四看开头、结尾、过渡照应如何，全文是否构成一个整体。

（4）文字的推敲。一看是否通顺；二看是否精练；三看是否"合体"；四看行文格式、书写格式、标点使用是否规范。

（二）论文的装订

写好毕业论文，打印出定稿后还要将其装订起来。论文的装订顺序是：封面、衬页、目录、内容提要、正文、参考文献、衬页、封底。现摘要说明如下：

1. **封面**　使用稍厚的纸，上面写明论文的题目、校、系、班名，指导教师和作者的姓名，论文完成时间。

2. **目录**　毕业论文篇幅长的要写出目录，使人一看就可以了解论文的大致内容。目录要标明页码，以方便读者（论文审查者）阅读。

3. **内容提要**　毕业论文的卷头有的写序文，没有序文的要写内容提要，要求用两三百字把论文的主要观点概括起来，使读者一看就能掌握论文内容的要点。

4. **正文**　毕业论文的正文一般应包括导论、正论、结论三个部分。

（1）导论。要说明研究这一课题的理由（论题的主旨）、写作的动机、研究的方法以及论文的内容等。导论长短因题而异，通常用几百字即可。

（2）正论。又称"本论"。要展开论题，是全篇论文的核心，占主要篇幅，应慎重对待：要对研究的问题进行分析、论证，阐明自己的观点和主张。

（3）结论。这是本论部分阐述的必然结果，是论文的最后部分，应写得简明扼要：既要考虑与导论部分相照应，又要考虑与本论部分相联系。

5. **参考文献**　毕业论文末尾列出主要参考文献，其好处是：①一旦发现引文有误，便于查找；②审查者从所列的参考文献中可看出作者阅读材料的范围和努力的程度，便于考查。

四、注意事项

要写好毕业论文，必须注意处理好以下两个关系：

（1）借鉴与创新的关系。要求毕业论文在借鉴他人成果的基础上进行研究，力求有所创新，提出自己的见解。

（2）研究和撰写的关系。研究是写作的前提和基础。好的毕业论文，既要重视研究，又要善于表达。

综合训练三十二

一、多选题

1. 科技论文要求其文章具有（　　）。
   A. 科学性　　　　B. 通俗性　　　　C. 严谨性　　　　D. 理论性
2. 毕业论文主要考查学生（　　）。
   A. 对已学专业知识的运用　　　　B. 对专业资料的查询
   C. 对计算机的运用　　　　　　　D. 对语言（中文和外文）的运用
3. 下列不符合毕业论文要求的题名是（　　）。
   A. 现代化不是西方化　　　　　　B. 现代科学技术与精神文明
   C. 一个新的思路　　　　　　　　D. 现在教育最大的问题是没有信仰
4. 下列符合毕业论文要求的题名是（　　）。
   A. 一个发人深思的秘密　　　　　B. 突破"常规思维"
   C. 人文教育是一种"斟酌教育"　　D. 把幼儿园教育纳入义务教育好处多
5. 毕业论文的修改，包括（　　）。
   A. 论点的斟酌　　　　　　　　　B. 论证的检查
   C. 结构的调整　　　　　　　　　D. 文字的推敲

二、作文题

结合所学专业，初选一道论题，试拟一篇毕业论文的写作提纲。

第七章　司法文书

第一节　起诉状

一、例文评析

【例文】

民事起诉状

原告人：俞×珍（原名陶××），女，35岁，汉族，××市人，××市××区服务局幼儿园保育员，住××市××区×××416楼3单元15号。

代理人：陶××，女，53岁，退休工人，住××市××高桥西街23号。

被告人：邹××，男，50岁，汉族，××市人，××××大学教员，住××市××路227弄46号。

被告人：张××，女，78岁，汉族，××市人，无业，住××市××路727弄46号。

请求事项：请依法判决将邹×如的遗产由我继承一部分。

事实和理由：原告人和被告人邹××系兄妹关系，和张××系继母关系。张××系原告人父亲邹×如之妻。张××不生育，收邹××为其养子。因我父亲要亲生子心切，经邹××及其爱人金××（住××市××路727弄34号）介绍，我父亲与我母亲相识并同居。当时我父母约定：如生子，娶我母亲为二房；如生女，我母亲另嫁，所生之女由父亲抚养。1948年我出生后一年多，我母亲（现住××市××路253弄14号，房主是吕××）雇一奶妈（名金×）抚养我，每月给奶妈100斤米酬金。我的生活费和教育费均由我父亲按月交给母亲，再直接邮寄给我。直至1966年（我当时18岁），由于"文化大革命"被抄家，家庭经济困难，才中断了抚养关系。以上事实，我父亲的堂弟邹×熊（现住××市××路28号）和沈××（现住××市×××北路61号）、施××（现住××市×××北路159弄14号）均可作证。

我父亲于1971年逝世。1979年××××床单厂落实政策，将"文化大革命"中查抄我父亲的财物和扣发的工资共3万余元退还。由于当时该厂不了解我和被告人的关系，将我父亲3万余元遗产全部交被告人继承，被告人也未和我提及此事，只在1979年6月给我们母女寄来200元。

我父亲生前曾和金×球、陶×雯说："我很对不起×珍，她结婚我也没有花钱，……等落实政策后我一定分给×珍一部分。"邹××1972年来×××时也当面对我说：等父亲落实政策后让我去××拜祭父亲的骨灰。

以上事实证明我是邹×如之亲生女。根据我国《婚姻法》第十九条规定:"非婚生子女享有与婚生子女同等的权利,任何人不得加以危害和歧视。"因此,邹×如的遗产,我和被告人均有继承的权利。被告人独占邹×如的遗产,显然侵犯了我的合法权益。现提起诉讼,请求人民法院查清事实,依法判决邹×如的遗产由我继承一部分。
　　此致
××市×××人民法院

　　　　　　　　　　　　　　　　　　　　原告人　俞×珍
　　　　　　　　　　　　　　　　　　　　××××年×月×日

【评析】
　　这份民事起诉状写得较好。虽然年代久远,事情较复杂,叙述却有条不紊。被继承人、原被告人以及关系人之间的关系交代得比较清楚;关键的地方也注意举证,并注明了证人的详细住址,以便法院调查处理;既叙述了被继承人对原告人的抚养,又讲清了原告人对被继承人的赡养,这无疑增强了诉状的说服力;理由部分虽然文字不多,但由于引用了《婚姻法》的有关条文,颇有力量。

二、必需知识

　　起诉状(俗称"状子"或"状纸"),又称诉状,是当事人(个人或单位)或其法定代理人为维护自身(即原告)权益,依法向人民法院提出诉讼、请求裁判的文书。
　　从案件的性质上区分,有刑事诉状和民事诉状两类。刑事诉状是指刑事案件的自诉人用以提起自诉的文书;民事诉状是指民事案件的原告人用以提起诉讼的文书。
　　在人民群众日常生活中,由于种种原因,常常会发生这样那样的矛盾和纠纷。从纠纷的内容和性质来看,少数案件属于刑事案件,就是说被告的行为已构成了犯罪。而多数案件则属于民事案件,如婚姻、继承、债务、财产等。发生了刑事或民事案件,经协商调解无效,需要到法院打官司,通过诉讼手段来解决问题。当事人上法院打官司,要向法院提供诉讼文书,法院才能立案处理。向法院提供的书面文件,就是诉状。
　　当事人向法院告状,其目的就是通过诉状,把案件的事实(犯罪事实或纠纷事实)叙述清楚,把起诉的理由和法律根据讲明白,把诉讼的目的说清楚,让法院了解刑事自诉人或民事原告人对案件的看法、意见和要求,以便对案件进行审理。因此,我们说,刑事诉状和民事诉状是人民法院对案件进行审理或调解的依据和基础,写好诉状对法院了解情况和处理案件是有帮助的。了解一些书写诉状的常识,对于加强社会主义法制观念、正确从事诉讼活动不无裨益。

三、拟写要点

　　起诉状由首部、请求事项、事实与理由以及附项四部分组成。
(一) 首部
应写明下列两项内容。

1. **标题** 写《民事起诉讼》即可。总之，标题要简洁、醒目。
2. **当事人的基本情况** 在原告栏目和被告栏目内，分别写明其姓名、性别、年龄、民族、籍贯、职业、工作单位和住址等项目。原告、被告不只一人的，则分别写明各自的基本情况。

如当事人是单位、机关、团体的话，则先写其名称、地址，后写法定代表人的姓名、职务。以原告为例，其具体写法如下："原告：×××工厂，厂址在××市××路××号"；另起一行写"法定代表人：×××，厂长"。如法定代表人委托律师为诉讼代理人，则在其下一行写"委托代理人：×××（姓名），××律师事务所律师"。写时要注意以下四点：①单位、机关、团体的名称要写全称，不要写简称，其所在地址要写得具体、详细，以便联系；②要明确法定代表人和诉讼代理人的概念，两者不能混用；③法定代表人为单位、机关、团体的行政主要负责人，如工厂厂长、公司经理、学校校长等，而不应是党组织的负责人；④法定代表人，写姓名、职务两项即可，其他项目如年龄等不用写。

（二）请求事项

这一部分主要写明请求人民法院依法解决原告一方要求的有关权益争议的具体问题。如要求赔偿损害，清偿债务，履行合同，归还产权以及要求与被告离婚，要求被告给付赡养费、扶养费、抚养费，要求继承遗产，等等。写作这一部分的要求如下：

1. **要明确、具体** 例如请求保护所有权，应写清楚是请求确认所有权，还是请求返还原物、原产业或赔偿损失等。又如离婚案件，请求事项应写明：①准予同被告离婚；②婚生子女归谁抚养，抚养费由谁负担；③财产如何分割；④其他请求事项。这样写就明确、具体，一目了然。但是有的要求离婚的民事起诉状，在请求事项里，只写要求离婚一项，其余对子女的抚养、财产的处理等却只字不提，这样写就不符合明确、具体的要求。

2. **要合理、合法** 提请求事项要以事实为依据，以法律为准绳，从实际出发，合情合理，于法有据。例如，遗产继承案件，被告对被继承人所尽的赡养少，原告尽的义务多，要求继承的份额适当多一些是可以考虑的。但若提出由原告继承全部遗产的要求，那就既不合情理，又违反了有关法律的规定。

3. **文字要概括、简练** 有些起诉状的请求事项写得拖泥带水。如请求与被告离婚还非得解释原因不可，说明理由，这样势必与下面的"事实与理由"重复。

（三）事实与理由

这一部分是起诉状的正文。一份好的诉状，既要"以事动人"，又要"以理服人"。事实与理由应分开来写，不要混在一起。下面以民事诉状为例说明其写法。

1. **事实部分写法**

（1）按民事纠纷发生发展的顺序，围绕中心来写。民事纠纷比较复杂，但案情总有个中心，有发生发展的过程。写作时，可以以过程为线索、以纠纷发生发展的时间为顺序，围绕中心来写。以离婚案件为例，诉状的事实部分，主要是围绕夫妻感情的演变过程来写。可先写双方结婚时的感情基础。主要写清双方结婚的方式（是自由恋爱，还是家长或其他人包办）和结婚时感情状况（不好、一般、较好、很好）。后写婚后感情的演变情况。主要写清双方何时因何事发生矛盾、感情开始恶化，又如何逐步发展到破裂的地步。这样写，既符合事物的发展规律，又能围绕感情是否破裂、能否离婚这一中心。

（2）先写当事人争执的标的情况，后写争执的原因和焦点。比较简单的民事纠纷事实可采用这种写法。如财产继承案件，其纠纷无复杂的过程。写事实时，可先交代一下当事人与被继承人相互间的关系，接着写明争执的情况，后写争执的原因和焦点。

2. 理由部分写法 写理由时，应先以高度简练的语言概述纠纷事实，然后逐条阐述起诉理由。即：分析纠纷的性质，说明是非曲直；分析证据，说明起诉所依据的事实是可靠的；论证权利和义务的关系，说明提出的诉讼请求是合理合法的；引用恰当的法律条文，说明起诉是有法律根据的。至于具体的民事诉状理由的写法，应从实际出发，根据具体的案情来确定。但不管怎么写，都要抓住特点，抓住关键，侧重阐明一两点理由，不要面面俱到。

文末要先写明"为此（或"为……"），特依法向你院起诉，请依法判决"；再提行写"此致"；再提行顶格写"×××人民法院"，如系律师代书，则写明"××法律顾问处或××律师事务所律师×××（姓名）代书"，并在下面注明起诉的年月日。

（四）附项

应写明下列内容：①本状副本×件；②证物×件；③书证×件。

四、注意事项

（1）在起诉状中叙述纠纷事实或被告人的犯罪事实时，必须注意边叙述事实边列举证据，以证明原告（原告人）所提供的事实证据是确凿的、无可辩驳的，这样便于为法院受理案件提供依据。

（2）在行文方法上，案情事实比较复杂的，一般先写明纠纷事实或被告人犯罪事实，然后再用专门段落阐述理由。若案情简单，法律事实较清，也可以阐述诉讼理由为主体，结合事实说明情况。

（3）注意人称的一致性。或用第一人称"我"或"我单位"或用第三人称（律师代笔一般用第三人称）。但在同一起诉状中两种人称不能混用。

第二节　上诉状

一、例文评析

【例文】

民事上诉状

上诉人：××市运输站站长王××。（原审被告人）

被上诉人：史××，男，28岁，汉族，本市第一中学教师，住本市×路×号。（原审原告人）

上诉人因车祸一案,不服××市××区人民法院××××年×月×日×字×号民事判决,特提起上诉。现将上诉理由和请求陈述如下:

原审判决认定:史××之子史×,8岁,因扒乘市运输站4吨解放牌汽车,司机姜××明明知晓,却不停车予以制止,而是照开快车,致使史×摔断肋骨,判令被告人赔偿史×全部医疗费用。

上诉人认为上述认定与事实真相不符。

一、史×在×日×时×分确曾扒乘被告人4吨解放牌汽车。司机姜××发现后,曾停车劝其不要扒车,史×当场下车。后当车子开动时,史×又偷偷地在后车厢铁杆上吊爬汽车。司机姜××发现后准备刹车,严令其不要吊爬汽车。不料史×害怕受斥,急从车上跳下,摔在地上。此时正逢一男青年骑自行车急驰而过,来不及刹车,撞在史×身上,致使其肋骨折断。而该青年因害怕追究事故责任,骑车飞快逃逸。此事有现场目击者居民施××老太太可证明。出事时,施××老太太曾喊过:"脚踏车撞人了!脚踏车撞人了!"

二、根据市××人民医院检查证明,史×的肋骨折断,是外物严重撞击所致,而非开快车从车上摔到地上所致。

三、为顾惜原告人遭此不幸,在史×住院期间,被告人一方司机姜××曾携带伍拾元的营养品去医院慰问。被告人也派员至医院捐助人民币贰佰元,帮助原告人减轻医药费负担。但原告竟将此认定被告人做贼心虚,投诉××市××区人民法院,控告被告,请求法院判令被告人赔偿全部医药费。上诉人认为原告的请求和原审法院判决是无理的。

基于上述事实和理由,恳请××市中级人民法院深入调查,弄清事实真相,做出公正而合理的判决。

此致
××市××区人民法院转致
××市中级人民法院

上诉人:××市运输站法定代表人
王×× (盖章)
××××年×月×日

[附] 人证:施××,女,55岁,居民,住本市××路×号。

【评析】

这份民事上诉状格式完备,合乎规范。该文叙述了事情发生发展的过程,陈述了充分的理由,列举了人证物证,证明原审人民法院的判决是不正确的。如果辩驳时能引用一些不当的原审判决的词句,再列出一些过硬的证据,使上诉的事实和理由更加充分,则更容易获得胜诉。

二、必需知识

(一)上诉状的含义和作用

上诉状是当事人不服地方各级人民法院作出的第一审判决或裁定,而向上一级人民法院提出要求作第二审审理，或请求撤销、变更原审人民法院裁决，或请求重新审判而写的诉讼文书。上诉状分刑事上诉状和民事上诉状两种。

上诉状是第二审人民法院受理案件并进行审理的依据。法律规定上诉制度，其主要作用有二：一是防止第一审法院的判决或裁定可能发生错误，使一审法院判决或裁定的失误得到纠正；二是给当事人以上诉权，也是从法律上维护和保障其正当权益，体现我国法律的民主性，以及在法律面前人人平等的原则。

（二）上诉状与起诉状的异同

上诉状与起诉状都是诉讼文书，都有明确的诉讼对象和明确的案件纠纷，都要遵循法院对诉讼文书的格式及书写规定，结构也基本相同，其不同之处主要有二：

（1）起诉状必须写清事实；而上诉状一般无需列写事实，只需明确指出原审判的错误或不当之处，并概括地写出不服原审判的理由即可。

（2）起诉状是针对被告的，写法上多用叙述和说明；而上诉状是针对原审判的，侧重于据理反驳，讲求事理分析，符合逻辑，故常用夹叙夹议的手法，并要求议论恰当，请求中肯，语气平和恳切。

三、拟写要点

上诉状一般由首部、上诉理由、上诉请求、附项四部分组成。

（一）首部

1. 标题 根据不同的案件，写为《刑事上诉状》、《民事上诉状》或《经济纠纷上诉状》等。

2. 当事人的基本情况 书写的项目及次序与起诉状相同。须注意的是，应把当事人在一审中所处的诉讼地位（是被告人还是原告人或是关系人）用括号注明。但公诉的案件无被上诉人，因为我们不能把人民检察院作为被上诉人。

（二）上诉理由

这是上诉状点题立论之笔，要准确、简要地写出上诉的具体理由。首先，要写明不服原判或原裁定的事由。一般写法是："上诉人因××案，不服××××人民法院××××年×月×日×字第×号×事判决（或裁定），特提出上诉，上诉的理由和请求如下"。接着阐述上诉理由。写法类似反驳性的论文，一般先摆出不服的论点，明确指出原审判的错误；然后运用准确的事实、确凿的证据，并正确援引法律条文加以论证和反驳；最后作简要归纳，进一步肯定上诉理由的合理性和合法性，以达到上诉请求的目的。理由如有几方面的，可分条列项来写。

（三）上诉请求

写上诉请求要明确、肯定、具体，要有针对性，文字要简洁。一般可考虑从以下三个方面提出上诉请求。

1. 事实方面 原判认定的事实不存在，原判认定的事实有出入、遗漏，原判认定的事实证据不足。

2. 理由方面 原判不适用于所引以为据的法律条文，原判定性不当，原判过重或过轻。

3. 程序方面 原审判决或裁定不合法律程序。一般写法是：上诉理由写完后，总括一句："为此，特向你院上诉，请依法撤销（或变更）原判。"

（四）附项

写明上诉状副本份数（上诉要按照对方当事人的人数提供副本），证据的种类、数量，证人的姓名、工作单位、住址。

四、注意事项

1. 抓住关键，有的放矢 上诉状主要应针对一审判决书或裁定书中在认定事实、判断定性、适用法律及法律程序等方面的错误或不当提出不服的理由，而不是针对对方当事人。

2. 引述原判，方法适当 上诉理由的写法类似反驳性的文章，一般先将原判的错误或不当之处写出来，再加以反驳。在引述原判内容时，根据具体需要，可引用一审判决书裁定书的原文，也可以用归纳、概括方式，引述一审判决书或裁定书的大意。

第三节 申诉状

一、例文评析

【例文】

刑事申诉状

申诉人：陈××，男，21岁，汉族，原系××市××机修厂工人，现住××市××路×号。

申诉请求：请求撤销编号〔××××〕刑字第××号判决。

申诉事实与理由：××××年×月×日，我被××市××区人民法院按伤害罪，以〔××××〕刑字第××号判决书判处有期徒刑三年。原审所认定的我××××年×月××日持水果刀将王××手臂刺伤的情况是事实。但是有如下两点不当：

1. 判决书认定的某些事实不清。×月××日晚，因我家与王家发生纠纷，王家兄弟两次冲入我家先动手打人，将我本人打成右眼下部皮肤裂伤。这些情节在判决书中只字不提，不符合"以事实为依据"的审判原则。

2. 定性不准，处理不当。我与王××同住一层楼，是邻里关系。陈王两家发生的只是邻里纠纷。双方在扭打中互有损伤，且事后我主动到派出所认错，并拿出1000元作为对方的医药、营养费的补偿，还作了书面检查。本来完全可以调解处理，可是我却被你院以伤害罪判处有期徒刑三年，不符合"以法律为准绳"的审判原则。

为此，特请求人民法院对我的案件重新审查，予以纠正。

此致

××市××区人民法院

申诉人 陈××
××××年×月×日

附：1. 原判决书副本1份
2. 证人郑×、刘××的情况简介

【评析】

这篇刑事申诉状篇幅虽不长，但重点突出。它着重对事实的关键内容进行了澄清，对事实的性质用法律与政策进行了分析，扣得较准；行文条理清楚，语言简洁，语气得体。

二、必需知识

（一）申诉状的含义和作用

申诉状分刑事申诉状和民事申诉状两种。刑事申诉状是刑事诉讼当事人、被害人及其家属或者其他公民，对已发生法律效力的判决或裁定不服，向人民法院或人民检察院提出申请复查纠正的书状。民事申诉状是民事诉讼当事人及其法定代理人，对已经发生法律效力的判决或裁定不服，向原审人民法院或上一级人民法院提出申请复查纠正的书状。

申诉是法律赋予诉讼当事人、法定代理人、受害人的合法权利，它体现了我国社会主义司法工作依靠群众、发扬民主、实事求是、有法必依、违法必究、有错必纠的原则。使用申诉状维护了法律尊严，促使司法机关坚持真理，修正错误；也维护了申诉人的合法权益，促使司法机关重新审判，减少冤假错案。

（二）申诉状与上诉状的异同

由于申诉状与上诉状的格式、写法和要求大致相同，因而在写作和呈递过程中容易混淆。其实，申诉状与上诉状是不同的诉状。表现在如下方面：

（1）上诉状针对的是未发生法律效力的判决、裁定，申诉状针对的是已发生法律效力的判决、裁定。申诉时，判决、裁定不能停止执行。只有当申诉成功、人民法院依法改判后才能根据改判撤销或更换判决、裁定。

（2）上诉有法定期限，过期失效；申诉则不受时间限制，发现错误随时提出（免予起诉和不起诉决定除外）。

（3）上诉状是送达二审人民法院的，申诉状则是送达原审人民法院的。

（4）有上诉权的人范围小些，有申诉权的人范围大些。

三、拟写要点

申诉状的格式和写法与上诉状基本相同。不同点主要是：

（1）首部标题（书状名称）应标为《刑事申诉状》或《民事申诉状》（"申诉状"也可标为"申诉书"）。

（2）因为申诉是针对原审判决、裁定有误而要求复审改判的，所以没有"被申诉人"一项。

（3）尾部送达法院应写原审人民法院院名。

(4) 具状人应称"申诉人"。

(5) 附项应附上判决书、裁定书的原件复印件。

写申诉状一定要注意针对原判错误或不当之处，摆事实，讲道理，予以申辩，证明判决、裁定的确有误，从而证明申诉请求合法、有据。

四、注意事项

（一）叙事清楚，注意新证

要想达到申诉的目的，关键是要引起法院的重视，才能进行重新审理。因此，在写申诉状时，应特别注意将申诉的事实与原裁判对事实的认定和处理加以对照，叙述清楚。尤其要注意使用新的事实和证据，以推翻或改变已经发生法律效力的裁判。

（二）驳证结合，依法行文

辩驳是申诉状中最常用、最有效的方法。它往往与证明方法相结合，抓住原判中的关键建立反驳论点，以事实和法律为依据，进行申辩、反驳和论证。

第四节 答 辩 状

一、例文评析

【例文】

民事答辩状

答辩人：××市×××房地产开发总公司代表何××，公关部经理。

案由：上诉人张××因房屋拆迁一案，不服××市××区〔20××〕民字第19号的判决，提出上诉。现答辩如下：

答辩理由：为了适应本市商业发展需要，我公司于20××年12月向市城建规划局提出申诉报告，要求拓宽新建丝绸百货大楼前面场地150平方米。市城建局于12月25日以市城建字〔20××〕71号批文同意该项工程。同年，在拓宽场地过程中，需要拆迁张××一户约18平方米的住房，但张××提出的要求过于苛刻。几经协商，不能解决。答辩人不得已于20××年1月××日投诉于××市××区人民法院。××市××区人民法院于20××年2月以〔20××〕民字第19号判决书判处张××必须于20××年3月底前搬迁该屋，并由市房地产开发总公司提供不少于原居住面积的房屋租给张××居住，但张××仍无理取闹。据此，答辩人认为张××的上诉理由是不能成立的。

一、张××说我们拓宽新建丝绸百货大楼前面的场地是未经批准的，这是没有根据的。一审法庭曾审查过房地产开发总公司要求拓宽新建丝绸百货大楼前面场地的报告市城建局城建字〔20××〕71号的批文，并当庭概述了房地产开发总公司的报告内容，还全文宣读了市城建局的批文。这些均有案可查。张××不能因为要求查阅城建局的批文未获准许，而否认拓宽工程的合法性。

二、张××说我们未经得她本人同意，与房主×××订立房屋拆毁协议是非法的。

这更无道理。张××租住此屋，只有租住权，并无房屋所有权，所有权理当归属房主×
×。我们拓宽场地，拆毁有碍交通和营业的房屋，理当找产权人处理，张××无权干
涉和过问。

应当指出，对于张××搬迁房屋一事，我们已作了很大的让步和照顾。我们答应她
在搬迁房屋时提供离现居住500米的××新建宿舍大楼底层朝南房间一间，计20平方
米，租给她居住，而张××还纠缠不清，漫天要价，扬言不达目的决不搬迁。

综上所述，答辩人认为××市××区人民法院的原判决是正确的，合法而又合情合
理，应予维护。

此致
××市中级人民法院

答辩人：××市房地产开发总经理
代表　何××
××××年×月×日

【评析】

这份民事答辩状是被上诉人的答辩，所以称为"被上诉答辩状"。状文先说明拓宽新建丝绸百货大楼前面的场地是经市城建规划局批准的；再陈述上诉人不服判决，提出的上诉理由是站不住脚的，这就为下面的答辩奠定了基础。理由部分，将上诉状的无理和歪曲事实的主要问题扼要地叙述出来。然后提出根据，列条论证，讲明道理，驳斥上诉人的无理上诉。最后用"综上所述，……"提出答辩请求——要求二审法院维持原判。

总之，这份答辩状针对性强，目的明确，表述清晰，文字简洁，格式正确，可供借鉴。

二、必需知识

答辩状是指在诉讼活动中，被告人或被上诉人针对原告人或上诉人的起诉状或上诉状的内容所做出的答复和辩解的一种书状。它是与起诉状或上诉状相对应的一种诉讼文书。按内容，它可分为民事答辩状和刑事答辩状；按诉讼请求，它可分为一审程序的答辩状和二审程序的答辩状。

答辩状实际上是就原告人或上诉人陈述的事实和诉讼请求，表明自己的态度和观点，它既可实事求是地承认和赞同对方所述事实和某些诉讼请求，也可针锋相对地反驳对方一些不实无理之诉。其作用主要有二：一是能够维护当事人的合法权益。被告人或被上诉人可以运用答辩状充分陈述有关事实真相，明确提出自己的理由和主张，真正体现在法律面前人人平等的原则。二是有利于人民法院全面公正地审理案件。如果仅凭起诉状和上诉状审理案件，法院容易偏听偏信。答辩状的提出，可使人民法院了解到双方情况，这对于查明事实、分析案情、判断是非、公正合理地做出裁决有着重要的意义。

三、拟写要点

答辩状一般由首部、答辩理由、答辩请求、尾部、附项五部分组成。

（一）首部

应写明以下三项内容。

1. **标题** 应写明《民事答辩状》或《刑事答辩状》。

2. **答辩人的基本情况** 这一项和起诉状、上诉状的写法基本相同。但答辩状的当事人只写答辩人的情况，一般无需写被答辩人的情况。

3. **案由** 案由即为谁上告的什么案件提出答辩。如："因为×××不服×市××区人民法院〔20××〕法经字第×号民事判定，提起上诉一案，现提出答辩如下"。

（二）答辩理由

同其他诉状一样，理由是关键性的内容。在这部分要明确地回答对方的诉讼请求，提出自己的主张并阐明理由。答辩的情况有两种：

1. **承认对方的诉讼请求** 即表示愿意接受原告人或上诉人提出的实体权利请求。当然，在答辩实践中，被告人或被上诉人答应对方的诉讼请求，通常只是一部分或附有条件。

2. **反驳对方的诉讼请求** 着重从实体上进行反驳，即针对对方起诉或上诉的事实和理由，依据有关法律条文，从事实和理由上进行辩驳。有时也可从程序上进行反驳，即以诉讼方面的规定为依据，证明其没有具备起诉所发生和进行的条件，从而达到驳倒对方诉讼请求的目的。

（三）答辩请求

在充分阐明答辩理由的基础上，经过综合归纳，明确提出答辩意见，并请求人民法院依法做出公平合理的判决或裁定。

（四）尾部

写法与起诉状、上诉状的写法基本相同。它包括答辩状提交的人民法院、答辩人签名盖章和答辩状的具状时间这三项内容。

（五）附项

若有证据，写法与起诉状、上诉状基本相同；若无证据，只要陈述答辩理由，则可不列"附项"这一部分。

四、注意事项

（1）贯彻"以事实为根据，以法律为准绳"的基本原则。答辩状是用以保护被告合法权益的重要手段，但其内容必须遵循上述法则，根据事实和法律来进行辩护。

（2）要突出针对性。要针对对方之诉，抓住关键与要害，从事实、理由、引用的法律条文和推出的结论等，逐条予以批驳，并提出自己的结论。

（3）行文注重逻辑性。从文体上看，叙述要有理有据，请求要合情合理，说理、立论、驳论相结合，做到逻辑推理严密。

综合训练三十三

一、单选题

1. 诉状是民事或刑事案件的自析人根据（　　）直接向人民法院提起诉讼的书状。
   A. 原告一方被损害的现实情况
   B. 被告的犯罪事实和言行
   C. 法院对原被告双方提出的诉讼程序
   D. 事实和法律

2. 起诉状是原告向法院递交的（　　）的文书。
   A. 控告被告的事实
   B. 通过法律程序和法律依据写成
   C. 聘请律师作为代理人写成
   D. 表述诉讼请求和事实根据

3. 诉状的类型多种多样，但总的来说，一般划分为（　　）三种。
   A. 经济纠纷诉状、财产继承权诉状和劳动争议诉状
   B. 刑事诉状、民事诉状和行政诉状
   C. 交通事故诉状、离婚诉状和赡养诉状
   D. 诈骗钱财案诉状、诽谤案诉状和盗窃国家财产案诉状

4. 起诉状的作用很多，其中之一就是使法院工作人员（　　）。
   A. 了解原告一方的案情，并了解原告的诉讼请求和目的
   B. 了解原被告一方的案情，并了解被告的诉讼请求和目的
   C. 了解原被告双方的案情，以便正确审理
   D. 了解与案中件有关的一切情况，掌握证据

5. 诉状的原告栏和被告栏，要分别写明（　　）。
   A. 原告的基本情况　　　　　　B. 被告人的基本情况
   C. 原告代理人的基本情况　　　D. 原被告双方的基本情况

6. 写诉状要正确使用（　　）的表达方式。
   A. 论述问题，分析研究　　　　B. 依据法律，阐述观点
   C. 描写、记叙与议论　　　　　D. 记叙、论证与说明

7. 答辩状是指民事、刑事案件的（　　）进行答复辩解的书状。
   A. 原告人或代理人　　　　　　B. 原告人的家属及亲友
   C. 被告人或被上诉人　　　　　D. 被告人的家属及亲友

8. 诉状要写出事实的七大要素，即（　　）。
   A. 时间、地点、人物、动机、原因、经过和结果
   B. 手段、动机、目的、意图、起因、过程和结果
   C. 时间、地点、动机、目的、手段、情节和结果
   D. 证人、证物、证言、经过、危害、性质和结果

9. 答辩状主要采用（　　）进行申辩。
   A. 面对法官与原告的方式
   B. 议论、说明和抒情的方式
   C. 递交答辩书，请律师代理的方式
   D. 反驳的方式
10. 诉状的事实部分，要注意证据，包括（　　）。
    A. 原告一方的证言、证物即可
    B. 代理人的证言即可
    C. 证人、证言、证物和书证
    D. 律师的法庭辩护

二、评改题

1. 请指出并改正下列诉讼文书中的语病。
   (1) 王某瞒过办公室主任和其他办公室的同志，贪污公款一万五千九百多元。
   (2) 身为镇党委书记的黄××伙同四个镇党委的干部，长期进行赌博活动。
   (3) 张××欲砍孙××时，孙母、孙兄见状，上前夺张手中的菜刀，张朝其头部猛砍一刀，倒地身亡。
   (4) 刑侦科长派老刘和他的儿子一起照看负伤的派出所长。
   (5) 刘×将文×胸部一边刺一刀后逃跑。
   (6) 省政法工作会议以后，各区组织了一个法律顾问处。
   (7) 该犯行凶杀人计在二人以上。
   (8) 李某杀了妻子母亲到派出所报案。
   (9) 被告并一贯打架斗事。
   (10) 该犯罪有极其的危险性。
   (11) 该犯罪行极大，性质严重。
   (12) 赃款除获者外，已基本为该犯所挥霍。
   (13) 王×把现场勘查情况向局里作了详细的汇报，马上召开会议研究侦破计划。
   (14) 被告竟手持铁叉将李××头部前额戳伤。
   (15) 对于违反新婚姻法的人和事，要以思想教育为主，开展批评与自我批评，对于少数情节严重的要依法惩处。

2. 下列句中画线的地方说法或写法有误，请予改正。
   (1) 答辩状针对原告人起诉或上诉人上诉的<u>证人、证物以及相关的法律依据</u>进行答复辩解。
   (2) 损害赔偿案件属于<u>刑事案件</u>的范围。
   (3) 答辩状可以分为民事答辩状和代理答辩状两种。
   (4) 诉状的原告人在必要时，可以委托家人或亲友出庭。
   (5) 诉状的格式部分，要严格区分诉讼请求和事实论证两部分。
   (6) 上诉人或被告人的答辩状必须在原告递交起诉状之前递交法庭。
   (7) 肇事司机刘××开车轧杀一位老人后驾车逃逸，被老人的家属起诉，属于<u>民</u>

事纠纷。

(8) 孙××虐待老父，被父亲一纸诉状告上法庭，属于刑事案件。

(9) 中华人民共和国司法机关通缉的大案要案，通过群众团体来写起诉书。

(10) 诉状中如果写出数个原告被告人，应依据个人在案件中年龄的大小，依次排列写下来。

三、作文题

请根据下列材料，拟写一份《民事起诉状》。

葛××，男，34岁，汉族，××市人，××区个体户，住××街5号。告××市公安局××分局局长曹××。

事实和理由：××××年6月10日上午8时许，住在我楼上的胡×因往楼下倒脏水，溅进我家厨房。我与他评理，胡×抄起菜刀就往我脑袋砍，致使我当场鲜血直流，流血不止。我用衬衣包住头，去某医院包扎。当时有邻居和居委会干部在场和知晓。这件事经××派出所处理，对胡×给予警告处分，也给予我警告处分。派出所的事由是，经过对血衣、刀的鉴定，结论是那上边的血不是人血。

我认为，派出所对胡×仅予以警告处分，过轻。为了这件事，我曾于2×××年×月×日对××派出所第×号裁决书提出复议申请，请求对胡×加重处罚，并重新鉴定血衣、刀。但××公安分局于2×××年×月×日下达复议裁定书，反而维持对我的警告，并撤销了胡×的警告处分，也没有对血衣和刀进行重新鉴定。

我不服××公安局×复字〔2×××〕第05号复议裁定书。我的法律根据是《治安管理处罚条例》第三十九条和《行政诉讼法》第三十七条有关规定，提起诉讼。

第八章　新兴文书

随着我国经济的发展和对外交往的日益频繁，实用文体也在悄然发生变化，出现了许多新兴文书。这种新文书目前被政府机关，各行各业及个人广泛应用，值得认真研究。

第一节　电子邮件

一、例文评析

【例文】

信息类电子邮件

尊敬的各位家长：

你们好！我们是您区××路育才幼儿园。上月你们各位通过电子邮件询问了我园收费和服务项目情况，现在可以告知你们，我园每月收费600元，包括每日三餐的主食和水果费用、护理费和学习娱乐费。我园的服务项目，除日常管理外，每周有两次由外教教授外语课，还设置语文、数学、美术、武术等多种课程，在保证孩子健康成长的同时，使他们受到学龄前的良好教育。从正式报名到今天仅2天时间，入园儿童已经超过计划招收名额的半数，因名额所限，望你们从速报名，如果超过明天中午，恕不接待。现在报名，可下载填写附件中的附表，然后发还给我们，我们会通过电话及时回复。

附表请打开附件即可见到。（附件略）

××路育才幼儿园
××××年×月×日

（林宗源：《应用文写作》，首都经济贸易大学出版社2009年版）

【评析】

该电子邮件格式规范。文中先写称谓，接着写问候语。正文回复了幼儿园收费和服务项目等内容。然后敦促各位家长从速报名，提醒注意事项。文字简明扼要。不足之处是文中有句号逗号不分的毛病。

二、必需知识

（一）电子邮件的含义

在Internet上，使用E-mail，即通过互联网来传递信息，沟通情况，或通过"附件"的方式邮寄大宗的材料、文章，这种通讯方式就是电子邮件。

目前，这种服务已成为现代通讯的最佳方式之一，已经普及到社会的政治、商务和

日常生活中，成为机关单位内部管理的有效手段、商务活动的必备通讯工具、个人或团体之间联络的最佳渠道。

（二）电子邮件的优点

电子邮件之所以广受欢迎，是因为它最少有以下五大优点：

1. **快速**　发送电子邮件后，只需几秒钟就可以通过网络传送到邮件接收人的电子邮箱。
2. **方便**　书写、收发电子邮件都通过电脑完成，双方接收邮件均无时空限制。
3. **廉价**　发送一封电子邮件平均只需几分钱，比普通信件便宜。
4. **可靠**　每个电子邮箱地址都是全球唯一的，确保邮件按发件人输入的地址准确无误地发送到收件人的邮箱。
5. **内容丰富**　电子邮件不仅可以传送文字，还可以传送声音、视频等多种类型的文件。

三、拟写要点

要进行电子邮件的写作，首先要申请一个免费或收费的电子信箱，之后就可以进入电子邮件文本的写作。

电子邮件和一般写信一样，通常由称谓、问候语、正文、祝颂语、署名和日期等六部分组成。但由于电子邮件是一种相对不是特别正式的信件，通常要求篇幅短小、语言精练。有的部分会省略，文字排列也不像纸质书信那么规范。但也不要太随意，以免得引起误会。正文写作时，如果是回复，就要先回答对方邮件中的问题，再谈自己想说的问题。

四、注意事项

（1）若首次回复别人的邮件，署名时写上你的电话号码，以方便收件人需要时和你电话联系。

（2）回复别人的邮件时，应删除不需要的信息，以节省对方阅读邮件的时间。

（3）和一般书信不同的是，电子邮件中不需要附上你的电子邮箱地址。

（4）正确使用电子邮箱工具栏中各按钮的功能。

第二节　职业生涯规划书

一、例文评析

【例文】

职业生涯规划书

踏着时光车辆，我已走到20岁的年轮边界。

驻足观望，网络信息铺天盖地，知识信息飞速发展，科技浪潮源源不绝，人才竞争日益激烈，形形色色的人物竞相出场，不禁感叹，这世界变化好快。身处信息时代，作为一名当代大学生，我不由得考虑自己的未来，在机遇与挑战粉墨登场的未来社会里，我究竟该扮演怎样的一个角色呢？

水无点滴量的积累，难成大江河。人无点滴量的积累，难成大气候。

没有兢兢业业的辛苦付出，哪里来甘甜欢畅的成功的喜悦？

没有勤勤恳恳的刻苦钻研，哪里来震撼人心的累累成果？

只有付出，才能有收获。未来，掌握在自己手中。

由此，想起自己走过岁月中的点点滴滴，我不禁有些惭愧。我对自己以往的表现不是很满意。我发现自己惰性较大，平日里总有些倦怠、懒散，学习、做事精力不够集中，态度也不够专注。倘若不改正，这很可能会导致我最终庸碌无为。不过还好，我还有改进的机会，否则岂不遗憾终生？

一本书中这样写道：一个不能靠自己的能力改变命运的人，是不幸的，也是可怜的，因为这些人没有把命运掌握在自己的手中，反而成为命运的奴隶。而人的一生中究竟有多少个春秋？有多少事是值得回忆和纪念的？生命就像一张白纸，等待着我们去描绘、去谱写。

而如今，在这个人才竞争的时代，职业生涯规划开始成为人才争夺战中的另一重要利器。对企业而言，如何体现公司"以人为本"的人才理念，关注员工的人才理念，关注员工的持续成长，职业生涯规划是一种有效的手段；而对每个人而言，职业生命是有限的，如果不进行有效的规划，势必会造成生命和时间的浪费。作为当代大学生，若是带着一脸茫然踏入这个拥挤的社会，怎么能满足这个社会的需要，使自己占有一席之地？因此，我试着为自己拟定一份职业生涯规划，将自己的未来好好地设计一下。有了目标，才会有动力。

一、自我盘点

1. 自我兴趣爱好大盘点。

业余爱好：听音乐、体育运动、看电影。

2. 自我优势盘点。

学习成绩优秀，班级群众基础好，父母、亲人、班主任、任课老师关爱，动手能力较强。

做事仔细认真、踏实、待人友善，做事勤于思考，考虑问题全面。

3. 自我劣势盘点。

目前的手头经济较为窘迫，海拔高度不够，体质偏弱。

性格偏内向，交际能力较差，做事兴趣性较大。

二、解决自我盘点的劣势和缺点（略）

三、职业探索

并不是每个人一开始就可以选对自己的职业。职业之路可能要经过长期的探索、不断的调整，才能最终找到适合自己发展的道路。经过上述自我评估，并结合职业价值观、综合素质与职业测评的结果，我找到了一条适合自己的职业生涯路——建筑工程技术专家。

1. 职业人格类型与职业价值观。（略）

职业人格类型和职业价值观作为职业选择的重要依据，社会型的职业人格类型和价值型取向职业价值也证明我选择的是正确的、符合自己发展的职业路线。

2. 适合的职业特点。（略）

不习惯有强烈的理想甚至成就目标，但会务实地尽心尽力，一步步达成部门或组织的目标。

3. 适合的职业。

建筑工程技术专家、建筑工程技术人员。

4. 喜欢的职业。

建筑工程技术专家

5. 职业环境分析。（略）

6. 职业机会分析。（略）

7. 自我建议。

与工程实际更多地接触，争取更多的实习机会，通过多种途径了解工程实际情况。

四、职业目标

凡事业有成者都是目光远大者。我立志于做一位建筑工程技术专家。

短期目标：毕业论文优秀，找一份合适的工作。

中期目标：用五年时间成为企业优秀的建筑工程技术骨干人员，并获得相关的职业资格证书。

长期目标：做一个名副其实的高级建筑工程技术专家。

五、职业生涯规划

1. 短期目标（两年计划）。（略）

2. 中期目标（五年计划）。（略）

3. 长期目标（十年计划）。（略）

六、注意事项

为了成为这个领域的专家，有必要定期对自己的职业生涯做一次检测，看看自己达到什么样的程度，还有哪些是需要加强的，哪些目标是需要根据环境的变化而调整的。

七、结束语

计划固然好，但更重要的，在于其具体实践并取得成效。任何目标，只说不做，到头来都会是一场空。然而，现实是未知多变的，定出的目标计划随时都可能遭遇问题，要求有清醒的头脑。其实，每个人心中都有一座山峰，雕刻着理想、信念、追求、抱负；每个人心中都有一片森林，承载着收获、芬芳、失意、磨砺。一个人若要获得成功，必须拿出勇气，努力拼搏、奋斗。成功，不相信眼泪；成功，不相信颓废，不相信幻想，未来，要靠自己去打拼。

【评析】

这篇职业生涯规划书文采飞扬，感染力强。介绍自己简明扼要，职业倾向和生涯目标定位明确，社会环境和行业职业分析清晰深刻，策略措施有效可行，可供参考。

二、必需知识

职业生涯规划书就是个人根据其自身的主客观因素和客观环境分析，确立自己的职业生涯发展目标，选择实现该目标的职业，采取相应的措施而确保该目标的实现所写成的文书。

制定职业生涯规划能帮助个人确定职业发展目标，鞭策个人努力工作，勤奋学习，是敦促个人成才的有效办法，也是组织开发人才的有效手段。

三、拟写要点

职业生涯规划书有表格式和文章式两种，其基本格式均由标题、前言、正文和落款和日期等部分构成。

1. **标题** 一般均写《职业生涯规划书》。
2. **前言** 主要是概括说明规划人目前的基本情况，规划的原因、依据、目的和方法等。
3. **正文** 主要由规划的职业目标和目标的分解、组合及其实现各阶段目标的具体措施和行动组成。同时，对目标实现提出希望和要求。
4. **落款和日期** 由规划人签署自己的姓名和日期。

四、注意事项

要写好职业生涯规划书，首先是要规划好。要规划好，就必须注意贯彻清晰性、挑战性、可行性、长期性和适时性等五大原则。

第三节 申　　论

一、例文评析

【例文】2004年申论考试参考例文

关于我市交通拥堵情况的报告

20世纪90年代以来，我市的交通基础设施建设成绩显著，道路长度和道路面积分别增长了108%和142%，修建了地铁、高架路、跨江大桥、越江隧道等许多道路基础设施，中心城区已初步形成现代交通网络。但是，由于经济飞速发展，人们生活水平进一步提高，致使同期的机动车总量增长了470%以上，交通基础设施的建设远远不能满足需求的增长。高峰时段，市中心区高架桥道路上蜗行的车辆密密麻麻，远远望去就像一个大停车场，"汽车没有行人快"的"怪现象"又重现我市。市民对出行难的问题反应强烈。

追究交通拥堵之原因，主要有以下几点：

第一，交通基础设施的建设跟不上经济发展的速度。由于我市已提前进入小康社会，私人购买和使用汽车量呈直线上升趋势。我市交通网络本来就密集狭窄，私车投放量增大以后，道路建设跟不上车辆增长的速度，这成为造成交通拥堵的根本原因。

第二，道路功能定位不甚清晰。道路功能不清导致行车错位，配备再多的交警排堵也无济于事。再加上动静态交通相互争夺空间，停车不便产生的临时停车占道现象十分普遍，这些都导致道路资源利用率低下，进一步加剧了交通拥堵的现象。

第三，与交通文明不相协调的陋习大量存在。乱穿马路、硬闯红灯、骑车抢道等违反交通法规的现象比比皆是，严重影响了排堵保畅的效率。

针对以上原因，拟定对策如下：

第一，加大投资力度，加快交通基础设施建设的步伐。我市在5年内追加投资500亿元，增设高架路内环道，拓宽地面交通要道，新建越江隧道和中环线，从根本上缓解中心城区的道路拥堵状况。与此同时，大力发展智能交通系统，提高现有道路的利用率。

第二，明确道路的功能定位，让车辆"各行其道"。城市道路应按其功能分为6个层次，即高速路、快速路、主干道、次干道、支路、生活区路，进行分级管理，限定不同的时速，保证车辆行驶和谐畅通。另外，在新建商用、民用工程时要将停车场的规划一体考虑，没有停车空间的一律停建，以免在建成使用时，静态交通争夺动态交通的空间，形成新的停车难问题。

第三，加强交通文明宣传的教育。种种与交通文明不协调的陋习是让人难以忍受的"长痛"。为解决目前市民交通意识薄弱、行人和自行车违章穿道等问题，建议由市政府办公厅牵头，组织全市有关部门开展一次全市人民关心交通环境、维护交通秩序的宣传教育活动。充分利用广播、电视、报纸、宣传板等媒体通过专题讲座、交通知识竞赛、"当一天交通警察（协勤）"等活动，对全市人民进行城市交通管理教育。同时，加大对交通违规行为的惩治力度。双管齐下，造就人车和谐的交通环境。

第四，大力发展公共交通事业。当城市发展到一定规模时，交通堵塞是必然要面对的难题。纽约、华盛顿、巴黎、东京等大城市无不如是。综观这些发达城市的解决之道，虽各有千秋，但有一点是共同的，那就是大力发展公共交通事业。针对我市具体情况，在公共交通还很落后、公交企业长期亏损、财政暂时拿不出更多资金的情况下，建议采取与外资合作经营城市公共交通的办法，解决资金来源问题，发展城市公共交通。可以先选择部分线路试点，成功后再全面改革。另一个方案是改变目前的乘车管理办法，取消月票，采用IC卡计费的方法。缓解公共汽车公司的经营压力，使其扭亏为盈，增加再生能力。

我们相信，只要各种措施多管齐下，认真落实，我市定能顺利解决交通拥堵问题，突破城市道路发展中的"阵痛期"，成为交通文明的典范城市。

（谷颖：《现代实用文体写作》，清华大学出版社2009年版）

【评析】

该文紧扣主题，先提出我市交通状况，再追究其内在原因，最后拟定对策，并充分考虑了措施的可行性。全文重点突出，条理清晰，结构有序，语言简洁。

二、必需知识

（一）申论的含义与特征

申论就是对所给材料的事件或问题进行说明、分析、概括要点，提出对策，进行论证，为专门用于公务员考试的一种应试文体。

申论测试的特征有五：①所给材料的杂乱性；②材料内容的广泛性；③测试方向的针对性（即解决问题的合理性和可操作性）；④测试形式的灵活性；⑤测试答案的非唯一性。

（二）申论考试的试卷结构

申论考试的试卷总体上有三大部分。

1. 注意事项

（1）申论考试与传统作文考试不同，它是对材料的分析、驾驭和语言表达能力并重的考试。

（2）答卷时限：阅读材料40分钟，作答110分钟。

（3）阅读给定的材料，并按照卷面提出的要求依次作答。这是答题的提示和指导性建议。

2. 给定资料　所给资料一般在3000字以上。考试的级别越高，难度越大，相应地，所给材料的文字量也越大。

3. 申论要求　一般是概括问题、解决问题、分析论证。

（三）申论考试过程的四个环节

（1）阅读材料。

（2）概括要点。

（3）提出对策。

（4）进行论证。

（四）申论考试的特点与发展趋势

（1）题目都围绕社会热点问题。

（2）出题角度越来越灵活、务实。

（3）给定材料的数量越来越大。

（4）试题的题型结构不断在变。

三、拟写要点

申论写作有四大步骤。

（一）审读材料

审读材料可分三步走：

第一步，泛读，把握资料的总体情况并作分类。

第二步，细读，集中精力读重点与次重点段落，归纳段意，标出关键词句。

第三步，精读，对划定的重点段落、关键词句进一步整理组合，透过现象抓本质，归纳出主要问题。

（二）概括要点

基本要求有三：

1. 把握好试题的要求　要分清主要问题和主要内容，前者是一个高度的概括，而后者可以是对材料的高度压缩。

2. 准确全面概括材料 准确，就是要分清主次；全面，就是在概括主要问题时不能有重要的遗漏。要做到准确、全面，就是要既忠于材料，又高于材料。因为忠于原文是基础，不是目的。概括不是就事论事，而是在不改变原文中心思想、主要内容的前提下进行高度的概括和提炼，既完整、准确地体现出材料的精神实质，又避免就事论事的泛泛概说。

3. 大胆取舍，语言精要 因为概括部分的语言限定是比较严格的，150字、200字，要求短小精悍、逻辑严密、层次性强，切不可有大量的叙述与铺垫。

（三）提出方案

提出的方案要合理、可行，须注意以下三点：

（1）提出方案时要准确把握给定角色的个人定位。

（2）提出方案时要有针对性地提出意见或办法。

（3）提出方案时要考虑意见或办法的可操作性。如有明确的执行者、执行步骤和办法，有具体措施，解决问题的主客观条件，等等。

（四）进行论证

要注意两点：

1. 观点明确，立意鲜明 在确立观点时，要明确题目中所给定的身份是论证的立足点。观点一定要根据所给材料提炼出来的。要明确申论论述的最终目的是如何解决社会问题，而不是一般性的、空洞的、是非性的论辩。要尽量选择独特角度进行论证。

2. 结构严谨，层次清晰 大体上都是按照提出问题、分析问题、解决问题的思路来进行写作。

四、注意事项

要写好以应试为目的的申论，须注意以下六点：①要有一个紧扣论点，醒目、准确、精练的好题目；②拟好提纲，认真写作；③结构清楚，内容紧凑；④注重开篇和结尾；⑤文风朴实，用语到位；⑥卷面清楚，文章完整。

第四节 公 示

一、例文评析

【例文】

领导干部任前公示

经市委常委会研究，×××同志拟提任政协××市委员办公室助理调研员（试用期一年）。现将拟任干部基本情况向社会公示。公示时间为2003年8月20日至2003年8月26日。如发现公示对象在德、能、勤、绩、廉等方面存在问题，可以通过来信、来电、来访等形式向市委组织部干部监督处反映（联系电话：××××××××）。

中共××市委组织部
2003年8月20日

×××，男，1946年10月出生，汉族，江苏省××市人，1970年8月参加工作，大学文化，1970年8月毕业于北京水利水电学院农田水利工程专业。1985年入党，现任政协××市委员会办公室行政处处长。

以下简历（略）

（储佩成：《公示写作教程》，中山大学出版社2007年版。有改动）

【评析】

该任前公示提供了拟任对象的基本信息，体式规范，语言简明，可供参考。

二、必需知识

公示就是党政机关、企事业单位和社会组织团体等预告公众周知，以征询意见、接受监督、改善工作的一种实用文书，其主要特点是公开性、周知性、科学性和民主性。

公示的种类，按公示的性质与职能分，可分为评前公示、考察公示、任前公示和考核公示等。按公示的公开范围程度分，可分为社会公示和内部公示。按公示的职能部门分，可分为党务公示、政务公示和业务公示等。按公示写作与发布的主体分，可分为独家公示和联合公示。按公示的载体分，可分为纸质公示、电子公示和公示栏（牌）公示等。

公示的广泛使用，有利于规范干部的选拔任用工作，确保党的先进性和纯洁性；完善考核评比，扩大群众的参与度；发挥社会监督作用，构建和谐社会；促进实用写作，推动社会进步。

三、拟写要点

一篇体式完整的公示，一般都由标题、正文和结尾三个部分构成。有的公示还有附录。

（一）标题

公示标题要求如下：①体现文种；②体现公示的对象；③体现公示的主题；④体现公示的性质或类别。公示标题的常见形式：

1. **单行标题**　单行标题是最常见的一种。

（1）文种（公示）式。

（2）事由+文种（如例文标题）。

（3）单位+文种。如，《××水利分局公示》。

（4）单位+事由+文种。如，《唐山市中级人民法院拟申报省先进集体和个人公示》。

（5）省略文种"公示"两字。如，中国工程院《2003年中国工程院院士增选有效候选人名单》

2. **双行标题**　如，上海市精神文明建设委员会办公室在拟制《上海市文明行业公示》时，就采用了双行标题：

创建行业文明先进评选广而告之，欢迎老百姓来"评头品足"（眉题）
"上海市文明行业"候选行业公示（正题）

3. 层次标题　如《江苏省工会工作首创成果公示》（2005年5月23日），它公示的成果有两项。在介绍这两项成果时，作者除拟制了两个二级标题外（一为《首创镇级工会组织体制建立全省首家镇总会》；二为《建立全省首家市级工会劳动监督中心》），又在这两个二级标题之下分别拟制了三个三级标题：①《首创和革新的立意和亮点》；②《已形成的制度或规范》；③《实践效果及影响》。

（二）正文

正文是公示的主体和核心，也是公示取得效果的关键。正文基本内容含前言、事项和结语。

1. 前言（导言）　要开门见山地交代公示的原由（原因和理由）、依据（或条件、标准）和目的，以增强透明度，尊重民意。

2. 事项　公示的事项指公示的人、物和事项（含事迹）。

（三）结尾

1. 结语　例如：①"现予以公示"；②"如有意见"或"若有异议"，请"反映"或"联系"；③"欢迎……提出意见和建议"、"欢迎大家监督"，④"特此公示"等等。

2. 落款　包含：①拟文（或发布）单位；②成文日期；③联系方式（如邮编、地址、电子邮箱、联系电话等）。

3. 附录　如：①文件；②短文；③表格；④图片（含照片）。

四、注意事项

公示是一种新兴的实用文，要写好它，就要在"认真"这两个字上做文章。首先，要认真学习有关公示写作的理论知识，了解公示，并探索公示。同时，要多读一些优秀的公示写作范本，以充实自己，了解"应该怎么写"。也可读一些有毛病的公示写作文章，也称瑕疵文章，了解"不应该怎么写"。还要积极参与公示写作实践，"摸着石头过河"，不断积累写作经验。其次，在写作实践中，还要认真进行调查研究，多探索，求创新，做到体式规范，语言简明，以吸引读者。

综合训练三十四

一、单选题

1. 电子邮件比电报要快很多倍，使用电子邮箱可以（　　）。

A. 把所写文章快捷地进行修改，使文章不出现病句

B. 把所写的文章及时存放，有时间可以调出来审阅

C. 把所写的文章打印排版，比人工更为规范完整

D. 把所写的文章快速传递到要交流或发表的有关部门或个人手里

2. 电子邮箱中一般写邮件和收邮件，写邮件要在收邮件人处写明（　　）。

A. 收件人的姓名和身份　　　　B. 收邮件人的邮箱地址
C. 寄邮件人的姓名和身份　　　　D. 寄邮件人的网址

3. 以下公示的标题中错误的一项是（　　）。
A. 《国务院国有资产监督管理委员会公开招聘人选公示》
B. 《2005年度上海十大青年经济人物正式候选人公示》
C. 《干部任前公示》
D. 《公示通知》

二、评改题

下面句中带点之处说法或写法有误，请予改正。
1. 电子邮件是通过在邮箱中输入字码完成的，没有其他方法。
改为：
2. 电子邮箱收到文件多了，就该把已经过时、无价值的通过点击"回复"清理掉。
改为：

三、摘要题

1. 请认真阅读下文，并写出不超过40个字的摘要笔记。

郑人买履

《韩非子·外储说左上》

战国时期有个郑国人，一天早晨起来，他发现自己的鞋子实在破得不能再穿了，有必要到集市去买双新鞋。于是，他用尺子量了量自己的脚，看看要买多大的鞋。可是，他顺手把这尺子放在了椅子上，出门时忘了把它带在身上。

等到了集市，好不容易才找到一双喜欢的鞋子。忽然，这人想起来那把尺子忘在了家里，他对卖鞋的人说："糟了，我忘记带尺子了。"随即转身离开，跑回家去取尺子。

等这人回家取了尺子，又急匆匆赶回集市时，很不巧，集市散了。于是，这个人没能买到鞋子，看来只好再穿几天旧鞋子，等下一个集市再说了。

有人感到很奇怪，问这个人："你怎么不直接伸出脚来试鞋呢？"你猜这人怎么说，他回答："我宁可相信那把尺子，也不相信这双脚！"

2. 用不超过60个字和篇幅写出下文的摘要。

亡灵归来

日本每年举行一次"亡灵节"。这个节日是个欢乐的日子，因为在这一天，据说死人是要回家的，而且是受活人欢迎的。因为活人料到他们经过长途旅行后会饿，所以为他们摆出食物。家家户户门口都挂着特制的灯笼，帮助死者看清道路。人们彻夜唱歌跳舞。一大早就要把为死人摆设的食物扔到江河或海洋中去，因为任何活人吃了都被认为是不吉利的。在临海的城镇中，头天晚上挂在大街上的小灯笼，在节日过后便要放到海里去。数千只灯笼慢慢向大海漂去，给死人返回阴间指明道路。这是个动人的场面，因为一簇簇的人群站在海岸上，看着灯笼漂去，直到看不见为止。

附 录

一、党政机关公文处理工作条例

第一章 总 则

第一条 为了适应中国共产党机关和国家行政机关（以下简称党政机关）工作需要，推进党政机关公文处理工作科学化、制度化、规范化，制定本条例。

第二条 本条例适用于各级党政机关公文处理工作。

第三条 党政机关公文是党政机关实施领导、履行职能、处理公务的具有特定效力和规范体式的文书，是传达贯彻党和国家方针政策，公布法规和规章，指导、布置和商洽工作，请示和答复问题，报告、通报和交流情况等的重要工具。

第四条 公文处理工作是指公文拟制、办理、管理等一系列相互关联、衔接有序的工作。

第五条 公文处理工作应当坚持实事求是、准确规范、精简高效、安全保密的原则。

第六条 各级党政机关应当高度重视公文处理工作，加强组织领导，强化队伍建设，设立文秘部门或者由专人负责公文处理工作。

第七条 各级党政机关办公厅（室）主管本机关的公文处理工作，并对下级机关的公文处理工作进行业务指导和督促检查。

第二章 公文种类

第八条 公文种类主要有：

（一）决议。适用于会议讨论通过的重大决策事项。

（二）决定。适用于对重要事项作出决策和部署、奖惩有关单位和人员、变更或者撤销下级机关不适当的决定事项。

（三）命令（令）。适用于公布行政法规和规章、宣布施行重大强制性措施、批准授予和晋升衔级、嘉奖有关单位和人员。

（四）公报。适用于公布重要决定或者重大事项。

（五）公告。适用于向国内外宣布重要事项或者法定事项。

（六）通告。适用于在一定范围内公布应当遵守或者周知的事项。

（七）意见。适用于对重要问题提出见解和处理办法。

（八）通知。适用于发布、传达要求下级机关执行和有关单位周知或者执行的事项，批转、转发公文。

（九）通报。适用于表彰先进、批评错误、传达重要精神和告知重要情况。

（十）报告。适用于向上级机关汇报工作、反映情况，回复上级机关的询问。

（十一）请示。适用于向上级机关请求指示、批准。

（十二）批复。适用于答复下级机关请示事项。

（十三）议案。适用于各级人民政府按照法律程序向同级人民代表大会或者人民代表大会常务委员会提请审议事项。

（十四）函。适用于不相隶属机关之间商洽工作、询问和答复问题、请求批准和答复审批事项。

（十五）纪要。适用于记载会议主要情况和议定事项。

第三章 公文格式

第九条 公文一般由份号、密级和保密期限、紧急程度、发文机关标志、发文字号、签发人、标题、主送机关、正文、附件说明、发文机关署名、成文日期、印章、附注、附件、抄送机关、印发机关和印发日期、页码等组成。

（一）份号。公文印制份数的顺序号。涉密公文应当标注份号。

（二）密级和保密期限。公文的秘密等级和保密的期限。涉密公文应当根据涉密程度分别标注"绝密""机密""秘密"和保密期限。

（三）紧急程度。公文送达和办理的时限要求。根据紧急程度，紧急公文应当分别标注"特急"、"加急"，电报应当分别标注"特提"、"特急"、"加急"、"平急"。

（四）发文机关标志。由发文机关全称或者规范化简称加"文件"二字组成，也可以使用发文机关全称或者规范化简称。联合行文时，发文机关标志可以并用联合发文机关名称，也可以单独用主办机关名称。

（五）发文字号。由发文机关代字、年份、发文顺序号组成。联合行文时，使用主办机关的发文字号。

（六）签发人。上行文应当标注签发人姓名。

（七）标题。由发文机关名称、事由和文种组成。

（八）主送机关。公文的主要受理机关，应当使用机关全称或者同类型机关统称。

（九）正文。公文的主体，用来表述公文的内容。

（十）附件说明。公文附件的顺序号和名称。

（十一）发文机关署名。署发文机关全称或者规范化简称。

（十二）成文日期。署会议通过或者发文机关负责人签发的日期。联合行文时，署最后签发机关负责人签发的日期。

（十三）印章。公文中有发文机关署名的，应当加盖发文机关印章，并与署名机关相符。有特定发文机关标志的普发性公文和电报可以不加盖印章。

（十四）附注。公文印发传达范围等需要说明的事项。

（十五）附件。公文正文的说明、补充或者参考资料。

（十六）抄送机关。除主送机关外需要执行或者知晓公文内容的其他机关，应当使用机关全称、规范化简称或者同类型机关统称。

（十七）印发机关和印发日期。公文的送印机关和送印日期。

第十条 公文的版式按照《党政机关公文格式》国家标准执行。

第十一条 公文使用的汉字、数字、外文字符、计量单位和标点符号等，按照有关国家标准和规定执行。民族自治地方的公文，可以并用汉字和当地通用的少数民族文字。

第十二条 公文用纸幅面采用国际标准A4型。特殊形式的公文用纸幅面，根据实际需要确定。

第四章 行文规则

第十三条 行文应当确有必要，讲求实效，注重针对性和可操作性。

第十四条 行文关系根据隶属关系和职权范围确定。一般不得越级行文,特殊情况需要越级行文的,应当同时抄送被越过的机关。

第十五条 向上级机关行文,应当遵循以下规则:

(一)原则上主送一个上级机关,根据需要同时抄送相关上级机关和同级机关,不抄送下级机关。

(二)党委、政府的部门向上级主管部门请示、报告重大事项,应当经本级党委、政府同意或者授权;属于部门职权范围内的事项应当直接报送上级主管部门。

(三)下级机关的请示事项,如需以本机关名义向上级机关请示,应当提出倾向性意见后上报,不得原文转报上级机关。

(四)请示应当一文一事。不得在报告等非请示性公文中夹带请示事项。

(五)除上级机关负责人直接交办事项外,不得以本机关名义向上级机关负责人报送公文,不得以本机关负责人名义向上级机关报送公文。

(六)受双重领导的机关向一个上级机关行文,必要时抄送另一个上级机关。

第十六条 向下级机关行文,应当遵循以下规则:

(一)主送受理机关,根据需要抄送相关机关。重要行文应当同时抄送发文机关的直接上级机关。

(二)党委、政府的办公厅(室)根据本级党委、政府授权,可以向下级党委、政府行文,其他部门和单位不得向下级党委、政府发布指令性公文或者在公文中向下级党委、政府提出指令性要求。需经政府审批的具体事项,经政府同意后可以由政府职能部门行文,文中须注明已经政府同意。

(三)党委、政府的部门在各自职权范围内可以向下级党委、政府的相关部门行文。

(四)涉及多个部门职权范围内的事务,部门之间未协商一致的,不得向下行文;擅自行文的,上级机关应当责令其纠正或者撤销。

(五)上级机关向受双重领导的下级机关行文,必要时抄送该下级机关的另一个上级机关。

第十七条 同级党政机关、党政机关与其他同级机关必要时可以联合行文。属于党委、政府各自职权范围内的工作,不得联合行文。党委、政府的部门依据职权可以相互行文。部门内设机构除办公厅(室)外不得对外正式行文。

第五章 公文拟制

第十八条 公文拟制包括公文的起草、审核、签发等程序。

第十九条 公文起草应当做到:

(一)符合国家法律法规和党的路线方针政策,完整准确体现发文机关意图,并同现行有关公文相衔接。

(二)一切从实际出发,分析问题实事求是,所提政策措施和办法切实可行。

(三)内容简洁,主题突出,观点鲜明,结构严谨,表述准确,文字精练。

(四)文种正确,格式规范。

(五)深入调查研究,充分进行论证,广泛听取意见。

(六)公文涉及其他地区或者部门职权范围内的事项,起草单位必须征求相关地区或者部门意见,力求达成一致。

(七)机关负责人应当主持、指导重要公文起草工作。

第二十条 公文文稿签发前,应当由发文机关办公厅(室)进行审核。审核的重点是:

(一)行文理由是否充分,行文依据是否准确。

(二)内容是否符合国家法律法规和党的路线方针政策;是否完整准确体现发文机关意图;是否同现行有关公文相衔接;所提政策措施和办法是否切实可行。

（三）涉及有关地区或者部门职权范围内的事项是否经过充分协商并达成一致意见。

（四）文种是否正确，格式是否规范；人名、地名、时间、数字、段落顺序、引文等是否准确；文字、数字、计量单位和标点符号等用法是否规范。

（五）其他内容是否符合公文起草的有关要求。

需要发文机关审议的重要公文文稿，审议前由发文机关办公厅（室）进行初核。

第二十一条 经审核不宜发文的公文文稿，应当退回起草单位并说明理由；符合发文条件但内容需作进一步研究和修改的，由起草单位修改后重新报送。

第二十二条 公文应当经本机关负责人审批签发。重要公文和上行文由机关主要负责人签发。党委、政府的办公厅（室）根据党委、政府授权制发的公文，由授权机关主要负责人签发或者按照有关规定签发。签发人签发公文，应当签署意见、姓名和完整日期；圈阅或者签名的，视为同意。联合发文由所有联署机关的负责人会签。

第六章　公文办理

第二十三条 公文办理包括收文办理、发文办理和整理归档。

第二十四条 收文办理主要程序是：

（一）签收。对收到的公文应当逐件清点，核对无误后签字或者盖章，并注明签收时间。

（二）登记。对公文的主要信息和办理情况应当详细记载。

（三）初审。对收到的公文应当进行初审。初审的重点是：是否应当由本机关办理，是否符合行文规则，文种、格式是否符合要求，涉及其他地区或者部门职权范围内的事项是否已经协商、会签；是否符合公文起草的其他要求。经初审不符合规定的公文，应当及时退回来文单位并说明理由。

（四）承办。阅知性公文应当根据公文内容、要求和工作需要确定范围后分送。批办性公文应当提出拟办意见报本机关负责人批示或者转有关部门办理；需要两个以上部门办理的，应当明确主办部门。紧急公文应当明确办理时限。承办部门对交办的公文应当及时办理，有明确办理时限要求的应当在规定时限内办理完毕。

（五）传阅。根据领导批示和工作需要将公文及时送传阅对象阅知或者批示。办理公文传阅应当随时掌握公文去向，不得漏传、误传、延误。

（六）催办。及时了解掌握公文的办理进展情况，督促承办部门按期办结。紧急公文或者重要公文应当由专人负责催办。

（七）答复。公文的办理结果应当及时答复来文单位，并根据需要告知相关单位。

第二十五条 发文办理主要程序是：

（一）复核。已经发文机关负责人签批的公文，印发前应当对公文的审批手续、内容、文种、格式等进行复核；需作实质性修改的，应当报原签批人复审。

（二）登记。对复核后的公文，应当确定发文字号、分送范围和印制份数并详细记载。

（三）印制。公文印制必须确保质量和时效。涉密公文应当在符合保密要求的场所印制。

（四）核发。公文印制完毕，应当对公文的文字、格式和印刷质量进行检查后分发。

第二十六条 涉密公文应当通过机要交通、邮政机要通信、城市机要文件交换站或者收发件机关机要收发人员进行传递，通过密码电报或者符合国家保密规定的计算机信息系统进行传输。

第二十七条 需要归档的公文及有关材料，应当根据有关档案法律法规以及机关档案管理规定，及时收集齐全、整理归档。两个以上机关联合办理的公文，原件由主办机关归档，相关机关保存复制件。机关负责人兼任其他机关职务的，在履行所兼职务过程中形成的公文，由其兼职机关归档。

第七章 公文管理

第二十八条 各级党政机关应当建立健全本机关公文管理制度，确保管理严格规范，充分发挥公文效用。

第二十九条 党政机关公文由文秘部门或者专人统一管理。设立党委（党组）的县级以上单位应当建立机要保密室和机要阅文室，并按照有关保密规定配备工作人员和必要的安全保密设施设备。

第三十条 公文确定密级前，应当按照拟定的密级先行采取保密措施。确定密级后，应当按照所定密级严格管理。绝密级公文应当由专人管理。公文的密级需要变更或者解除的，由原确定密级的机关或者其上级机关决定。

第三十一条 公文的印发传达范围应当按照发文机关的要求执行；需要变更的，应当经发文机关批准。涉密公文公开发布前应当履行解密程序。公开发布的时间、形式和渠道，由发文机关确定。经批准公开发布的公文，同发文机关正式印发的公文具有同等效力。

第三十二条 复制、汇编机密级、秘密级公文，应当符合有关规定并经本机关负责人批准。绝密级公文一般不得复制、汇编，确有工作需要的，应当经发文机关或者其上级机关批准。复制、汇编的公文视同原件管理。

复制件应当加盖复制机关戳记。翻印件应当注明翻印的机关名称、日期。汇编本的密级按照编入公文的最高密级标注。

第三十三条 公文的撤销和废止，由发文机关、上级机关或者权力机关根据职权范围和有关法律法规决定。公文被撤销的，视为自始无效；公文被废止的，视为自废止之日起失效。

第三十四条 涉密公文应当按照发文机关的要求和有关规定进行清退或者销毁。

第三十五条 不具备归档和保存价值的公文，经批准后可以销毁。销毁涉密公文必须严格按照有关规定履行审批登记手续，确保不丢失、不漏销。个人不得私自销毁、留存涉密公文。

第三十六条 机关合并时，全部公文应当随之合并管理；机关撤销时，需要归档的公文经整理后按照有关规定移交档案管理部门。

工作人员离岗离职时，所在机关应当督促其将暂存、借用的公文按照有关规定移交、清退。

第三十七条 新设立的机关应当向本级党委、政府的办公厅（室）提出发文立户申请。经审查符合条件的，列为发文单位，机关合并或者撤销时，相应进行调整。

第八章 附　则

第三十八条 党政机关公文含电子公文。电子公文处理工作的具体办法另行制定。

第三十九条 法规、规章方面的公文，依照有关规定处理。外事方面的公文，依照外事主管部门的有关规定处理。

第四十条 其他机关和单位的公文处理工作，可以参照本条例执行。

第四十一条 本条例由中共中央办公厅、国务院办公厅负责解释。

第四十二条 本条例自2012年7月1日起施行。1996年5月3日中共中央办公厅发布的《中国共产党机关公文处理条例》和2000年8月24日国务院发布的《国家行政机关公文处理办法》停止执行。

二、党政机关公文格式

(中华人民共和国国家标准 GB/T 9704-2012)

1 范围

本标准规定了党政机关公文通用的纸张要求、排版和印制装订要求、公文格式各要素的编排规则,并给出了公文的式样。

本标准适用于各级党政机关制发的公文。其他机关和单位的公文可以参照执行。

使用少数民族文字印制的公文,其用纸、幅面尺寸及版面、印制等要求按照本标准执行,其余可以参照本标准并按照有关规定执行。

2 规范性引用文件

下列文件对于本标准的应用是必不可少的。凡是注日期的引用文件,仅所注日期的版本适用于本标准。凡是不注日期的引用文件,其最新版本(包括所有的修改单)适用于本标准。

GB/T 148 印刷、书写和绘图纸幅面尺寸

GB 3100 国际单位制及其应用

GB 3101 有关量、单位和符号的一般原则

GB 3102(所有部分)量和单位

GB/T 15834 标点符号用法

GB/T 15835 出版物上数字用法

3 术语和定义

下列术语和定义适用于本标准。

3.1 字 word

标示公文中横向距离的长度单位。在本标准中,一字指一个汉字宽度的距离。

3.2 行 line

标示公文中纵向距离的长度单位。在本标准中,一行指一个汉字的高度加 3 号汉字高度的 7/8 的距离。

4 公文用纸主要技术指标

公文用纸一般使用纸张定量为 $60g/m^2$—$80g/m^2$ 的胶版印刷纸或复印纸。纸张白度 80%～90%,横向耐折度≥15 次,不透明度≥85%,pH 值为 7.5～9.5。

5 公文用纸幅面尺寸及版面要求

5.1 幅面尺寸

公文用纸采用 GB/T 148 中规定的 A4 型纸,其成品幅面尺寸为:210mm×297mm。

5.2 版面

5.2.1 页边与版心尺寸

公文用纸天头(上白边)为 37mm±1mm,公文用纸订口(左白边)为 28mm±1mm,版心尺寸为 156mm×225mm。

5.2.2 字体字号

如无特殊说明,公文格式各要素一般用 3 号仿宋体字。特定情况可以作适当调整。

5.2.3 行数和字数

一般每面排 22 行,每行排 28 个字,并撑满版心。特定情况可以作适当调整。

5.2.4 文字的颜色

如无特殊说明,公文中文字的颜色均为黑色。

6 印制装订要求

6.1 制版要求

版面干净无底灰,字迹清楚无断划,尺寸标准,版心不斜,误差不超过1mm。

6.2 印刷要求

双面印刷;页码套正,两面误差不超过2mm。黑色油墨应当达到色谱所标BL 100%,红色油墨应当达到色谱所标Y80%、M80%。印品着墨实、均匀;字面不花、不白、无断划。

6.3 装订要求

公文应当左侧装订,不掉页,两页页码之间误差不超过4mm,裁切后的成品尺寸允许误差±2mm,四角成90°,无毛茬或缺损。

骑马订或平订的公文应当:

a) 订位为两钉外订眼距版面上下边缘各70mm处,允许误差±4mm;
b) 无坏钉、漏钉、重钉,钉脚平伏牢固;
c) 骑马订钉锯均订在折缝线上,平订钉锯与书脊间的距离为3mm~5mm。

包本装订公文的封皮(封面、书脊、封底)与书芯应吻合、包紧、包平、不脱落。

7 公文格式各要素编排规则

7.1 公文格式各要素的划分

本标准将版心内的公文格式各要素划分为版头、主体、版记三部分。公文首页红色分隔线以上的部分称为版头;公文首页红色分隔线(不含)以下、公文末页首条分隔线(不含)以上的部分称为主体;公文末页首条分隔线以下、末条分隔线以上的部分称为版记。

页码位于版心外。

7.2 版头

7.2.1 份号

如需标注份号,一般用6位3号阿拉伯数字,顶格编排在版心左上角第一行。

7.2.2 密级和保密期限

如需标注密级和保密期限,一般用3号黑体字,顶格编排在版心左上角第二行;保密期限中的数字用阿拉伯数字标注。

7.2.3 紧急程度

如需标注紧急程度,一般用3号黑体字,顶格编排在版心左上角;如需同时标注份号、密级和保密期限、紧急程度,按照份号、密级和保密期限、紧急程度的顺序自上而下分行排列。

7.2.4 发文机关标志

由发文机关全称或者规范化简称加"文件"二字组成,也可以使用发文机关全称或者规范化简称。

发文机关标志居中排布,上边缘至版心上边缘为35mm,推荐使用小标宋体字,颜色为红色,以醒目、美观、庄重为原则。

联合行文时,如需同时标注联署发文机关名称,一般应当将主办机关名称排列在前;如有"文件"二字,应当置于发文机关名称右侧,以联署发文机关名称为准上下居中排布。

7.2.5 发文字号

编排在发文机关标志下空二行位置,居中排布。年份、发文顺序号用阿拉伯数字标注;年份应标全称,用六角括号"〔〕"括入;发文顺序号不加"第"字,不编虚位(即1不编为01),在阿拉伯数字后加"号"字。

上行文的发文字号居左空一字编排,与最后一个签发人姓名处在同一行。

7.2.6 签发人

由"签发人"三字加全角冒号和签发人姓名组成,居右空一字,编排在发文机关标志下空二行位置。"签发人"三字用 3 号仿宋体字,签发人姓名用 3 号楷体字。

如有多个签发人,签发人姓名按照发文机关的排列顺序从左到右、自上而下依次均匀编排,一般每行排两个姓名,回行时与上一行第一个签发人姓名对齐。

7.2.7 版头中的分隔线

发文字号之下 4mm 处居中印一条与版心等宽的红色分隔线。

7.3 主体

7.3.1 标题

一般用 2 号小标宋体字,编排于红色分隔线下空二行位置,分一行或多行居中排布;回行时,要做到词意完整,排列对称,长短适宜,间距恰当,标题排列应当使用梯形或菱形。

7.3.2 主送机关

编排于标题下空一行位置,居左顶格,回行时仍顶格,最后一个机关名称后标全角冒号。如主送机关名称过多导致公文首页不能显示正文时,应当将主送机关名称移至版记,标注方法见 7.4.2。

7.3.3 正文

公文首页必须显示正文。一般用 3 号仿宋体字,编排于主送机关名称下一行,每个自然段左空二字,回行顶格。文中结构层次序数依次可以用"一、""(一)""1.""(1)"标注;一般第一层用黑体字、第二层用楷体字、第三层和第四层用仿宋体字标注。

7.3.4 附件说明

如有附件,在正文下空一行左空二字编排"附件"二字,后标全角冒号和附件名称。如有多个附件,使用阿拉伯数字标注附件顺序号(如"附件:1.×××××");附件名称后不加标点符号。附件名称较长需回行时,应当与上一行附件名称的首字对齐。

7.3.5 发文机关署名、成文日期和印章

7.3.5.1 加盖印章的公文

成文日期一般右空四字编排,印章用红色,不得出现空白印章。

单一机关行文时,一般在成文日期之上、以成文日期为准居中编排发文机关署名,印章端正、居中下压发文机关署名和成文日期,使发文机关署名和成文日期居印章中心偏下位置,印章顶端应当上距正文(或附件说明)一行之内。

联合行文时,一般将各发文机关署名按照发文机关顺序整齐排列在相应位置,并将印章一一对应、端正、居中下压发文机关署名,最后一个印章端正、居中下压发文机关署名和成文日期,印章之间排列整齐、互不相交或相切,每排印章两端不得超出版心,首排印章顶端应当上距正文(或附件说明)一行之内。

7.3.5.2 不加盖印章的公文

单一机关行文时,在正文(或附件说明)下空一行右空二字编排发文机关署名,在发文机关署名下一行编排成文日期,首字比发文机关署名首字右移二字,如成文日期长于发文机关署名,应当使成文日期右空二字编排,并相应增加发文机关署名右空字数。

联合行文时,应当先编排主办机关署名,其余发文机关署名依次向下编排。

7.3.5.3 加盖签发人签名章的公文

单一机关制发的公文加盖签发人签名章时,在正文(或附件说明)下空二行右空四字加盖签发人签名章,签名章左空二字标注签发人职务,以签名章为准上下居中排布。在签发人签名章下空一行右空四字编排成文日期。

联合行文时，应当先编排主办机关签发人职务、签名章，其余机关签发人职务、签名章依次向下编排，与主办机关签发人职务、签名章上下对齐；每行只编排一个机关的签发人职务、签名章；签发人职务应当标注全称。

签名章一般用红色。

7.3.5.4 成文日期中的数字

用阿拉伯数字将年、月、日标全，年份应标全称，月、日不编虚位（即1不编为01）。

7.3.5.5 特殊情况说明

当公文排版后所剩空白处不能容下印章或签发人签名章、成文日期时，可以采取调整行距、字距的措施解决。

7.3.6 附注

如有附注，居左空二字加圆括号编排在成文日期下一行。

7.3.7 附件

附件应当另面编排，并在版记之前，与公文正文一起装订。"附件"二字及附件顺序号用3号黑体字顶格编排在版心左上角第一行。附件标题居中编排在版心第三行。附件顺序号和附件标题应当与附件说明的表述一致。附件格式要求同正文。

如附件与正文不能一起装订，应当在附件左上角第一行顶格编排公文的发文字号并在其后标注"附件"二字及附件顺序号。

7.4 版记

7.4.1 版记中的分隔线

版记中的分隔线与版心等宽，首条分隔线和末条分隔线用粗线（推荐高度为0.35mm），中间的分隔线用细线（推荐高度为0.25mm）。首条分隔线位于版记中第一个要素之上，末条分隔线与公文最后一面的版心下边缘重合。

7.4.2 抄送机关

如有抄送机关，一般用4号仿宋体字，在印发机关和印发日期之上一行、左右各空一字编排。"抄送"二字后加全角冒号和抄送机关名称，回行时与冒号后的首字对齐，最后一个抄送机关名称后标句号。

如需把主送机关移至版记，除将"抄送"二字改为"主送"外，编排方法同抄送机关。既有主送机关又有抄送机关时，应当将主送机关置于抄送机关之上一行，之间不加分隔线。

7.4.3 印发机关和印发日期

印发机关和印发日期一般用4号仿宋体字，编排在末条分隔线之上，印发机关左空一字，印发日期右空一字，用阿拉伯数字将年、月、日标全，年份应标全称，月、日不编虚位（即1不编为01），后加"印发"二字。

版记中如有其他要素，应当将其与印发机关和印发日期用一条细分隔线隔开。

7.5 页码

一般用4号半角宋体阿拉伯数字，编排在公文版心下边缘之下，数字左右各放一条一字线；一字线上距版心下边缘7mm。单页码居右空一字，双页码居左空一字。公文的版记页前有空白页的，空白页和版记页均不编排页码。公文的附件与正文一起装订时，页码应当连续编排。

8 公文中的横排表格

A4纸型的表格横排时，页码位置与公文其他页码保持一致，单页码表头在订口一边，双页码表头在切口一边。

9 公文中计量单位、标点符号和数字的用法

公文中计量单位的用法应当符合GB 3100、GB 3101和GB 3102（所有部分），标点符号的用法应

当符合 GB/T 15834，数字用法应当符合 GB/T 15835。

10　公文的特定格式

10.1　信函格式

发文机关标志使用发文机关全称或者规范化简称，居中排布，上边缘至上页边为 30mm，推荐使用红色小标宋体字。联合行文时，使用主办机关标志。

发文机关标志下 4mm 处印一条红色双线（上粗下细），距下页边 20mm 处印一条红色双线（上细下粗），线长均为 170mm，居中排布。

如需标注份号、密级和保密期限、紧急程度，应当顶格居版心左边缘编排在第一条红色双线下，按照份号、密级和保密期限、紧急程度的顺序自上而下分行排列，第一个要素与该线的距离为 3 号汉字高度的 7/8。

发文字号顶格居版心右边缘编排在第一条红色双线下，与该线的距离为 3 号汉字高度的 7/8。

标题居中编排，与其上最后一个要素相距二行。

第二条红色双线上一行如有文字，与该线的距离为 3 号汉字高度的 7/8。

首页不显示页码。

版记不加印发机关和印发日期、分隔线，位于公文最后一面版心内最下方。

10.2　命令（令）格式

发文机关标志由发文机关全称加"命令"或"令"字组成，居中排布，上边缘至版心上边缘为 20mm，推荐使用红色小标宋体字。

发文机关标志下空二行居中编排令号，令号下空二行编排正文。

签发人职务、签名章和成文日期的编排见 7.3.5.3。

10.3　纪要格式

纪要标志由"×××××纪要"组成，居中排布，上边缘至版心上边缘为 35mm，推荐使用红色小标宋体字。

标注出席人员名单，一般用 3 号黑体字，在正文或附件说明下空一行左空二字编排"出席"二字，后标全角冒号，冒号后用 3 号仿宋体字标注出席人单位、姓名，回行时与冒号后的首字对齐。

标注请假和列席人员名单，除依次另起一行并将"出席"二字改为"请假"或"列席"外，编排方法同出席人员名单。

纪要格式可以根据实际制定。

11　式样

A4 型公文用纸页边及版心尺寸见图 1；公文首页版式见图 2；联合行文公文首页版式 1 见图 3；联合行文公文首页版式 2 见图 4；公文末页版式 1 见图 5；公文末页版式 2 见图 6；联合行文公文末页版式 1 见图 7；联合行文公文末页版式 2 见图 8；附件说明页版式见图 9；带附件公文末页版式见图 10；信函格式首页版式见图 11；命令（令）格式首页版式见图 12。

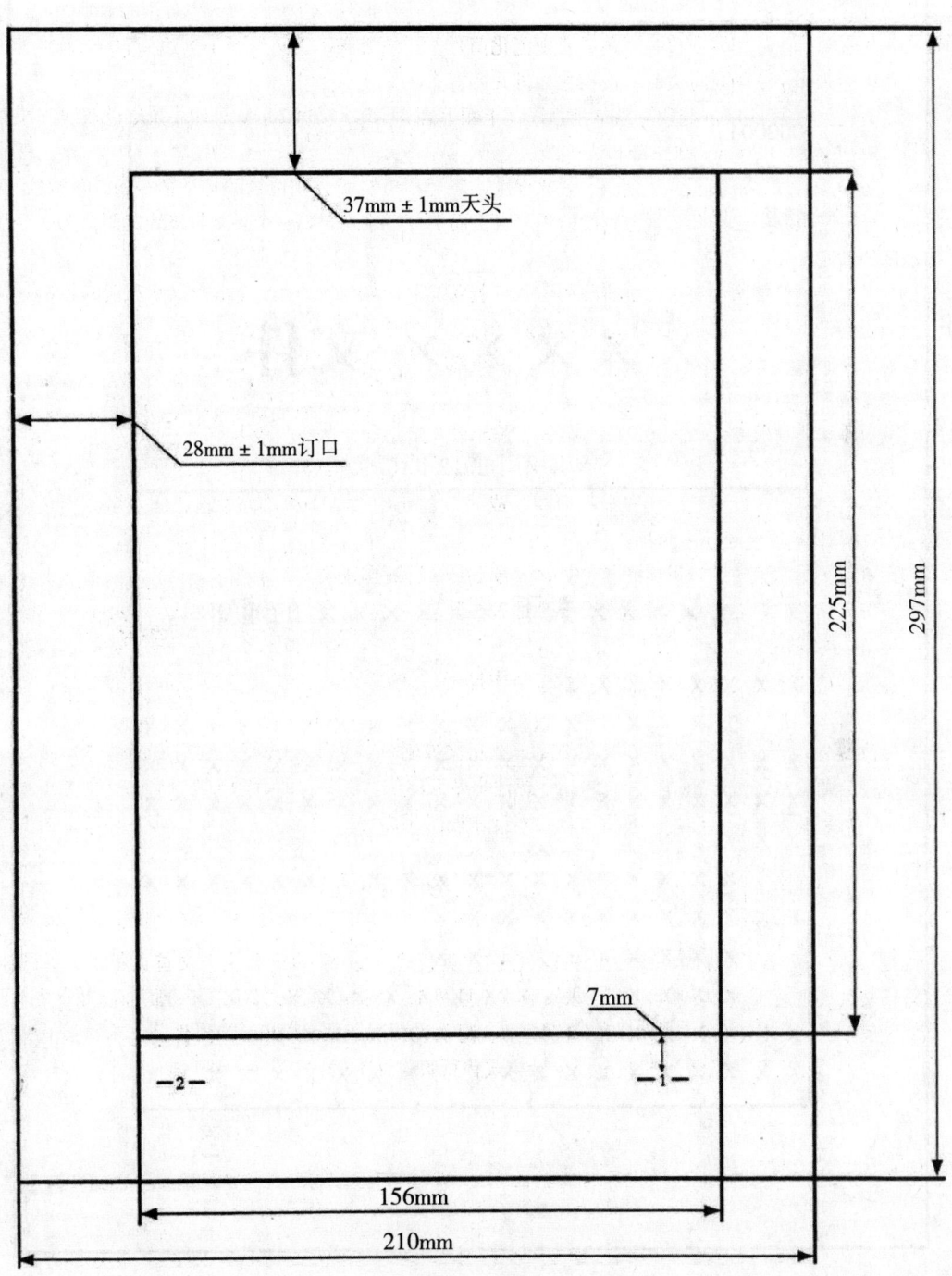

图1　A4型公文用纸页边及版心尺寸

现代公文写作

图2 公文首页版式

注：版心实线框仅为示意，在印刷公文时并不印出。

```
┌─────────────────────────────────────┐
│ 000001                              │
│ 机密★1年                             │
│ 特急                                 │
│                                     │
│      ××××××                       │
│      ×   ×   ×  文件                │
│      ××××××                       │
│                                     │
│         ×××〔2012〕10号              │
├─────────────────────────────────────┤
│                                     │
│      ××××关于××××××的通知          │
│                                     │
│ ×××××××××：                    │
│   ××××××××××××××××        │
│ ×××××××××××××××××××      │
│ ×××××××××××××××××××      │
│ ×××××××××××××××××××      │
│ ×××××××××××××××××××      │
│ ×××。                               │
│   ×××××××××××××××××××    │
│                                     │
│                              —1—    │
└─────────────────────────────────────┘
```

图3　联合行文公文首页版式1

注：版心实线框仅为示意，在印刷公文时并不印出。

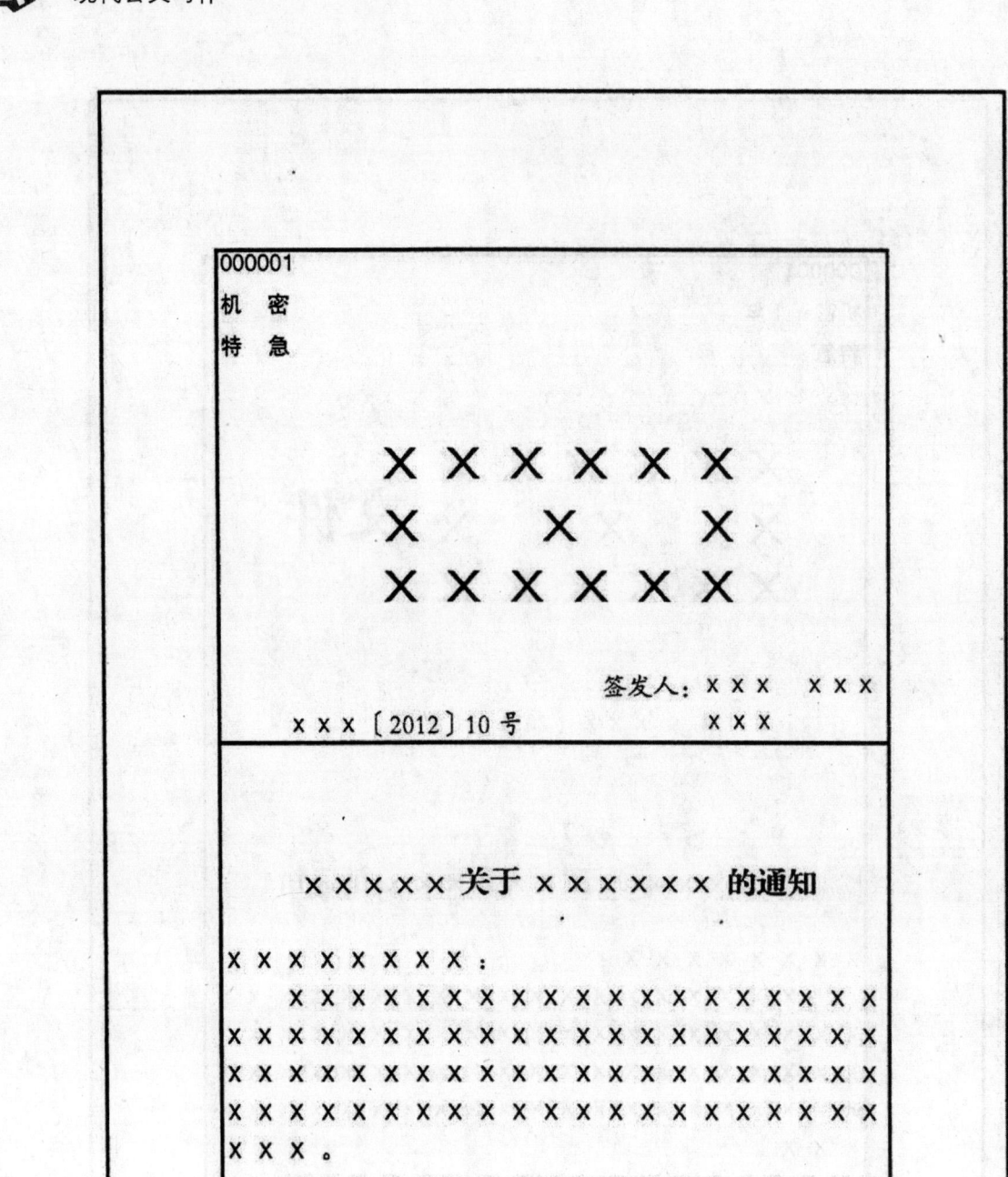

图4 联合行文公文首页版式2

注：版心实线框仅为示意，在印刷公文时并不印出。

×××××××××××。
　　××××××××××××××××××
×××××××××××××××××××××
×××××××××××××××××××
××××。

（×××××）

抄送：×××××××，×××××，×××××，
　　　×××××。
×××××××　　　　　　　2012年7月1日印发

—2—

图5　公文末页版式1

注：版心实线框仅为示意，在印刷公文时并不印出。

XXXXXXXXXXX。

XXXXXXXXXXXXXXXXXXXX
XXXXXXXXXXXXXXXXXXXXX
XXXXXXXXXXXXXXXXXXXXX
XXXX。

XXXXXXXXX

2012年7月1日

（XXXXXX）

抄送：XXXXXXX，XXXXX，XXXXX，
XXXXX。

XXXXXXXX　　2012年7月1日印发

—2—

图6　公文末页版式2

注：版心实线框仅为示意，在印刷公文时并不印出。

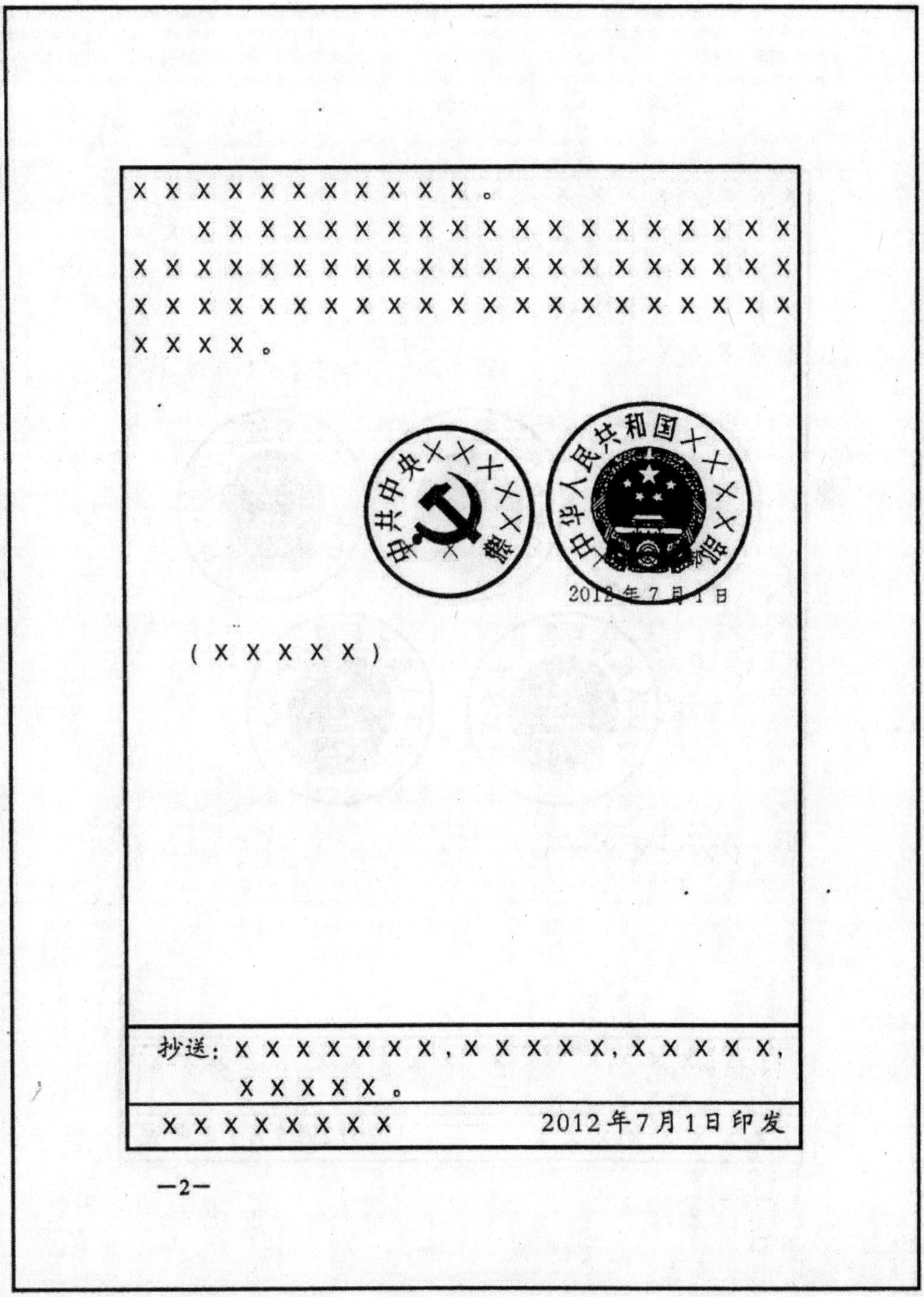

附 录

× × × × × × × × × × ×。
　× × × × × × × × × × × × × × × ×
× × × × × × × × × × × × × × × × ×
× × × ×。

中共中央× × ×　中华人民共和国× × ×
章　　　　　印
2012年7月1日

（× × × × ×）

抄送：× × × × × × × ×，× × × × ×，× × × × ×，
　　　× × × × ×。
× × × × × × × ×　　　　　　　　2012年7月1日印发

—2—

图7　联合行文公文末页版式1

注：版心实线框仅为示意，在印刷公文时并不印出。

 现代公文写作

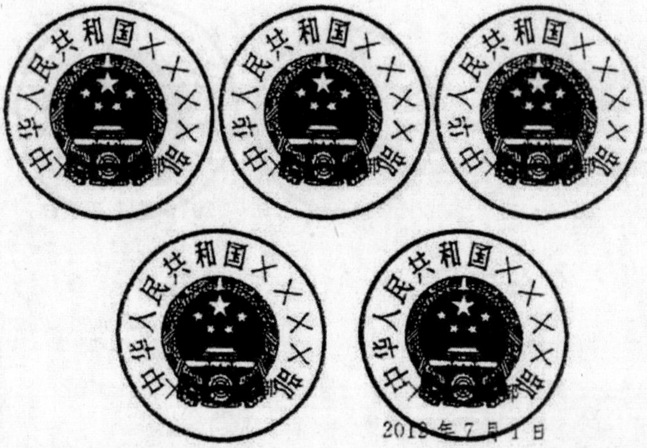

图8 联合行文公文末页版式2

注：版心实线框仅为示意，在印刷公文时并不印出。

附　录

```
××××××××××。
    ××××××××××××××××
××××××××××××××××××××
×××××××××××××××××××
××××。

    附件：1. ××××××××××××××
           ××××
        2. ×××××××××

                    ×××××××
                  ×　×　×　×
              2012 年 7 月 1 日


    （×××××）
```

—2—

图9　附件说明页版式

注：版心实线框仅为示意，在印刷公文时并不印出。

现代公文写作

图10 带附件公文末页版式

注：版心实线框仅为示意，在印刷公文时并不印出。

中华人民共和国×××××部

000001　　　　　　　　　　　×××〔2012〕10号

机　密

特　急

×××××关于××××××的通知

×××××××：
　　××××××××××××××××××
××××××××××××××××××××
××××××××××××××××××××
×××××××××××××××××××。
　　××××××××××××××××××
××××××××××××××××××××
××××××××××××××××××××
×××××××××××××××。
　　××××××××××××××××××
××××××××××××××××××××
××××××××××××××××××××
××××××××××××××××××××
××××××××××××××××××××
××××××××××××××××××××
××××××××××××××××××。

图11　信函格式首页版式

注：版心实线框仅为示意，在印刷公文时并不印出。

 现代公文写作

图 12 命令（令）格式首页版式
注：版心实线框仅为示意，在印刷公文时并不印出。

三、英文书信写作

英文书信大致分为社交信、家信、商业信三大类，此外，还有事务信、公务信以及在报刊发表的公开信等，英文书信格式如下：

1. 信头。指发信人的单位名称、地址、电话号码、电报、电传以及发信日期。

2. 信内地址。按英、美习惯，凡属公务商洽、商业往来信件，必须把收信人姓名和地址重写一次，因为大凡各种业务书信，处理者不止一人，容易发生混淆，所以必须引述。

3. 称呼。收信人的称呼，写在信内地址的下面，空一两行，与信内地址第一行排齐。

4. 事由或标题。事由写在称呼下面两行，一般是在信笺的中间位置。事由以标题形式注明该事的要旨，使对方收发人员看了就可迅速递给经办的人。

5. 信的正文。正文，就是一封信的内容，信写得好与不好，完全取决于正文。

6. 结束语。结束语写在正文下面两三行的位置，大都从信纸中间写起。

7. 签名。写信人署名，位置在结束语下面，偏向纸的右边，无论手写或打字的信，在签署姓名的位置上，必须用墨水亲自签名，以示郑重。

8. 附件。如书信还有附件，应在签名下方左下角注明"附：_____"，附件两件以上可写明份数。

9. 再启。再启部分写在信笺的左下角，补叙遗漏的话，社交书信常以 P.S 缩写形式出现，比较正式的信，最好少用或不用。遗漏的事加在正文内，重新誊抄为妥，否则使人感到写信人过于疏忽。

商业信纸不可放 P.S 二字，因为这里已不是再启的含意，而是指要特别提出的事情。

10. 信封写法。信封左上角写发信人姓名和地址。

收信人姓名、地址要居信封中央（或稍后），上边比下边多空些，斜列式或并列式都可以，但要与信纸里面的地址写法一致。

英文书信写作要注意以下几点：①叙述要完整（Completeness）；②用字要正确（Correctness）；③内容要清楚（Clearness）；④说明要具体（Concreteness）；⑤文章要简洁（Conciseness）；⑥语气要谦恭有礼（Courtesy）。

英文信格式

```
(1)                          信头  Heading
                             _____

引证号码 Ref. No.
日    期 Date
(2) 信内地址 Inside Address
    _____
(3) 称呼 Salutation
(4) 标题 Caption（公务信宜用标题）
(5) 开头语 Opening Sentence
(6) 正文 Body of the Letter
    _____
    _____
(7) 结束语 Closing Sentence
(8) 结尾客套语
                              Complimentary Close
                            (9) 签名 Signature
(10) 附件 Enclosure
```

四、标点符号用法

（中华人民共和国国家标准 GB/T 15834—1995
国家技术监督局 1995 年 12 月 13 日发布，1996 年 6 月 1 日实施）

1. 范围

本标准规定了标点符号的名称、形式和用法。本标准对汉语书写规范有重要的辅助作用。本标准适用于汉语书面语。外语界和科技界也可参考使用。

2. 定义

本标准采用下列定义。

句子　sentence

前后都有停顿，并带有一定的句调，表示相对完整意义的语言单位。

陈述句　declarative sentence

用来说明事实的句子。

祈使句　imperative sentence

用来要求听话人做某件事情的句子。

疑问句　interrogative sentence

用来提出问题的句子。

感叹句　exclamatory sentence

用来抒发某种强烈感情的句子。

复句、分句　complex sentence，clause

意思上有密切联系的小句子组织在一起构成一个大句子。这样的大句子叫复句，复句中的每个小句子叫分句。

词语　expression

词和短语（词组）。词，即最小的能独立运用的语言单位。短语，即由两个或两个以上的词按一定的语法规则组成的表达一定意义的语言单位，也叫词组。

3. 基本规则

3.1　标点符号是辅助文字记录语言的符号，是书面语的有机组成部分，用来表示停顿、语气以及词语的性质和作用。

3.2　常用的标点符号有 16 种，分点号和标号两大类。

点号的作用在于点断，主要表示说话时的停顿和语气。点号又分为句末点号和句内点号。句末点号用在句末，有句号、问号、叹号 3 种，表示句末的停顿，同时表示句子的语气。句内点号用在句内，有逗号、顿号、分号、冒号 4 种，表示句内的各种不同性质的停顿。

标号的作用在于标明，主要标明语句的性质和作用。常用的标号有 9 种，即：引号、括号、破折号、省略号、着重号、连接号、间隔号、书名号和专名号。

4. 用法说明

4.1　句号

4.1.1　句号的形式为"。"。句号还有一种形式，即一个小圆点"."，一般在科技文献中使用。

4.1.2　陈述句末尾的停顿，用句号。例如：

a）北京是中华人民共和国的首都。

b）虚心使人进步，骄傲使人落后。

c）亚洲地域广阔，跨寒、温、热三带，又因各地地形和距离海洋远近不同，气候复杂多样。

4.1.3 语气舒缓的祈使句末尾，也用句号。例如：

请您稍等一下。

4.2 问号

4.2.1 问号的形式为"？"。

4.2.2 疑问句末尾的停顿，用问号。例如：

a）你见过金丝猴吗？

b）他叫什么名字？

c）去好呢，还是不去好？

4.2.3 反问句的末尾，也用问号。例如：

a）难道你还不了解我吗？

b）你怎么能这么说呢？

4.3 叹号

4.3.1 叹号的形式为"！"。

4.3.2 感叹句末尾的停顿，用叹号。例如：

a）为祖国的繁荣昌盛而奋斗！

b）我多么想看看他老人家呀！

4.3.3 语气强烈的祈使句末尾，也用叹号。例如：

a）你给我出去！

b）停止射击！

4.3.4 语气强烈的反问句末尾，也用叹号。例如：

我哪里比得上他呀！

4.4 逗号

4.4.1 逗号的形式为"，"。

4.4.2 句子内部主语与谓语之间如需停顿，用逗号。例如：

我们看得见的星星，绝大多数是恒星。

4.4.3 句子内部动词与宾语之间如需停顿，用逗号。例如：

应该看到，科学需要一个人贡献出毕生的精力。

4.4.4 句子内部状语后边如需停顿，用逗号。例如：

对于这个城市，他并不陌生。

4.4.5 复句内各分句之间的停顿，除了有时要用分号外，都要用逗号。例如：

据说苏州园林有一百多处，我到过的不过十多处。

4.5 顿号

4.5.1 顿号的形式为"、"。

4.5.2 句子内部并列词语之间的停顿，用顿号。例如：

a）亚马逊河、尼罗河、密西西比河和长江是世界四大河流。

b）正方形是四边相等、四角均为直角的四边形。

4.6 分号

4.6.1 分号的形式为"；"。

4.6.2 复句内部并列分句之间的停顿，用分号。例如：

a）语言，人们用来抒情达意；文字，人们用来记言记事。

b）在长江上游，瞿塘峡像一道闸门，峡口险阻；巫峡像一条迂回曲折的画廊，每一曲，每一折，都像一幅绝好的风景画，神奇而秀美；西陵峡水势险恶，处处是急流，处处是险滩。

4.6.3 非并列关系（如转折关系、因果关系等）的多重复句，第一层的前后两部分之间，也用分号。例如：

我国年满十八周岁的公民，不分民族、种族、性别、职业、家庭出身、宗教信仰、教育程度、财产状况、居住期限，都有选举权和被选举权；但是依照法律被剥夺政治权利的人除外。

4.6.4 分行列举的各项之间，也可用分号。例如：

中华人民共和国的行政区域划分如下：

（一）全国分为省、自治区、直辖市；

（二）省、自治区分为自治州、县、自治县、市；

（三）县、自治县分为乡、民族乡、镇。

4.7 冒号

4.7.1 冒号的形式为":"。

4.7.2 用在称呼语后边，表示提起下文。例如：

同志们，朋友们：

现在开会了。……

4.7.3 用在"说、想、是、证明、宣布、指出、透露、例如、如下"等词语后边，表示提起下文。例如：

他十分惊讶地说："啊，原来是你！"

4.7.4 用在总说性话语的后边，表示引起下文的分说。例如：

北京紫禁城有四座城门：午门、神武门、东华门和西华门。

4.7.5 用在需要解释的词语后边，表示引出解释或说明。例如：

外文图书展销会

日期：10 月 20 日至 11 月 10 日

时间：上午 8 时至下午 4 时

地点：北京朝阳区工体东路 16 号

主办单位：中国图书进出口总公司

4.7.6 总括性话语的前边，也可以用冒号，以总结上文。例如：

张华考上了北京大学，在化学系学习；李萍进了中等技术学校，读机械制造专业；我在百货公司当售货员：我们都有光明的前途。

4.8 引号

4.8.1 引号的形式为双引号""""和单引号"''"。

4.8.2 行文中直接引用的话，用引号标示。例如：

a) 爱因斯坦说："想象力比知识更重要，因为知识是有限的，而想象力概括着世界上的一切，推动着进步，并且是知识进化的源泉。"

b) "满招损，谦受益"这句格言，流传到今天至少有两千年了。

c) 现代画家徐悲鸿笔下的马，正如有的评论家所说的那样："神形兼备，充满生机"。

4.8.3 需要着重论述的对象，用引号标示。例如：

古人对于写文章有个基本要求，叫做"有物有序"。"有物"就是要有内容，"有序"就是要有条理。

4.8.4 具有特殊含意的词语，也用引号标示。例如：

a) 从山脚向上望，只见火把排成许多"之"字形，一直连到天上，跟星光接起来，分不出是火把还是星星。

b) 这样的"聪明人"还是少一点好。

4.8.5 引号里面还要用引号时,外面一层用双引号,里面一层用单引号。例如:

他站起来问:"老师,'有条不紊'的'紊'是什么意思?"

4.9 括号

4.9.1 括号常用的形式是圆括号"()"。此外还有方括号"[]"、六角括号"〔〕"和方头括号"【】"。

4.9.2 行文中注释性的文字,用括号标明。注释句子里某种词语的,括注紧贴在被注释词语之后;注释整个句子的,括注放在句末标点之后。例如:

a) 中国猿人(全名为"中国猿人北京种",或简称"北京人")在我国的发现,是对古人类学的一个重大贡献。

b) 写研究性文章跟文学创作不同,不能摊开稿纸"即兴"(其实文学创作也要有素养才能有"即兴"。)

4.10 破折号

4.10.1 破折号的形式为"——"。

4.10.2 行文中解释说明的语句,用破折号标明。例如:

a) 迈进金黄色的大门,穿过宽阔的风门厅和衣帽厅,就到了大会堂建筑的枢纽部分——中央大厅。

b) 为了全国人民——当然也包括自己在内——的幸福,我们每一个人都要兢兢业业,努力工作。

4.10.3 话题突然转变,用破折号标明。例如:

"今天好热啊!——你什么时候去上海?"张强对刚刚进门的小王说。

4.10.4 声音延长,象声词后用破折号。例如:

"呜——"火车开动了。

4.10.5 事项列举分承,各项之前用破折号。例如:

根据研究对象的不同,环境物理学分为以下五个分支学科:

——环境声学;

——环境光学;

——环境热学;

——环境电磁学;

——环境空气动力学。

4.11 省略号

4.11.1 省略号的形式为"……",六个小圆点,占两个字的位置。如果是整段文章或诗行的省略,可以使用十二个小圆点来表示。

4.11.2 引文的省略,用省略号标明。例如:

她轻轻地哼起了《摇篮曲》:"月儿明,风儿静,树叶儿遮窗棂啊……"

4.11.3 列举的省略,用省略号标明。例如:

在广州的花市上,牡丹、吊钟、水仙、梅花、菊花、山茶、墨兰……春秋冬三季的鲜花都挤到一起啦!

4.11.4 话断断续续,可以用省略号标示。例如:

"我……对不起……大家,我……没有……完成……任务。"

4.12 着重号

4.12.1 着重号的形式为"."。

4.12.2 要求读者特别注意的字、词、句,用着重号标明。例如:

事业是干出来的，不是吹出来的。

4.13 连接号

4.13.1 连接号的形式为"—"，占一个字的位置。连接号还有另外三种形式，即长横"——"（占两个字的长度）、半字线"-"（占半个字的长度）和浪纹"～"（占一个字的长度）。

4.13.2 两个相关的名词构成一个意义单位，中间用连接号。例如：

a) 我国秦岭—淮河以北地区属于温带季风气候区，夏季高温多雨，冬季寒冷干燥。

b) 复方氯化钠注射液，也称任—洛二氏溶液（Ringer Locke solution），用于医疗和哺乳动物生理学实验。

4.13.3 相关的时间、地点或数目之间连接号，表示起止。例如：

a) 鲁迅（1881—1936），中国现代伟大的文学家、思想家和革命家。原名周树人，字豫才，浙江绍兴人。

b) "北京——广州"直达快车。

c) 梨园乡种植的巨峰葡萄今年已经进入了丰产期，亩产 1000 公斤～1500 公斤。

4.13.4 相关的字母、阿拉伯数字等之间，用连接号，表示产品型号。例如：

在太平洋地区，除了已建成投入使用的 HAW-4 和 TPC-3 海底光缆之外，又有 TPC-4 海底光缆投入运营。

4.13.5 几个相关的项目表示递进式发展，中间用连接号。例如：

人类的发展可以分为古猿—猿人—古人—新人这四个阶段。

4.14 间隔号

4.14.1 间隔号的形式为"·"。

4.14.2 外国人和某些少数民族人名内各部分的分界，用间隔号标示。例如：

列奥纳多·达·芬奇

爱新觉罗·努尔哈赤

4.14.3 书名与篇（章、卷）名之间的分界，用间隔号标示。例如：

《中国大百科全书·物理学》

《三国志·蜀志·诸葛亮传》

4.15 书名号

4.15.1 书名号的形式为双书名号"《》"和单书名号"〈〉"。

4.15.2 歌曲名、书名、篇名、报纸名、刊物名等，用书名号标示。例如：

a)《红楼梦》的作者是曹雪芹。

b) 你读过鲁迅的《孔乙己》吗？

c) 他的文章在《人民日报》上发表了。

d) 桌上放着一本《中国语文》。

4.15.3 书名号里边还要用书名号时，外面一层用双书名号，里边一层用单书名号。例如：

《〈中国工人〉发刊词》发表于 1940 年 2 月 7 日。

4.16 专名号

4.16.1 专名号的形式为"＿＿"。

4.16.2 人名、地名、朝代名等专名下面，用专名号标示。例如：

司马相如者，汉蜀郡成都人也，字长卿。

4.16.3 专名号只用在古籍或某些文史著作里面。为了跟专名号配合，这类著作里的书名号可以用浪线"﹏﹏"。例如：

屈原放逐，乃赋离骚，左丘失明，厥有国语。

5. 标点符号的位置

5.1 句号、问号、叹号、逗号、顿号、分号和冒号一般占一个字的位置，居左偏下，不出现在一行之首。

5.2 引号、括号、书名号的前一半不出现在一行之末，后一半不出现在一行之首。

5.3 破折号和省略号都占两个字的位置，中间不能断开。连接号和间隔号一般占一个字的位置。这四种符号上下居中。

5.4 着重号、专名号和浪线式书名号标在字的下边，可以随字移行。

6. 直行文稿与横行文稿使用标点符号的不同

6.1 句号、问号、叹号、逗号、顿号、分号和冒号放在字下偏右。

6.2 破折号、省略号、连接号和间隔号放在字下居中。

6.3 引号改用双引号"『 』"和单引号"「 」"。

6.4 着重号标在字的右侧，专名号和浪线式书名号标在字的左侧。

综合训练参考答案

综合训练一

一、单选题

1. A 2. D 3. A 4. C 5. A 6. C 7. B 8. D 9. D 10. D
11. B 12. D 13. D 14. A 15. A 16. B 17. D 18. B 19. B 20. C
21. C 22. B 23. C 24. C 25. C 26. C 27. D 28. B 29. C 30. C
31. C 32. A 33. A 34. B 35. A 36. A 37. A 38. B 39. C 40. B
41. D 42. B 43. B 44. B 45. C 46. A 47. B 48. A 49. B 50. B
51. D 52. C 53. C 54. B 55. C 56. A 57. C 58. A 59. C 60. A
61. A 62. D 63. C 64. B 65. A 66. C 67. D 68. A 69. C 70. B
71. A 72. C 73. B 74. C 75. C 76. A 77. C 78. B 79. A 80. C
81. A 82. D 83. D 84. A

二、多选题

1. AB 2. ABCD 3. AC 4. AC 5. ABD 6. AC 7. BCD
8. BC 9. ACD 10. AD 11. ACD 12. AD 13. ABCD 14. BD
15. AD 16. ACD 17. BC 18. ABD 19. BD 20. AB 21. ABC
22. AD 23. BD 24. ABD 25. BD 26. ABCD 27. BCD 28. ACD
29. ACD 30. CD 31. BC 32. AB 33. ABCD 34. ABCD 35. AD
36. 下行文：①②③④⑦ 上行文：⑤⑧ 平行文：⑥
37. ABD 38. ABCD 39. ABCD 40. ABCD 41. ABCD 42. ABD
43. ABCD 44. ABCD 45. ABC 46. ABC 47. ABC 48. ABC
49. ABC 50. ABC 51. AB

三、评改题

1. （1）"机构"前加"关于"。

（2）删去"请求"与"报告"。

（3）改"报告"为"请示"。

（4）"关于"后加"严禁"或"杜绝"。

2. （1）版头文件名称不规范，应改为"××市人民政府文件"。

（2）发文字号不规范，应改为"×府发〔2008〕21号"。

（3）紧急程度应顶格标在版心右上角第1行，"紧急"应改为"加急"或"特急"，不加括号。

（4）事由前缺"关于"。

（5）正文前缺主送机关。

（6）正文"一些地方"用词含糊不清。

（7）附件应列出标题。
（8）发文机关应加印章。
（9）"报"、"送"应改为"抄送"。
（10）印发机关与印发时间应对调位置，"印"字后应加"发"。
（11）"共印 500 份"上应用一横线隔开。

综合训练二

一、单选题

1．A　　2．C　　3．A　　4．C　　5．A

二、多选题

1．CD　　　2．BCD

三、评改题

该嘉奖令的主要毛病是：

1．省以下的行政机关不能用嘉奖令行文。

2．该嘉奖令本身的主要毛病是：

（1）标题不规范，应使用完全式标题。

（2）嘉奖内容不具体。

（3）正文内容残缺，应写上号召和要求；应写明×××化工厂哪年实现安全生产年，否则会影响本文的严肃性和真实性。

【修改稿】

××市人民政府
对市×××化工厂实现安全生产年的表彰通报

　　市×××化工厂采取有力措施，切实贯彻《安全生产条例》，建立安全生产岗位责任制，××××年实现全年无生产事故，成为我市第一个安全生产优秀企业。为此，市政府决定对×××化工厂通报表扬，奖给锦旗一面，奖金×××××元。

　　市政府号召全市厂矿企业以×××化工厂为榜样，层层建立健全安全生产岗位责任制，扎扎实实抓好安全生产，争创安全生产年企业，把我市安全生产推上一个新台阶。

××市人民政府（印章）
××××年×月××日

四、作文题

××省人民政府令
（第××号）

　　《××省城市公共安全与卫生管理规定》已于 2006 年 7 月 24 日××省人民政府第 12 次常务会议上通过，现予公布，自 2006 年 8 月 1 日起施行。

××省省长　×××
××××年××月××日

综合训练三

一、单选题

1. A　　2. A　　3. D　　4. B　　5. A　　6. D

二、多选题

1. AD　　2. ABD　　3. CD　　4. ABC　　5. AD　　6. ACD
7. BCD　　8. ABC　　9. ACD　　10. BC　　11. AC　　12. CD

三、评改题

1. 文种应改为"函"。

2. 发文原由应先写目的，后写根据。

3. 多处语病：①"畅销"应为"推销"；②"进行欺骗群众"应删去"进行"或"群众"；③"违反"应为"违犯"；④"对××县杨林尾缝纫机厂使用牡丹牌商标，责其停止生产"，语义不明。

4. 标点不当。

5. 缺主送机关。

6. 缺结束语。

【修改稿】

关于对××省××县杨林尾缝纫机厂
侵犯天津缝纫机厂牡丹牌注册商标行为进行处理的建议函

××县工商行政管理局：

××省××县杨林尾缝纫机厂擅自使用天津缝纫机厂牡丹牌注册商标，经协商××省××县工商行政管理局查处此案。××县杨林尾缝纫机厂擅自使用天津缝纫机厂牡丹牌注册商标，推销自己的产品，欺骗群众，以期谋利，侵犯了商标使用权，违犯了商标法。为了维护商标专用权，维护名牌产品信誉，根据《中华人民共和国商标法》第三十八条第一款和第三十九条的规定，建议责令其停止使用牡丹牌商标生产缝纫机，所查封牡丹牌贴花予以全部销毁，并公开在《人民日报》上检讨其错误，以挽回影响。

专此函达。

天津市东郊区
工商行政管理局
××××年×月×日
（印章）

主题词：工商　侵犯　注册　商标　函

四、作文题

1.　　　××市人民政府关于撤销五个"文明单位"称号的决定

(××××年×月×日)

据查,被市政府命名的五个"文明单位",由于放松管理和教育,出现许多问题,并造成不良社会影响。经市政府办公会议研究决定,撤销其"文明单位"称号。这五个单位是:(以下略)

2. **国务院关于提请审议**
《中华人民共和国国旗法(草案)》的议案

全国人民代表大会常务委员会:

为了维护国家的主权和尊严,增强公民的国家观念和主权意识,国务院法制局通过广泛征求意见和调查研究,起草了《中华人民共和国国旗法(草案)》。这个草案已经国务院常务会议讨论通过,现提请审议。

国务院总理 李鹏
1990年2月6日

综合训练四

一、单选题

1. A 2. D 3. A 4. C 5. C 6. C
7. C 8. A 9. B 10. A 11. C 12. C

二、多选题

1. ABC 2. ABC 3. ACD 4. BCD 5. ABC 6. ABC
7. CD 8. CD 9. ABCD 10. BCD 11. ACD 12. ACD

三、评改题

1. (1)"转发"改"批转"

(2)"批转"改"转发"

(3)删去"关于","印发"改为"转发"

(4)删去"关于","转发"改为"印发"

(5)删去"关于","批转"改为"转发"

(6)删去"转发省劳动局、省人事局、省财政厅、省总工会'关于'"及标题末尾的"的通知",改为:转发劳动部、人事部、财政部、国家总工会《关于发给离退休人员生活补贴费》的通知

(7)改为:转发财政部《关于重申不得将国家资金转入银行储蓄的通知》

2. 该文的主要毛病是:

(1)标题不规范,应由事由和文种组成。

(2)缺文号。

(3)主送机关应标题全称。

(4)引文不规范。

(5)"感谢……热望"属动宾不搭配。

(6)"我省有意与贵省开展经济技术合作已久"属语义表达不当。

271

（7）个别标点不当。
（8）"拟定"应改为"拟于"。
（9）"十月"应改为"10月份"。
（10）"主管经贸工作的副省长"前应加"由我省"。
（11）"访问"应改为"商洽"或"洽谈"。
（12）文尾应加一句"届时将电告"。
（13）应另起一行加结语"特此函复"。

【修改稿】

×府办函〔2005〕×号

关于开展经济技术合作的复函

××省人民政府办公厅：

你省《关于开展经济技术合作的函》（×府办函〔2005〕×号）收悉。感谢贵省政府领导的盛情邀请。与贵省开展经济技术合作我们盼望已久，但目前前往确有困难。拟于10月份或晚些时候，由我省主管经贸工作的副省长前往洽谈。届时将电告。

3. 该文的主要毛病是：

（1）通知事项不明。
（2）语言啰唆。

【修改稿】

标题（参阅原文）

开头（参阅原文）

通知事项：

一、凡本校教职工、学生均可参加。

二、参加活动必须排队，不得在队列中故意拥挤。

三、爱护一切活动器械，严禁私自挪用。

以上有关事项，请大家自觉遵守。违者将给予校纪处分。

××学校
教师节游园活动筹备组（章）
××××年×月×日

四、作文题

（请学员自己练习）

综合训练五

一、单选题

1. A   2. C   3. A   4. A   5. A   6. A   7. B

二、多选题

1. BC   2. BC   3. CD   4. AB   5. AC   6. ABD

7. AB 8. BCD 9. ACD 10. ABCD

三、评改题

1. 该文的主要毛病是：

(1) 错用文种。

(2) 语言欠简。

(3) 语序不当。

(4) 结束语应另起一行。

【修改稿】

××省交通厅通告

为了加强我省公路运输管理，建立良好的运输秩序，保护合法经营，保障货主和旅客的正当利益，经省人民政府批准，凡在我省从事营业性公路客、货运输的单位和个人，都应持工商营业执照和机动车行驶证，于二〇〇四年五月三十一日前到车籍所在的市、县、交通运输管理部门办理营运登记手续。

××××年×月×日
（印章）

2.

【修改稿】

××市×区工商行政管理局通告

根据《工业登记管理暂行规定》，我局对我区姚渡商贸公司进行了清理，发现其违法经营情况严重。经过清理已于 1990 年 12 月 11 日正式宣布注销其营业执照，并已通知全省各地工商行政管理部门。现发现该公司主要负责人继续以原公司名义从事非法经营活动。为此，我局再次通告：××区姚渡商贸公司从事非法经营，已撤销营业执照。任何人所持原××姚渡商贸公司营业执照（包括营业执照副本）、印章、介绍信、名片等一律无效。发现使用上述无效证件者（包括使用上述证件、文件的复印件），请将使用者及其证件、文件扣留，交我局处理。

特此通告。

××××年×月×日
（印章）

四、作文题

1.

××县教育局　　　通告
××县公安局

近来，有些学校经常遭到来自社会上某些不法分子的袭扰和冲击，使学校师生的安

全受到威胁,设备受到破坏。为了维护正常的教学秩序,保护师生员工人身安全,特通告如下:

一、不经学校允许,无关人员不得随意进出学校,更不准以任何借口无理取闹。对那些不听劝告、寻衅滋事、蓄意侮辱欺凌和殴打师生员工的不法分子,要严肃处理;对侵入学校打架聚众斗殴、酗酒、赌博、进行流氓犯罪活动,危害师生员工人身安全和严重破坏学校秩序的犯罪分子,要根据我国《刑法》和《治安管理处罚条例》等有关法令予以处罚。

二、任何单位和个人不准任意侵占学校土地、校舍、操场以及附属设施。过去遗留的土地财物纠纷,由有关部门按正当手续解决。

三、任何单位和个人不准在校园内放牧、取土、种植或占用学校操场搞其他活动;严禁将易燃易爆物品带入学校,各种商贩不得进入校园或在学校门口摆摊叫卖;学校附近不得设置农副产品贸易市场,以免影响教学秩序。

特此通告。

×××× 年 × 月 × 日
（印章）

2.

××市公安局通告

经市人民政府批准,××市物资交流会于2004年×月×日至×月×日在文化公园举办。为了保证商品展区交通畅道和群众安全,特通告如下:

在交流会期间,××街线路自每日上午9日起至下午5时,禁止一切车辆通行（特殊经允许的除外）,下午5时至次日上午,非机动车可以通行。

特此通知。

×××× 年 × 月 × 日
（印章）

综合训练六

一、单选题
1. B 2. B 3. D 4. D 5. B 6. B 7. B 8. D
9. D 10. A 11. B 12. C 13. D 14. A 15. D 16. C
17. B 18. A 19. B 20. C 21. C 22. A 23. C 24. B
25. A

二、多选题
1. CD 2. CD 3. BCD 4. AB 5. ABC 6. ABCD
7. AB 8. ABC 9. BCD 10. BC 11. BD 12. ABC

13. AC　　14. ACD　　15. CD　　16. ACD　　17. AC　　18. ABCD

三、评改题

1. 该文的主要毛病是：

（1）标题不规范。

（2）正文结构不合理，内容遗缺，标点有误。

（3）缺附件。

（4）发文机关未加盖印章。

【修改稿】

×宣发〔1990〕×号

关于同意张××因病提前离休的请示

市委：

我部副部长张××同志，男，1931年10月26日出生，1947年5月参加革命工作。该同志将于1991年10月26日满60岁。现因病不能坚持工作，其本人申请提前离休。根据干部离退休有关规定，经研究，拟同意该同志从1990年4月1日起离休。

当否，请批示。

附件：1.《申请书》1份
　　　2.《病情证明》1份

中共××市委宣传部
1990年3月2日
（印章）

2. 该文的主要毛病是：

（1）标题不规范。

（2）结构不合理，标点有误。

（3）时间不确切。

（4）"等"字使用不当。

（5）未交代费用。

（6）缺附件。

（7）请求语不当。

【修改稿】

关于我地区×××等副厅级领导干部出访日本的请示

省府：

我地区×××、×××、×××三名副厅级领导干部，应日本×××协会邀请，将于今年10月份赴日本参加×××艺术交流活动。在日时间为×天，外汇自行解决。经地委、地区行署研究，拟同意他们出访。

可否，请批示。

附件：《日本邀请函》1件

××地区行政公署
××××年×月×日
（印章）

主题词：外事 日本 出访 请示

3. 该文主要毛病是：
（1）标题不规范，事由表达不清，文种错用。
（2）引叙来文不规范。
（3）复函理由不当。
（4）结束语不当。
（5）缺抄送机关。
（6）标点不当。
（7）缺文号。

【修改稿】

×税函〔19××〕×号

关于不同意×××厂申请免征房产税问题的复函

×××厂：

你厂《关于申请免征1987年6—12月至1988年1—6月房产税的函》（××函〔19××〕×号）收悉。根据《×××××××征收房产税的规定》（××发〔19××〕×号）第×条规定，你厂1987年1—6月应交的房产税2796元不能免征，请如数缴交。特此函复。

××市税务局（印章）
××××年×月×日

4. 该文的主要错误有七：
（1）标题不规范。
（2）缺发文字号。
（3）缺主送机关。
（4）正文有多处错误，如语义重复，未贯彻"一文一事"原则，等等。
（5）签署未加盖印章。
（6）成文日期未写全。

【修改稿】

干培〔××××〕×号　　签发人：×××

关于申购高档计算机设备的请示

××××：

为了提高工作效率，把培训中心的工作推上一个新阶段，特申请拨款××万元，以为急购××台高档计算机设备之用。

可否，请批准。

×　×干部培训中心（印章）
×××	×年×月×日

四、作文题

（请学员自己练习）

综合训练七

一、单选题

1. D　　2. D　　3. D　　4. A　　5. A　　6. D　　7. B

二、多选题

1. ABD　　2. BC　　3. CD　　4. ABCD　　5. BCD

三、评改题

1. 该计划前言的主要毛病是：

（1）对基本情况和介绍语言不精练，且未说清楚。

（2）指导思想只是提到了总行的要求，且未说明确。

（3）办班的学习时间与招生对象不该放在前言部分。

【修改稿】

为使我行越来越多的青年职工尽快提高文化水平，以便更好地发挥其业务骨干作用，根据中国人民银行总行的指示精神，我们开办了这期中专文化学习班。现将教学计划安排如下：（略）

2. 该文的主要毛病是：

（1）标题事由空泛，文种错用。

（2）多头主送。

（3）表述不统一。

（4）缺请求语。

（5）发文机关缺印章。

（6）缺文号。

【修改稿】

　　　　　　　　　　　　　　　　　　　　　×财政〔××××〕×号

关于联合国H先生在S市活动日程及接待工作安排的请示

财政部：

　　根据财政部财审字〔20××〕××号的通知精神，经与×××省外事办公室共同研究，现将联合国×部×司副部长H先生及其夫人、子女一行4人，在S市访问期间的活动日程及我方接待工作安排如下：

　　一、日程安排。9月23日（星期日）外宾由C州乘×次列车21：01抵达S市后，安排在S饭店住宿。9月24日（星期一）7：30将请外宾去南郊风景区游览，然后直接到机场乘××时××分起飞的班机去北京。

　　二、接待工作安排。外宾抵达，离开S市和去南郊游览时，都由我厅办公室副主任××同志负责迎送和陪同。

　　三、费用安排。外宾在S市期间的食宿费、交通费均由财政部结算。

　　当否，请审核。

　　　　　　　　　　　　　　　　　　　　　××省××厅（印章）
　　　　　　　　　　　　　　　　　　　　　×××年×月×日

抄送：省外事办公室，省府办公室、财办、公安厅、S市公安局、C州外办

3.【修改稿】

××汽车队8月行政工作计划

　　根据省交通厅党委扩大会议和安全电话会议精神，以及省汽车公司第三季度重点工作安排，在本月内，必须以提高车辆检修质量，保证行车安全为中心，开展比学、赶、帮竞赛；学好标准化作业；练好基本功；抓好培训工作，使职工业务技术水平在现有基础上进一步提高，要求达到生产技术过硬职工总人数的70％，车辆的完好率达95％，减少事故。为迎接今冬运输旺季做准备。为完成上述任务，要做好以下工作。

　　4.（1）改为"规划"。

　　（2）改为"安排"。

　　（3）改为"打算"。

　　四、作文题

　　（略）

综合训练八

一、单选题

1. D　2. A　3. C　4. A　5. B　6. D　7. C　8. D
9. C　10. A　11. D

二、多选题

1. BC　2. ABC　3. AD

三、作文题

（让学员自己练习）

综合训练九

一、单选题

1. C   2. C

二、改错题

1. 两个逗号均改为顿号。

2. 破折号改为冒号，两个分号均改为顿号，删去省略号。

3. 句号放在引号内。

4. 逗号改为句号，引号改书名号，顿号改分号，删去破折号，"广积粮、高筑墙、缓称王"后之顿号改分号，删去"等等"及其句号，逗号改顿号。

5. 两对引号宜删去，顿号改逗号，中间的句号改逗号。

综合训练十

评改题

该篇大事记的主要毛病是未做到客观纪实，而加了评论和具体描写。

【修改稿】

大事记

3月3日，县长×××等领导人在县政协会议室接见本县旅台同胞回来探亲的×××、××，并设午宴招待了他们。

5月5日，县政府召开各乡镇主要负责人及有关部门领导参加的会议，决定在全县开展物价大检查活动。

9月9日，上午8时阳河大桥发生严重塞车事件，导致东、西、南三条交通线受阻。县交通、交警、公安等部门，立即动员，出动了数十人奔赴现场指挥交通。到下午4时，各路车辆才缓慢通过大桥。交警、公安部门的行动得到广大市民的赞扬。

综合训练十一

一、多选题

1. ABCD   2. ABCD

二、评析题

（请学员自己练习）

综合训练十二

作文题

（请学员自己练习）

综合训练十三

作文题
（请学员自己练习）

综合训练十四

一、单选题
1. B   2. A   3. D
二、多选题
1. BCD   2. AB   3. ABCD   4. ABC   5. CD   6. CD   7. BCD
三、作文题
（请学员自己练习）

综合训练十五

作文题
（请学员自己练习）

综合训练十六

多选题
ABCD

综合训练十七

一、多选题
1. ABC   2. ABC   3. ABCD   4. ABC
二、评改题
其主要毛病是：
1. 开头。
（1）未注明时间。
（2）不能历数成绩而不反映意见。
（3）文字欠精练。
2. 正文。每条均有语病。

【修改稿】

××区代表对××区城市建设的几点建议

×月×日，代表们在审议政府工作报告时，对市政府近年来为×市区人民办了很多实事表示感激。同时提出如下建议：

一、解决某市区体育场问题

×市区拥有20万人口，没有一个体育场，直接制约着该区群众体育的发展。连开展一些小型比赛，也要到中市区、西市区租用场地。群众对此意见很大，强烈要求市政府尽快予以解决。建议把已废的××路垃圾堆放场（约20亩地面积）划归我区，改建为体育场。

二、扩建、改造×区金大塘菜市场

×区金大塘菜市场承担着周围七八万人的副食品供应任务。但由于场地狭小，菜市场的基本设施比较缺乏，晴天臭烘烘，雨天便成了烂泥坑。不仅买卖不方便，还影响市场整洁，危害人们健康。要求市政府将金大塘菜市场列入今年全市的菜场扩建、改造计划。

三、重修××路

××路长300多米，由于年久失修，路况欠佳。雨天，泥泞半尺深；夏天，臭气熏人，行人怨声载道。周围群众讥之为三星级的"龙须沟"。

区第九、十、十一届人大代表向有关方面反映，要求重修此路，但至今未有反响。附近2万多居民为此强烈呼吁，请市政府拨款30万元修一条宽10米左右的水泥路。

三、作文题

（请学员自己练习）

综合训练十八

一、多选题

1. ACD   2. AB   3. ABCD   4. ABC

二、评改题

（1）"对"改为"能使"，"有"改为"保持"。

（2）删去"之一"或把"第一家"改为"批"。

（3）"有正确"改为"能准确"，删去"能"和"性"，"以达到"改为"从而使"，"视力"后加"得到"，末尾的"的效果"三个字宜删。

（4）"需求量"后加"大"字和逗号，"是"前加"二素"生产，"项"改为"条"，"技术标准"改为"质量保证"，"收购价格"改为"规定"，"标准"前加"技术"二字。

（5）"解决"改为"使"。

（6）改为：本品……实为预防和治疗心脑血管之最新的良药。

（7）"均"后加"为"。

（8）从一般消遣到正规演奏，具有丰富多彩产品系列的 CA 510 电子琴均为能胜任。

（9）"潜力"后加"是"，删去"只是"，"在于"与"关键"位置对调，删去"才"字。

（10）改为……备有丰富机种，且售价便宜，无论是家庭，或是正式教学，还是职业乐团，这种乐器均可满足要求，按照需要，自由选用。

（11）改为：目前，能迅速完成黑白、彩色片的显影、印相和后处理的自动化2型系统已研制成功。该系统质量稳定，操作简单，是最新的研究室用自动化系统。

（12）"誉"字改为"幸"字。

（13）"本品"后加"具有"或删去"等优点"。

（14）末尾"使用"宜删。

（15）末尾加"的称号"。

（16）"产品"调至"被"前。

（17）句末加"的能力"或将"具有"改为"能够"。

（18）"业"改为"门"。

（19）"代维合同"是滥用简称，应改为"代理维修合同"。

（20）"产品"前加"以"字。

（21）"报纸或书刊"改为"书报"。

（22）删去"寿糕盒"和"月饼盒"。

（23）"各级"前加"农业院校师生和"，并删去"院校师生"及其前面的顿号。

（24）删去"荆棘"及其前面的顿号。

（25）"大"改为"先进"，"厂家"改为"一条生产线"。

（26）"制作"后加"的"。

综合训练十九

一、单选题

1. D　2. B　3. C　4. C　5. A　6. C　7. D

二、评改题

1.【修改稿】

为了加强税收征收管理，充分发挥税收调节经济的杠杆作用，保障国家税收法规、政策的贯彻实施，确保国家财政收入，促进经济体制改革和国家经济协调发展，特制定本条例。

2.【修改稿】

××××学院汽车使用管理暂行办法

为了加强汽车管理，保证院领导因公和职工因急事用车，特制定本办法。

车辆的使用范围及办法

（一）院级领导（包括正副院长、正副书记、顾问）13级以上处级干部、4级以上正副教授因公外出时，由院长办公室或本人直接通知车队。

（二）处级干部（包括正副处长、正副系主任及同级干部）外出，一般不派车。如因急事或交通不便，经主管副院长批准由车队酌情派车。

（三）一般干部、教员外出，在10人以下或10公里以内者，不派车。10人以上其路程在10公里以上者，经主管院长批准可派车。

三、作文题

借书规则

一、开放时间：每天上午 8：30—11：30，下午 2：30—5：30。

二、凭本人借书证借书，不得使用别人的借书证。

三、学生每人每次可借 5 册，教师每人每次可借 10 册。

四、借书期限：每次不得超过两星期。

五、损坏或遗失图书，按原价加倍赔偿。

六、重要图书，仅供在馆内阅览，概不外借。

七、本规则自公布之日起实施。

××中学图书馆（印章）
××××年×月×日

综合训练二十

一、单选题

D

二、作文题

（请学员自己练习）

综合训练二十一

一、多选题

1. ABCD　　　2. CD

二、评改题

1. 主要毛病是：

（1）标题不能用动词性词语，不礼貌。

（2）称谓后直接写正文，不规范。

（3）请假原因不清楚，理由不充分。

（4）署名与日期顺序颠倒，格式不符。

2. 主要毛病是：

（1）未写清向谁借的款。

（2）金额数字要大写"元"后要写上"整"字。

（3）归还时间应写具体。

（4）要写明具体日期。

3. 主要毛病是：

（1）无标题。应写上标题"欠条"。

（2）金额书写不规范。金额应大写。

（3）未写明欠款原因。应写明："原借黄向东肆佰伍拾元，今已还款贰佰元，尚欠贰佰伍拾元整，一周内还清。"

283

三、作文题

（请学员自己练习）

综合训练二十二

评改题

正文第二段语言啰唆，标点不当。从全文看，语言均欠简明扼要。

综合训练二十三

一、单选题

1. B   2. B

二、多选题

1. AD   2. BD

三、评改题

1. 开头一段的"是否"宜删，改用肯定语气。

（1）"过期浪费"与"积压"语义重复，可删去"积压"。

（2）"指定医院"与"矿医院"宜互调位置，才符合逻辑。

（3）"其余由父母任一方报销"宜删。

（4）"的报销单上"宜删，否则会造成歧义。

（5）"负担多少，视其具体情况而定"宜删，否则，标准不明，无法执行。

2. ①关于标题，应在单位名称后加年度。

② "认真"前加"我厂"，另外，"效益"前应加限定词"经济"。

③ "主要经济指标均创历史最高水平"之前应将文中（二）、（三）两项调入，作为情况叙述。

④文中1、2两点原因不能和3、4、5、6点并列，用1、2两点是说增加利润的原因，其他各点是说减少利润的原因。行文上，1、2两点不应另起行，而应紧接在"主要原因"之后，用"一是……二是……"表述。

⑤3、4、5、6点前应有一句过渡语"也有一些因素使利润减少"，而与1、2点衔接，不用另起行。4、5点中的"因……而"与上文重复，宜删。

⑥ "（一）"应删去。

⑦第1点放置2、3点后，因为应先说成本上升的主要原因。

⑧第2、3两点应置于1点之前，将2、3改为1、2。接着谈第1点内容，要加上"也有一些项目的可比产品成本降低，如……"。

⑨⑩去掉序号"（二）"、"（三）"，将内容提到天头段。

⑪ "生产能力提高"是有利条件，而非"不利条件"。

⑫ "跨进……水平"不通，改为"达到……水平"。

⑬ "总额"后宜加"计"字。

⑭结尾段宜删去，增加"改进措施"。具体可提以下三点：

（一）挖掘企业潜力，降低成本。降低物资消耗，尤其是原料和燃料的消耗，努力提高工艺技术水平,降低材料单耗。

(二)继续抓好资金管理工作,完善三级承包责任制。年终,对资金使用节余的车间和部门根据资金管理条例给予结算兑现。

(三)加强煤厂管理工作,提高原材料的成品率,减少煤耗和煤厂费用开支。

四、作文题

(请学员自己练习)

综合训练二十四

一、单选题

1. C　　2. A　　3. A

二、多选题

1. ABCD　　2. ABD　　3. BD

三、评改题

1. 材料1应放在开头处,以揭示全文的主要矛盾。

2. 材料4应加在原文第一段的"但是"之前,以做根据,使预测有说服力。

3. 材料2应放在原文"二"中的"这种'万国牌'……"之前。

4. 材料3应放在结尾处。

四、作文题(提示)

全国照相机产销预测

一、产销情况

首先用材料3,接着用材料7,最后用材料1,后加"但是,现有产量仍不能满足市场需要"这样一句话。

二、预测

近年来,我国人民的物质文化生活水平有了较大提高,对照相机的需求日益增多。为了使照相机的生产、销售与需求协调发展,现对今后几年全国照相机的产需趋势做出如下预测。

1. 现有产量尚不能满足市场需求。

先用材料9,接着用材料4,再用材料5说明。

2. 购买对象仍以城市职工为主。

先用材料6,接着用材料8,另起一段用材料2说明。

三、问题与建议

随着我国经济的不断发展,人民生活水平的日益提高,对照相机的需求愈加强烈。因此,照相机工业是很有前途的行业。但从目前产销现状来看,仍存在不少问题,需要不断研究并加以解决。

1. 要加强分工协作,搞好配套生产。(略)

2. 首先要按国家市场需要,发展照相机生产。(略)

3. 要增设经销网点,加强售后服务。(略)

综合训练二十五

一、单选题

1. B　　2. D　　3. C　　4. C　　5. B　　6. B　　7. B　　8. B

二、多选题

1. ACD　　2. ABC

三、评改题

本合同主要存在以下三大问题：

1. 主体不合法。签订合同的双方当事人都是单位内中的职能部门，不具备法人资格。

2. 撰写不合格。如标题笼统，未标明合同性质；正文中缺少违约责任的条款。

3. 文字表达不准确。如标的履行期限、履行方式语言含混，存有漏洞，给合同履行带来很多麻烦。

【修改稿】

建筑承包合同

立合同单位：　××××局（甲方）
　　　　　　　××县建筑公司（乙方）

为扩大商品储存量，促进商品购销，××××局决定在××厂新建一座大型仓库。经双方充分协商，订立以下条款，以资共同恪守。

一、甲方委托乙方建造大型仓库一座，由乙方按照甲方提供的设计图纸（附件一）建造。

二、乙方包工包料，全部建造费为人民币陆拾陆万叁仟元整。建筑材料按双方协议标准筹备（附件二）。

三、甲方在××××年×月×日前搞好场地三通一平工作。

四、工期：从××××年×月×日开始至××××年×月×日结束。

五、甲方在订立合同三周内先付给乙方全部建造费的百分之七十。其余百分之三十在仓库建成验收合格后三周内全部付清。

六、乙方建造的仓库如不符合国家规定标准，由乙方返修，并从规定的工期结束之日起，每逾期一个月不能交付使用，由乙方按全部造价的百分之十赔偿甲方损失。甲方必按双方协商日期交付建造费，每逾期一个月不交付，由甲方按全部造价的百分之十赔偿乙方的损失。

七、本合同一式两份，双方各执一份。

附件：（一）仓库设计图纸
　　　（二）建筑材料标准

　　　　　　　　　　　　××××局（公章）
　　　　　　　　　　　　法定代表人：×××（印章）

××县建筑公司（印章）

法定代表人：×××（印章）

××××年×月×日

综合训练二十六

一、单选题

1. B   2. C

二、多选题

1. BCD   2. ABC

三、作文题

（请学员自己练习）

综合训练二十七

一、评改题

该《产品说明书》的主要毛病是：

（1）"医者患者"之所以"大伤脑筋"，是因为缺乏良药。此处应按先因后果顺序说明。

（2）"至今尚无……"与下文"本品……特有奇效"互相矛盾。

（3）有"以……为"的格式，而无"采用……为……"的格式。

（4）加工提炼出来的肯定是"有效成分"，不必说穿。

（5）"本品"与"消咳喘"是一码事，但只能先说"消咳喘"，再说"本品"。

（6）"出厂"是随时随地的。依文意，当为"问世"。

（7）"患者一致认为……有奇效"与前文重复，用语也显得过于夸张，宜删。

（8）"因而……"与上文搭不上边，"要药"也有些生涩，当删。

（9）"满山红"是原料（前文也这么说）与"成分"是两个概念。

（10）"适用"后应补上一个介词"于"。

（11）"密闭"后应加一个逗号。

【修改稿】

消咳喘

对气管炎、咳喘病，医者、患者都因缺乏良药而大伤脑筋。本厂经过多年反复实验，以我国东北特产"满山红"为主要原料，经过精心加工提炼，制成"消咳喘"。本品对治疗急、慢性支气管炎，感冒咳嗽有显著疗效，问世后博得了医院及患者好评。

（"功能与主治"以下略）

二、作文题

（请学员自己练习）

综合训练二十八

单选题
A

综合训练二十九

评改题

1. （请学员自己练习）
2. 主要毛病是欠精练，其中（3）缺主语。可改为：
（1）该厂经过民主讨论，先后建立了财务开支审批、日清月结与物质保障等制度。
（2）现已详细查核张××所有的原始凭证。
（3）这次审计，对大家触动很大。
（4）局领导同意你们转产，望立即制订计划抓紧执行。
（5）今年我们厂一定要把"连年亏损"这顶最丢人的帽子摘掉。
（6）建议你们要减少报表，少开会议。

综合训练三十

一、单选题
1. C　　2. B　　3. A　　4. B　　5. C

二、多选题
1. ABCD　　2. ABD

三、评改题

1. 该请柬的主要毛病有四：
（1）把喜庆活动当作一般会议通知来写。
（2）正文内容不应用命令语气来表达。
（3）结语错用书信的敬语。
（4）署名与正文内容不相符合。

【修改稿】

请　柬

××先生/女士：

　　为庆贺新春佳节，我局定于×月×日上午10时正，在文化宫礼堂举行××市教育工作者迎春茶话会。
　　敬请
莅临！

××市教育局
××××年×月×日

2. 该聘书的主要毛病有五点：

（1）语言啰唆，开头两句问候语应删去，下面的文字也应精简。
（2）未写聘任时间。
（3）酬金不宜写在聘书上。
（4）未征得应聘方同意就发聘书，不合办事程序。
（5）日期宜用汉字书写。
（请学员写出修改稿）
四、作文题
（请学员自己练习）

综合训练三十一

一、单选题
1. B　　2. C　　3. C　　4. D　　5. C　　6. A　　7. D
二、多选题
1. ABCD　2. ABC　3. AB　4. AC　5. AD　6. ABC　7. BC
8. AB　　9. ABCD
三、作文题
（请学员自己练习）

综合训练三十二

一、多选题
1. ABD　　2. ABCD　　3. ABC　　4. CD　　5. ABCD
二、作文题
（请学员自己练习）

综合训练三十三

一、单选题
1. D　2. D　3. B　4. A　5. D　6. D　7. C　8. C　9. D　10. C
二、评改题
1.
（1）"一万五千九百多元"数字不确切，"和其他办公室的同志"有歧义，应具体说清是"其他办公室"还是"办公室的其他同志"。
（2）"四个镇党委的干部"有歧义，是"四个""镇党委"，还是"四个"干部？
（3）"张朝其头部……"中的"其"指代不明。
（4）"和他的儿子"有歧义，是老刘的儿子，还是科长的儿子？
（5）"一边刺一刀"有歧义，是将一侧刺一刀，还是将两侧各刺一刀？
（6）"各区组织了一个法律顾问处"有歧义，是所有的区共组织一个，还是每个区各组织一个？
（7）"二人以上"界限不清，是否包括"二人"在内？"以上"为多少？

(8) 是杀死妻子即孩子母亲和自己的母亲,还是杀死妻子的母亲?有歧义。

(9) "衅事"是生造词,应改为"寻衅滋事"。

(10) "极其"是副词,不能修饰名词。

(11) 罪行有"严重"、"轻微"之分,性质有善恶、好坏之别,但无"严重"、"轻微"的区别,同时也有歧义:"性质"既可理解为指"罪行",也可理解为指"该犯"。

(12) "基本挥霍"表明,还有非"基本"的部分,既未被挥霍,又未被查获,它究竟到哪去了?法律文书中忌使用"一般"、"基本上"、"大体上"这些模糊词语。

(13) 后一句缺主语。

(14) "前额"已很明确,又用"头部"限制,多余,应删。

(15) "人"可以开展批评与自我批评,依法惩处,而"事"则不能。

2.

(1) 事实和理由或上诉的理由和请求。

(2) 民事案件。

(3) 民事答辩状和刑事答辩状。

(4) 原告代理人。

(5) 事实和理由。

(6) 之后。

(7) 刑事案件。

(8) 民事案件。

(9) 人民检察院。

(10) 担负的法律责任。

三、作文题

民事起诉状

原告人:葛××,男,34岁,汉族,××市人,××区个体户,住××街5号。

被告人:××市公安局××分局。

法定代表人:曹××,局长。

请求事项:撤销××市公安局××公局×复字〔2×××〕和05号治安管理处罚复议决定。

事实和事由:20××年6月10日上午8时许,住我楼上的胡×因往楼下倒脏水,溅进我家厨房,我于是与他评理。胡×抄起菜刀就往我头部砍,致使鲜血直流。由于流血不止,我用衬衣包住头部,去×医院包扎,有邻居和居委会干部可以作证。事后,×××派出所处理此事时,对胡×给予警告处分。我作为受害人,也受到警告处分。派出所的理由是,经过对血刀进行鉴定,结论是血衣和刀上的血不是人血。我认为,血衣上的血分明是我头部的血,怎么一经鉴定就不是人血了呢?为此,原告对此鉴定结论不得不怀疑,对处分决定不服。

我认为,胡××在光天化日之下,持刀行凶,砍我头部,使我在精神上和生活上遭受很大损失。但派出所对其仅仅给予警告处分,显然处分过轻。为此,原告曾于20××年×月×日对××派出所第×号裁决书提出复议申请,请求对胡×加重处罚,并对血衣和刀重新进行鉴定。但××公安分局于20××年×月×日下达复议裁定书,既未对血衣和刀作重新鉴定,也未对胡×加重处罚,反而维持对我警告处分,并撤销了对胡×的警告处分。

原告对××公安局×复字〔20××〕第05号复议决定不服,根据《治安管理处罚条件》第三十九条和《行政诉讼法》第三十七条的规定,特提起诉讼,请依法公正裁判。

此致
××人民法院

原告人:葛××
××××年×月×日

综合训练三十四

一、单选题

1. D   2. B   3. D

二、评改题

1. 还可以通过"附件"的方法寄发。

2. "通过点击"删除。

三、摘要题

1. 郑国有个糊涂人要买鞋子,他竟然只相信量脚的尺子,而不知道直接伸脚试一试。

2. 日本人每年举行"亡灵节"。他们挂着灯笼,准备食物,唱歌跳舞,以欢迎"回家"的死人。最后,把灯笼和食物放到海中顺其漂走。

主要参考文献

[1] 率蕴铤，顾克广著．诉状评改．北京：群众出版社，1985
[2] 马魁深编著．公文写作学．沈阳：辽宁教育出版社，1987
[3] 冯春明主编．最新应用文体200种．北京：中共中央党校出版社，1990
[4] 周文建编著．应用文写作新编例文选析．北京：中国城市经济社会出版社，1990
[5] 李云海，周屏，李天相主编．公务写作教程．北京：中国广播电视出版社，1990
[6] 张保忠，费晓平编著．公文写作实用手册．天津：天津人民出版社，1991
[7] 曾利文主编．应用写作示例与训练．长沙：中南工业大学出版社，1991
[8] 刘保群主编．公务文书规范化手册．北京：中国标准出版社，1992
[9] 陆冰扬，陈尚铭主编．公关写作手册．杭州：杭州大学出版社，1992
[10] 吴文峰，彭骥鸣编著．中文文牍范式．南京：江苏文艺出版社，1993
[11] 张俊明等编．应用写作训练题集．天津：天津人民出版社，1994
[12] 张晋峰，范辉．中国秘书岗位资格证书教程．北京：中国人民大学出版社，2006
[13] 储佩成．公示写作教程．广州：中山大学出版社，2007
[14] 谷颖．现代实用文体写作．北京：清华大学出版社，2009
[15] 魏建周．新编当政机关公文写作．北京：红旗出版社，2012